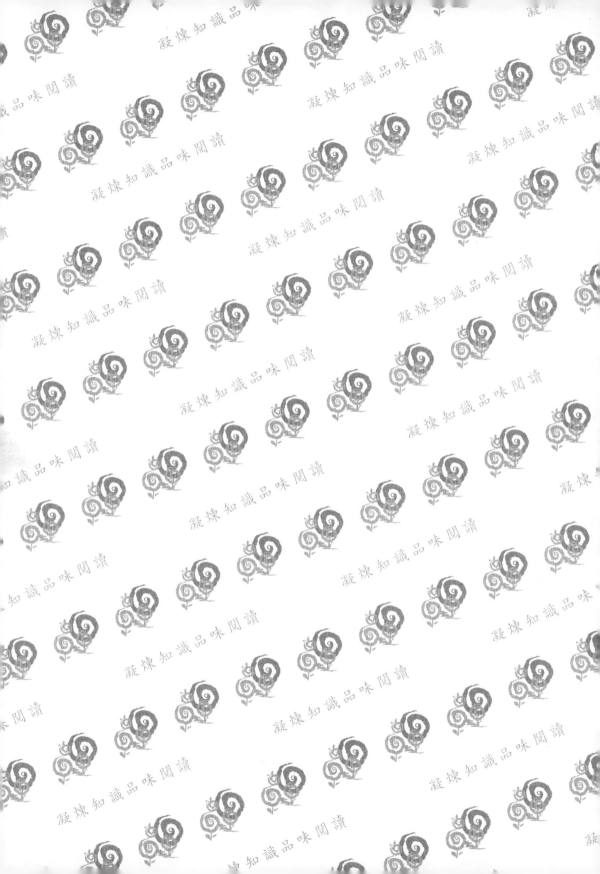

案例式

民法債編總論

林洲富 ︱著

五南圖書出版公司 印行

自序 PREFACE

　　債法之定義，分為實質與形式定義。所謂實質之債法，係指規範債之關係為對象之法律規定。所謂形式之債法，係指我國民法第二編債而言，採民商統一制度。民法債編分為兩章，第一章為通則，為債編總論，係各種之債通用之一般法則。第二章規定各種之債，為債編各論。債編總論為債之普通法，法條規範較債編各論抽象化，而債編各論為債之特別法，法條規範較債編總論具體化，債法於財產法體系占有極為重要之地位。

　　有鑑於我國債總內容浩繁，涵蓋範圍甚廣，故如何掌握債法規範之重點，正確解釋及適用法律，將債法理論應用於實際之民事事件，誠屬重要。筆者從事民事審判與教學多年，本於教學及實務之工作經驗，謹參考國內學說及實務見解，計以80個例題之方式，說明及分析債法之原則，使實務與理論相互印證，將債法理論轉化成實用之學，俾於有志研習者易於了解，期能增進學習之效果。準此，茲將拙著定名為「民法債編總論案例式」，因筆者學識不足，所論自有疏誤處，敬祈賢達法碩，不吝賜教，至為感幸。

林洲富 謹識

2022年8月1日

於文化大學法律學系所

目錄 CONTENTS

第二章　債之標的

第四章　多數債務人及債權人

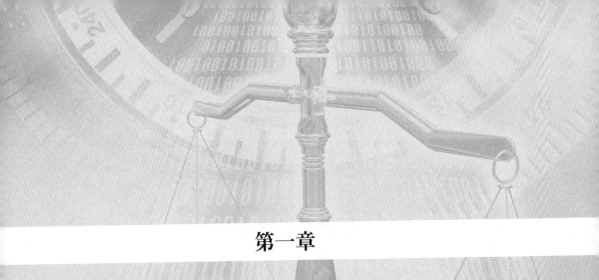

第一章

債之發生

第一節

概　論

關鍵詞：給付、作為、支配權、相對權、不作為、有因性、無因性、絕對權、完全債務、自然債務、排他效力、優先效力、追及效力、法律關係、事實行為、適法行為、違法行為、誠信原則、權利失效、不完全債務、契約社會化、私法自治原則、契約自由原則、債權之物權化

例題1

> 甲與乙以撲克牌賭博，甲積欠乙賭債新臺幣168萬元，乙向其追討該賭債。試問：（一）甲以賭博違反法律令為由拒絕給付，甲之主張，是否有理由？（二）甲於清償賭債後，以賭債為不法之債為由，向乙要求返還賭債，乙是否得拒絕之？理由為何？

例題2

> 甲向乙承租房屋1棟，期限為3年，甲交付押租金新臺幣（下同）3萬元與乙，並取得房屋之占有。嗣於租賃期間，乙將房屋出售與丙，並為所有權移轉登記。試問租賃屆滿後，甲應向何人請求返還押租金3萬元？理由為何？

壹、債之發生

一、比較債之發生原因

債之發生原因	性質
契約	當事人意思表示、雙方行為、法律行為、適法行為
代理權之授與	當事人之意思表示、單獨行為、法律行為、適法行為
無因管理	事實行為、適法行為、非法律行為
侵權行為	違法行為
不當得利	自然事件、行為以外之事實

二、債為法律關係

　　所謂債之發生，係指原始發生債之法律關係。債之法律關係，會有發生、變更或消滅之情事。民法債編通則規範債之發生原因，有契約、代理權之授與、無因管理、侵權行為、不當得利等類型。申言

之：（一）契約為雙方行為與法律行為；（二）代理權之授與為單獨行為與法律行為；（三）無因管理為事實行為；（四）侵權行為係違法行為；（五）不當得利為行為以外之事實，其為自然事件。權利主體所為之法律行為形成法律關係，契約是債之發生原因最重要者，故判斷當事人有無債之關係發生，依序判斷是否有契約關係，無契約關係再探究是否成立無因管理，無因管理亦不成立時，最後認定有無不當得利或侵權行為。就實務重要性而言，契約、不當得利及侵權行為，構成民事訴訟之主要民事事件。

貳、債之定義

一、債權與債務

　　所謂債者，兼指債權與債務而言，係指特定人即債權人（creditor）對於特定人即債務人（debtor）得請求為特定行為之法律關係。所謂特定行為，係指給付之意。所謂給付或債之標的，係指債務人基於債之關係所為之一定行為，包括作為及不作為（民法第199條）。民法之債係法律關係，規範當事人間權利與義務，債法之內容為債權與債務。申言之：（一）所謂債權，係指債權人對債務人請求其為特定行為之權利，權利者係享受特定利益，具有法律上之力；（二）所謂債務，係指債務人對債權人為特定行為之義務，權利者係享受特定利益，義務為法律上所課之作為或不作為之義務。例如，甲向乙借款新臺幣100萬元，甲及乙間有借款之債權債務關係，乙為借款之債權人，甲為借款之債務人，甲於清償期屆至，乙有向甲請求給付借款之權利，甲有給付借款之作為義務。準此，債為相互對立之特定人間之法律關係，一方有要求他方為一定行為或不行為之權利，一方負有作為或不作為之義務。

二、作為與不作為

　　給付之類型，包含作為給付與不作為給付：（一）所謂作為給付，係指債務人有積極之作為義務。舉例說明如後：1.受僱人於一定或不定之期限，為僱用人服勞務之作為義務（民法第482條）；2.承

攬人依據承攬契約，有爲定作人完成一定工作之作爲義務（民法第490條第1項）；（二）所謂不作爲給付，係指債務人債務不履行所違反之給付義務，不以積極之作爲義務或單純之消極不作爲義務爲限，即債務人應容許或聽許債權人爲某種行爲之容忍義務，其屬於不作爲義務（民法第199條第3項）。倘債務人負有容忍債權人爲某項行爲之義務，而在債權人行使權利時，無正當理由加以干擾或妨礙，致債權人之債權無法實現者，亦屬債務之違反，而可構成債務不履行[1]。舉例說明如後：1.承租人應依約定方法，爲租賃物之使用收益，此爲不得違反租賃契約之不作爲義務（民法第438條第1項前段）；2.經理人或代辦商不得爲自己或第三人經營與其所辦理之同類事業，此爲競業禁止之不作爲義務（民法第562條）。

三、完全債務與不完全債務

債務以其效力區分，可分完全債務及不完全債務：（一）所謂完全債務，係指債務人不履行時，債務人得依訴權提起訴訟，請求強制履行，具有請求力、受領保持力、強制執行力及處分力，一般債務屬完全債務；（二）所謂不完全債務或稱自然債務，係指債務人是否履行，憑債務人之意思決定，債權人不得以訴權請求履行，倘債務人自動履行，則不得依不當得利關係請求返還。舉例說明如後：1.不法原因給付之債務給付，不得請求返還（民法第180條第4款本文）；2.約定利率，超過年息16%者，超過部分之約定無效，是給付約定利息超過利息限制之利息債務，不得請求返還（民法第205條）；3.時效完成後，發生抗辯權之債務，債務人仍爲履行之給付者，不得以不知時效爲理由，請求返還；其以契約承認該債務或提出擔保者亦同（民法第144條）[2]。

四、債之相對性

債權爲請求權與財產權，不具排他效力、追及效力及優先效

---

[1] 最高法院102年度台上字第189號民事判決。
[2] 權於時效消滅，僅係不能以訴諸求強制履行，此爲自然債務或不完全債務。

力，僅有相對性效力。所謂債之相對性或債之關係相對性，係指債權與債務關係僅有相對性而無對世效力，因債權契約為特定人間之權利義務關係，債權人僅能對債之關係之債務人請求給付，除不得直接請求第三人履約外，亦不得以之對抗契約以外之第三人[3]。例如，債權人基於借款關係，雖得向債務人請求給付借款，然不得向債務人之親屬，請求給付該借款。債權人亦不得以該借款請求權，拒絕給付其積欠債務人親屬之其他借款。例外情形，是法律所規定之債權物權化，使該債權可對抗契約以外之第三人。

五、債權與物權之區別[4]

區別	物權	債權
支配權與請求權	物權具有請求權與支配權。所謂支配權，係指物權以直接支配標的物為內容之支配權，故物權人無須藉助他人之意思或行為，即得實現其權利之內容。	債權僅有請求權，並無支配權。所謂請求權，係指債權人僅能請求債務人為一定行為，須待債務人之意思或行為之介入，始得實現其權利之內容。
對世權與相對權	物權為對世權或絕對，對任何人都有效力。所謂絕對權或對世權，係指權物權作為一種物之歸屬的權利，其具有絕對性，對任何人均有效力。任何人非經物權人同意不得侵害，物權人於受他人侵害時，其得對侵害人主張物上請求權，排除他人之侵害，以回復物權應有之圓滿狀態[5]。	債權為相對權，僅對特定人有效力。所謂相對權，係指債權僅具相對性，對於債權之違反侵害，倘有妨害債權之實行者，僅得對債務人請求履行或請求不履行之損害賠償，原則上對債務人以外之第三人，不得直接請求排除妨害。
排他效力與無排他效力	物權有排他效力，具有獨占性。所謂排他效力，係指在同一標的物上，不能同時成立或設定兩個以上互不相容之物權，其在先之成立或設定為有效。	債權無排他效力，得成立同一內容之數債權。

---

[3] 最高法院96年度台上字第1809號民事判決。

[4] 林洲富，民法物權案例式，五南圖書出版股份有限公司，2018年4月，5版1刷，頁7。

[5] 王澤鑑，民法物權第1冊，通則‧所有權，自版，1992年4月，頁32。

區別	物權	債權
強制性與任意性	物權由法律制定,當事人不得任意創設。所謂物權法定主義,係指物權之種類與其內容,應依據法律規定,當事人不得自由創設而言。即物權除依法律或習慣外,不得創設(民法第757條)。	債權為任意法,僅要不違反公序良俗或強制規定者,債權內容,原則上得由當事人合意約定(民法第71條、第72條)。
優先效力與平等主義	物權具有優先效力,依據成立之順序而。所謂優先效力,係指物權相互間之優先效力,係指內容相衝突之物權,其相互間之效力,依據成立之順序而定,先成立之物權優先於後成立之物權。	債權無優先效力,債權適用平等主義。
物權優先於債權與債權物權化	物權優先於債權之效力,係指同一標的物上有債權與物權併存時,物權優先於債權,物權不論成立之先後,均有優先於債權之效力。	所謂債權物權化,係指法律使債權具有對抗一般人之效力。例如,買賣不破租賃之原則(民法第425條第1項)、承租人得對抗物權人(民法第426條)、法律推定租賃關係(民法第425條之1第1項)。
追及力與非追及力	物權有追及效力,得追及物之所在。所謂追及效力,係指標的物不論輾轉入於何人之手或名下,物權之權利人,均得追及其所在而行使權利。例如,物上請求權(民法第767條)[6]。	債權並無追及效力,無債權人僅得向債務人請求履行。
處分行為與負擔行為	物權契約為處分行為,需有處分權為必要。無處分權之物權行為,其效力未定(民法第118條)。所謂處分行為,係指當事人直接使權利發生變動之行為,經由處分行為,使現存權利直接發生移轉、變更或消滅之結果。物權行為能,直接使物權引起變動之法律行為。	債權契約為負擔行為,不以擁有所有權或處分權為必要。所謂負擔行為,係指當事人約定為一定給付之法律行為。

---

[6] 所有人對於無權占有或侵奪其所有物者,得請求返還之。對於妨害其所有權者,得請求除去之。有妨害其所有權之虞者,得請求防止之(民法第767條第1項)。前項規定,於所有權以外之物權,準用之(第2項)。

區別	物權	債權
無因性與有因性	所謂無因性行為，係指法律行為與其原因分離，不以其原因為要件的法律行為而言。物權法律行為之效力，不因原因關係之債權行為失效而受影響，仍得獨立有效存在。例如，不動產買賣契約縱使經解除，然所有權之登記，仍得獨立有效存在。	所謂有因性行為，係指法律行為與其原因不相分離，以其原因為要件之法律行為。民法之典型債權契約，均屬有因性行為。例如，在買賣契約，倘雙方當事人意思表示不一致，欠缺關於原因的合意，其契約不成立。
靜的安全與動的安全	物權行為係財產行為，物權著重於支配權，確定保有財產，以保護靜的安全。	債權行為係財產行為，債權著重於物資交換，以維持財產流通，以保護動的安全。

六、債權物權化

（一）定義

　　所謂債權物權化，係指依法律規定，使債權具有對抗一般人之效力，包含買賣不破租賃原則、法律推定租賃關係、承租人之優先承買權或承典權。舉例說明如後：1.出租人於租賃物交付後，承租人占有中，縱將其所有權讓與第三人，其租賃契約，對於受讓人仍繼續存在（民法第425條第1項）。此稱買賣不破租賃原則，係為保護承租人而創設，使租賃權對第三人發生效力；2.出租人就租賃物設定物權，致妨礙承租人之使用收益者，承租人得對抗受設定物權之權利人，承租人得對抗物權人（民法第426條）。例如，土地出租人將出租之土地出典他人，承租人之租賃契約對於典權人仍繼續存在，典權人成為新出租人，租賃物應由承租人繼續直接占有之；3.租用基地建築房屋，承租人房屋所有權移轉時，其基地租賃契約，對於房屋受讓人（transferee），仍繼續存在（民法第426條之1）。房屋受讓人隨之取得基地承租權，基地出租人不得於租賃關係消滅前請求房屋受讓人拆屋還地[7]；4.關於土地權利移轉或使其消滅之請求權，聲請保全請求權之預告登記（土地法第79條之1第1項第1款）。

7　最高法院100年度台上字第2268號民事判決。

（二）法律推定租賃關係

土地及其土地上之房屋同屬一人所有，而僅將土地或僅將房屋所有權讓與（transfer）他人，或將土地及房屋同時或先後讓與相異之人時，土地受讓人或房屋受讓人與讓與人間或房屋受讓人與土地受讓人間，推定在房屋得使用期限內，有租賃關係，其期限不受租賃最長期20年之限制（民法第425條之1第1項）。因土地與房屋為各別之不動產，各得單獨為交易之標的，房屋在性質上不能與土地使用權分離而存在，使用房屋必須使用房屋之土地，基於保護房屋使用權之考量，使房屋所有權與土地利用權結成一體，促進房屋所有權之安定性，使土地使用權不因土地所有權之嗣後變動而受影響，俾資調和土地與房屋之利用關係，並兼顧社會經濟利益。倘租金數額當事人不能協議時，得請求法院定之（第2項）。

（三）承租人之優先承買權或承典權

所謂典權者，係指支付典價在他人之不動產為使用、收益，於他人不回贖時，取得該不動產所有權之權（民法第911條）。耕地出賣或出典時，承租人有優先承受之權，出租人應將賣典條件以書面通知承租人，承租人在15日內未以書面表示承受者，視為放棄。出租人因無人承買或受典而再行貶價出賣或出典時，承租人仍有優先承受權。出租人未於逾期限內以書面通知承租人而與第三人訂立契約者，其契約不得對抗承租人（耕地三七五減租條例第15條）。耕作地出租人出賣或出典耕作地時，承租人有依同樣條件優先承買或承典之權，承租人之優先承受權有物權之效力，得對抗買賣關係或典權關係（民法第460條之1第1項）[8]。

七、行使債權之誠實信用原則

債為債權與債務關係，故債權人行使權利，債務人履行義務，應依誠實及信用方法（民法第148條第2項）。應在具體之權利義務

---

[8]　民法第460條之1第2項規定：第426條之2第2項及第3項規定，於前項承買或承典準用之。

關係，依正義公平方法，確定並實現權利內容，避免一方犧牲他人利益，圖利自己，應衡量各方當事人利益，考慮權利義務之社會作用，而於具體事實妥善運用，為法律最高指導原則、適用法律之最高原則、法律領域之帝王條款[9]。所謂誠實信用原則或誠信原則，係指於具體之法律關係，依據公平正義之理念，衡量當事人之利益之法律原則。例如，甲積欠乙借款，甲於其等遇強盜之際，清償借款與乙，甲清償債務，違反誠信原則，應屬無效。再者，誠信原則之效用如後：（一）解釋或補充法律行為；（二）解釋或補充法律規定；（三）作為立法之準則。

八、權利失效

（一）定義

　　所謂權利失效，係指權利人於相當期間內不行使其權利，致使義務人依該情況正當信賴權利人已不欲其履行義務時，則基於誠信原則，權利人將不能再行使該權利。換言之，權利人在相當期間內不行使其權利，依特別情事足使義務人正當信賴權利人已不欲其履行義務，甚至以此信賴作為自己行為之基礎，而應對其加以保護，依一般社會通念，權利人行使權利乃有違誠信原則者，應認其權利失效，不得行使[10]。準此，權利失效應具備如後要件：1.時間要件：時間上已歷經一段相當長時間；2.信賴要件：權利人不行使權利，致使義務人能正當信賴權利人將不再行使該權利；3.狀況要件：義務人有特別值得保護之狀況，而權利人於此狀況下行使權利，將有違誠信原則，其需斟酌因素，包含當事人間關係、經濟狀況、社會狀況及其他主客觀因素。

（二）填補長久不行使權利之法秩序不安定

　　權利失效理論，係針對時效期間內，權利人不符誠信原則之前後矛盾行為規範上之不足，用以填補權利人長久不行使權利所生法秩序不安定之缺漏，剝奪其權利之行使，故在適用上尤應慎重，以免造

9　最高法院109年度台上字第2434號民事判決。
10　最高法院102年度台上字1766號、102年度台上字1932號民事判決。

成時效制度之空洞化[11]。申言之,債權人為債之關係之權利人,債務人為債之關係之義務人。倘債權人在相當期間內未行使其權利,除有特殊情事足使債務人正當信賴債權人已不欲行使其權利外,尚難僅因債權人久未行使其權利,即認其嗣後行使權利違反誠信原則而權利失效。所謂特殊情事,必須權利人之具體作為或不作為,如經相對人催告行使權利,仍消極未有回應;或積極從事與行使權利相互矛盾之行為等,始足當之。

參、債法之內容

一、債法分為通則與總論

(一)實質與形式定義

債法之定義,分為實質與形式定義。所謂實質之債法,係指規範債之關係為對象之法律規定。所謂形式之債法,係指我國民法第二編債而言,採民商統一制度。民法債編分為兩章,第一章為通則(general provision),為債編總論,係各種之債通用之一般法則,由民法第153條至第344條規範,有6節與15款,其各節、各款、法條如債編總論之附表所示。債編總論依序規範債之發生、債之效力、債之變更、債之移轉至債之消滅。第二章規定各種之債(particular kinds of obligation),為債編各論,由民法第345條至第756條之9規範,有27節與9款。債編總論為債之普通法,債編各論為債之特別法。

(二)債編總論體制

節名	款名	依據法條
第一節債之發生	第一款契約	民法第153條至第166條
	第二款代理權之授與	民法第167條至第171條
	第三款無因管理	民法第172條至第178條
	第四款不當得利	民法第179條至第183條
	第五款侵權行為	民法第184條至第198條

---

[11] 最高法院103年度台上字854號民事判決。

節名	款名	依據法條
第二節債之標的		民法第199條至第218條
第三節債之效力	第一款給付	民法第219條至第228條
	第二款遲延	民法第229條至第241條
	第三款保全	民法第242條至第245條
	第四款契約	民法第245條之1至第270條
第四節多數債務人及債權人		民法第271條至第293條
第五節債之移轉		民法第294條至第306條
第六節債之消滅	第一款通則	民法第307條至第308條
	第二款清償	民法第309條至第325條
	第三款提存	民法第326條至第333條
	第四款抵銷	民法第334條至第342條
	第五款免除	民法第343條
	第六款混同	民法第344條

二、債法為任意法

　　債法原則上為任意法，即當事人約定之相互間權利義務內容，不違反公序良俗或強制規定（民法第71條、第72條）。可由當事人自由約定，此為契約之自由原則，故債之種類及內容，不限於債編各論所規定之類型。例如，買賣契約以雙方當事人意思表示合致為必要，縱其價格有高低差異，仍不影響其買賣契約有效之事實，此乃基於私法自治原則、契約自由原則使然。

（一）私法自治原則

　　所謂私法自治原則，係指公共事務範圍外私人領域之法律關係，應任由私人自行建立與變更，尊重當事人之自由與自主，國家盡量不應加以干預，僅能消極維持基本之秩序。準此，私法自治原則，係個人得依其自主之意思，自我負責形成其私法上之權利義務，旨在保障實踐個人之自主決定及人格尊嚴。

（二）契約自由原則

1. 依意思合致締結契約

　　契約自由原則，爲私法自治原則與法律交易之重要規範。所謂契約自由原則，係指當事人得依其意思之合致締結契約，而取得權利與負擔義務，其基本內容有四：(1)締結自由：締結契約與否，由當事人自由決定；(2)相對人自由：本人與何人締結契約，由當事人自由選擇決定；(3)內容自由：契約之內容，由當事人自由決定；(4)方式自由：契約原則上僅依意思合致即可成立，不以踐行一定方式爲必要，適用不要式原則。

2. 契約自由之修正

　　在契約社會化之發展趨勢，契約自由原則受到限制。例如，勞動基準法第2條第1款、第2款之定義，暨民法第483條之1及第487條之1，均爲僱傭契約社會化之規定[12]。是契約自由有如後修正：(1)契約自由原則之限制：契約違反誠信原則、權力濫用或顯失公平，法律規範應修正。例如，消費者保護法或民法規定之定型化契約條款，有顯失公平之情形，由法院宣告爲無效；(2)無過失責任原則：因經濟發達，各種交易活動活絡，僅採過失責任原則，有時會顯失公平，故修正兼採無過失責任、中間責任及衡平責任。例如，消費者保護法規定商品製造人之無過失責任，暨民法第191條之1之商品製造人、民法第191條之2之動力車輛駕駛人責任、民法第191條之3之危險製造人，適用中間責任，均適用舉證責任倒置主義；(3)所有權之限制：對人民私有財產以限制。例如，公寓大廈管理條例、土地徵收條例、都市計畫法、民用航空法、空氣污染防制法、礦業法；(4)強制締約：所謂強制締約，係指契約一方有與他方訂立契約之義務。例如，出典人將典物出賣於他人時，典權人有以相同條件留買之權（民法第919條第1項）。

---

[12] 臺北高等行政法院109年度訴字第413號行政裁定。

三、債總視為與推定之規定

	視為	推定
法律效力	具有擬制效果。	依據事實之常態，推論另一事實之存在。
舉證責任	不可提出反證推翻。	可提出反證推翻。
債總規定	貨物標定賣價陳列者，視為要約（民法第154條第2項本文）。	當事人對於必要之點，意思一致，而對於非必要之點，未經表示意思者，推定其契約為成立（民法第153條第2項前段）。
	承諾之通知，按其傳達方法，通常在相當時期內可達到而遲到，其情形為要約人可得而知者，應向相對人即發遲到之通知（民法第159條第1項）。要約人怠於為前項通知者，其承諾視為未遲到（第2項）。	契約當事人約定其契約須用一定方式者，在該方式未完成前，推定其契約不成立（民法第166條）。
	遲到之承諾，除第159條情形外，視為新要約（民法第160條第1項）。將要約擴張、限制或為其他變更而承諾者，視為拒絕原要約而為新要約（第2項）。	訂約當事人之一方，由他方受有定金時，推定其契約成立（民法第248條）。
	無代理權人以代理人之名義所為之法律行為，非經本人承認，對於本人不生效力（民法第170條第1項）。前項情形，法律行為之相對人，得定相當期限，催告本人確答是否承認，如本人逾期未為確答者，視為拒絕承認（第2項）。 數人共同不法侵害他人之權利者，連帶負損害賠償責任。不能知其中孰為加害人者亦同（民法第185條第1項）。造意人及幫助人，視為共同行為人。	讓與債權時，該債權之擔保及其他從屬之權利，隨同移轉於受讓人。但與讓與人有不可分離之關係者，不在此限（民法第295條第1項）。未支付之利息，推定其隨同原本移轉於受讓人（第2項）。
	商品製造人因其商品之通常使用或消費所致他人之損害，負賠償責任。但其對於商品之生產、製造或加工、設計並無欠缺或其損害非因該項欠缺所致或於防止損害之發生，已盡相當之注意者，不在此限（民法第191條之1第1項）。前項所稱商品製造人，謂商品之生產、製造、加工業者。其在商品上附加標章或其他文字、符號，足以表彰係其自己所生產、製造、加工者，視為商品製造人（第2項）。商品之生產、製造或加工、設計，與其說明書或廣告內容不符者，視為有欠缺（第3項）。	關於利息或其他定期給付，如債權人給與受領一期給付之證書，未為他期之保留者，推定其以前各期之給付已為清償（民法第325條第1項）。如債權人給與受領原本之證書者，推定其利息亦已受領（第2項）。債權證書已返還者，推定其債之關係消滅（第3項）。

	視為	推定
債總規定	損害賠償，除法律另有規定或契約另有訂定外，應以填補債權人所受損害及所失利益為限（民法第216條第1項）。依通常情形，或依已定之計劃、設備或其他特別情事，可得預期之利益，視為所失利益（第2項）。	預定報酬之廣告，如於行為完成前撤回時，除廣告人證明行為人不能完成其行為外，對於行為人因該廣告善意所受之損害，應負賠償之責。但以不超過預定報酬額為限（民法第165條第1項）。廣告定有完成行為之期間者，推定廣告人拋棄其撤回權（第2項）。
	當事人得約定債務人於債務不履行時，應支付違約金（民法第250條第1項）。違約金，除當事人另有訂定外，視為因不履行而生損害之賠償總額。其約定如債務人不於適當時期或不依適當方法履行債務時，即須支付違約金者，債權人除得請求履行債務外，違約金視為因不於適當時期或不依適當方法履行債務所生損害之賠償總額（第2項）。	
	以契約訂定向第三人為給付者，要約人得請求債務人向第三人為給付，其第三人對於債務人，亦有直接請求給付之權（民法第269條第1項）。第三人對於前項契約，未表示享受其利益之意思前，當事人得變更其契約或撤銷之（第2項）。第三人對於當事人之一方表示不欲享受其契約之利益者，視為自始未取得其權利（第3項）。	
	第三人與債務人訂立契約承擔其債務者，非經債權人承認，對於債權人不生效力（民法第301條）。前條債務人或承擔人，得定相當期限，催告債權人於該期限內確答是否承認，如逾期不為確答者，視為拒絕承認（民法第302條第1項）。	
	持有債權人簽名之收據者，視為有受領權人。但債務人已知或因過失而不知其無權受領者，不在此限（民法第309條第2項）。	

四、債總之形成權類型

類型	適用標的	行使之法律效果	法條依據
承認權	未生效之法律行為。	使法律行為溯及於訂立時生效。	管理事務經本人承認者，除當事人有特別意思表示外，溯及管理事務開始時，適用關於委任之規定（民法第178條）。
			向第三人為清償，經債權人同意（民法第310條第1款）。
			第三人與債務人訂立契約承擔其債務者，非經債權人承認，對於債權人不生效力（民法第301條）。
撤回權	未生效之法律行為。	使法律行為確定不生效。	無代理權人所為之法律行為，其相對人於本人未承認前，得撤回之（民法第171條本文）。
終止權	已生效之法律行為。	使法律行為自解除時向後失效，並生清算關係。	第258條及第260條規定，於當事人依法律之規定終止契約者準用之（民法第263條）。
解除權	已生效之法律行為。	使法律行為自解除時溯及失效，並生清算關係。	回復原狀（民法第259條）、損害賠償請求權（民法第260條）、雙務契約之準用（民法第261條）。
撤銷權	已生效之法律行為。	使法律行為確定不生效。	債權人之撤銷權（民法第244條）。
			第三人對於第三人利益契約，未表示享受其利益之意思前，當事人得變更其契約或撤銷之（民法第269條第2項）。
			債權人拒絕承認第三人與債務人訂立之承擔債務契約時，債務人或承擔人得撤銷其承擔之契約（民法第302條第2項）。
抵銷權	已生效之債權債務。	使債權債務關係消滅。	二人互負債務，而其給付種類相同，並均屆清償期者，各得以其債務，與他方之債務，互為抵銷（民法第334條第1項本文）。
選擇權	併存有效之數宗給付。	使數宗給付轉化為單純之一宗給付。	選擇之效力，溯及於債之發生時（民法第212條）。

肆、例題研析

一、例題1研析──自然債務

　　賭博係違反法令（民法第71條）或公序良俗（民法第72條）之行為，應屬無效之行為，是賭債非債，其為自然債權或不完全債權，雖不得請求給付，然業已給付者，因具有不法之原因，則不得請求返還（民法第180條第4款）。甲與乙賭博，甲積欠賭債新臺幣168萬元，乙向其追討，甲自得賭博係違反法令或公序良俗之無效行為，拒絕給付賭債。倘甲於清償賭債後，因該給付具有不法之原由，不得向乙要求返還。

二、例題2研析──債權物權化

（一）買賣不破租賃原則（99年高考）

　　出租人於租賃物交付後，承租人占有中，縱將其所有權讓與第三人，其租賃契約，對於受讓人仍繼續存在，此為買賣不破租賃原則（民法第425條第1項）。但未經公證之不動產租賃契約，其期限逾5年或未定期限者（indefinite period），排除適用買賣不破租賃原則（第2項）。蓋避免債務人受強制執行之際，而與第三人虛偽訂立長期或未定期限之不動產租賃契約，以妨礙債權人之執行。出租人於租賃物交付後，將其所有權讓與第三人時，其租賃契約既對於受讓人繼續存在，在承租人與受讓人間，自無須另立租賃契約，其於受讓之時當然發生租賃關係，受讓人繼受出租人行使或負擔由租賃契約所生之權利或義務，原出租人不得更行終止契約，請求承租人返還租賃物[13]。

（二）押租金契約為要物契約與從契約（99年高考）

　　租賃契約之成立，不以交付押租金為成立要件，是因擔保承租人

---

[13] 耕地三七五減租條例第25條有相同規定，在耕地租期屆滿前，出租人縱將其所有權讓與第三人，其租佃契約對於受讓受典人仍繼續有效，受讓受典人應會同原承租人申請為租約變更之登記。

之債務而接受押租金，並非租賃契約之一部，係屬另一契約。此項押
租金契約為要物契約，以金錢之交付為其成立要件，押租金債權之移
轉，自須交付金錢，始生效力。押租金契約之成立，須以租賃契約存
在為前提，其性質為從契約。倘出租人未將押租金交付受讓人，受讓
人未受押租金債權之移轉，對於承租人自不負返還押租金之義務[14]。
準此，甲向乙承租房屋，甲交付押租金新臺幣3萬元與乙，並取得房
屋之占有。嗣於租賃期間，乙將房屋出售與丙，並為所有權移轉登
記，丙固繼受出租人之地位，然租賃期限屆至，應視乙有無將押租金
交與丙，丙有收受押租金時，甲自得向丙請求返還押租金；反之，乙
未交付押租金與丙時，甲僅得向乙請求返還押租金。因押租金之當事
人為甲、乙，而與甲、丙間之買賣契約無關，乙不得以押租金抵償租
金。

伍、實務見解

　　法院為終局判決確定後，受判決之當事人及法院均應受該判決內
容之拘束，不得任由當事人一方預先以法律行為加以否認。蓋確定判
決之拘束力，旨在維護當事人間之法安定及社會上法之和平，並保護
當事人就法院對於權利存在與否所作判斷之信賴，此為國家本於司法
權之行使及公權力之作用，所產生之民事訴訟法上之效力，屬於國家
社會之一般利益，具有公益性與強行性。倘當事人一方對於確定判決
之效力，得事先以法律行為否認，無異允許其得預先任意排除該判決
之拘束力，自有違判決效力之公益性與強行性，應認為係違反公共秩
序。例如，依勞動契約所生之僱傭關係內容，係由受僱人提供勞務與
僱用人給付報酬所組成，倘法院判決確認當事人間有僱傭關係存在，
該僱傭關係之內容，即包含受僱人提供勞務在內，不得預先由當事人
一方，以法律行為加以除去。至僱用人於判決確定後，可否拒絕該勞
務之給付，係其是否依該確定判決履行之別一問題[15]。

---

[14] 最高法院65年台上字第156號民事判決。
[15] 最高法院103年度台上字第620號民事判決。

習 題

一、說明民法債編之內容。

提示：分為債編總論與債編各論。

二、說明作為與不作為給付之區分。

提示：民法第199條。

三、說明完全債務與不完全債務之區分。

提示：所謂完全債務，係指債務人不履行時，債務人得依訴權提起訴訟，請求強制履行。所謂不完全債務，係指債務人是否履行，憑債務人之意思決定。

四、說明債權之相對性。

提示：債權為請求權，不具排他效力、追及效力及優先效力，故債權與債物關係，僅為相對性而無對世效力，債權人僅能對債之關係之債務人請求給付。

五、說明債權物權化。

提示：所謂債權物權化，係指依法律規定，使債權具有對抗一般人之效力。包含買賣不破租賃原則、法律推定租賃關係、承租人之優先承買權或承典權。

六、說明債之定義與發生原因。

提示：所謂債者，係指特定人即債權人對於特定人即債務人得請求為特定行為之法律關係。債之發生有契約、代理權之授與、無因管理、侵權行為、不當得利。

七、說明誠信原則之定義。

提示：所謂誠實信用原則或誠信原則，係指於具體之法律關係，依據公平正義之理念，衡量當事人之利益之法律原則。

八、說明權利失效之定義。

提示：所謂權利失效，係指權利人於相當期間內不行使其權利，致使義務人依該情況正當信賴權利人已不欲其履行義務時，則基於誠信原則，權利人將不能再行使該權利。

九、說明契約自由原則。

　　提示：所謂契約自由原則，係指當事人得依其意思之合致締結
　　　　　契約，而取得權利與負擔義務。

十、說明債權與物權之區別。

　　提示：支配權與請求權、對世權與相對權、排他效力與無排他
　　　　　效力、強制性與任意性、優先效力與平等主義、物權優
　　　　　先於債權與債權物權化、追及力與非追及力、處分行為
　　　　　與負擔行為、無因性與有因性、靜的安全與動的安全。

第二節

契　約

關鍵詞：本約、預約、明示、默示、合意、要約、承諾、對話、
非對話、主契約、從契約、新要約、必要之點、要約引
誘、要約交錯、意思實現、懸賞廣告、有名契約、無名
契約、雙務契約、單務契約、有償契約、無償契約、要
式契約、要物契約、要因契約、混合契約、典型契約、
契約要素、不要式契約、不要因契約、不要物契約、非
典型契約、繼續性契約、一時性契約、優等懸賞廣告、
意思表示合致

例題3

　　甲向乙購買房地，並簽訂房地買賣預約書，約定買賣坪數、地號、價金、繳納價款、移轉所有權登記期限等內容，甲依據房地買賣預約書，請求乙交付房地及移轉其所有權，乙則聲稱渠等之契約屬預約性質，買賣契約尚未成立為由，而拒絕履行出賣人義務。試問乙之抗辯，是否有理由？

例題4

　　試問下列情形有無合法成立買賣契約？（一）甲開設A精品服飾店，標明某件服飾價格為新臺幣（下同）6萬元，乙前往A精品服飾店交付6萬元要求購買該件服飾，甲要價8萬元；（二）甲寄發服飾廣告與乙，廣告之價目表標明某件服飾價格為6萬元，乙要求以價目表所列之價格購買該服飾。

例題5

　　甲以網路向B飯店預定房間，B飯店依據該網路，依據其訂房作業，承諾時無須通知，B飯店可將房間備妥。甲依據預定之日期，前往B飯店投宿，B飯店竟稱客房已客滿，無法提供房間與甲。試問B飯店之主張，是否有理由？

例題6

　　A市政府為宣示總統、副總統選舉查賄之決心，而於A市監、檢、警聯繫會報中，由市長宣布提供新臺幣（下同）200萬元作為檢舉賄選之獎金，倘經檢察官偵查終結起訴，每案發給檢舉人200萬元獎金。適有甲自掏腰包以每鄰選舉人數每票500元之代價，前往乙

之住處，囑請乙依該鄰選舉人數，每票500元發放與有選舉權之人，並以一成之價額作為乙發放賄款之代價，並期約於總統、副總統選舉之日，圈選某組候選人，乙乃向A市警察局檢舉賄選，甲因違反總統副總統選舉罷免法，經檢察官提起公訴，並經法院判處有期徒刑。試問乙主張A市政府應依據會議所宣布之內容，對完成檢舉賄選之乙給與報酬，其向法院起訴請求A市政府給付報酬，是否有理由[1]？

例題7

甲價值新臺幣（下同）1,000萬之名貴車輛遭竊，雖經報警處理外，然甲為加速尋獲該車輛，為此在網路與報紙刊登尋車廣告，尋獲該車輛者，可獲得100萬元之報酬。試問乙、丙共同發現該車輛者，並通知甲之知悉，甲應如何支付報酬與乙、丙？

例題8

甲之愛貓走失，甲以新臺幣（下同）10萬之報酬，懸賞協尋走失之愛貓，乙見廣告後，向任職的公司請假5日努力尋找該貓。因甲之愛貓嗣後已回家，甲為此撤回懸賞廣告。而乙請假未工作，損失工資1萬元。試問乙是否得向甲請求報酬，理由為何？

壹、契約之定義

契約（contract）為法律行為，有廣義及狹義之分。廣義之契約，泛指以發生私法上效果為目的之合意而言；狹義之契約專指債權

---

[1] 臺灣臺中地方法院90年度訴字第1004號民事裁定。

契約，係二人以上當事人，以債之發生為目的，彼此所為對立意思表示，互相一致之法律行為。民法債編通則所規定之契約，專指債權契約。債權契約為特定人間之權利義務關係，除法律另有規定外，僅於締約當事人間發生拘束力，基於債之相對性原則，債之法律關係，僅特定債權人得向特定債務人請求給付，而不能向債務人以外之人請求給付[2]。債權契約為負擔行為，不發生權利之直接變動。

貳、契約之類型

一、有名契約及無名契約

　　以法律有無明文規定者區分，可分有名契約及無名契約：（一）所謂有名契約或典型契約，係指法律賦予一定名稱及規定其內容，民法債編第二章所定各種之債，均為有名契約，契約包含2種以上有名契約之內容者，稱為混合契約；（二）所謂無名契約或非典型契約，係指法律未賦予一定名稱及規定其內容，無名契約依據契約及經濟之目的，類推適用與該契約相近之有名契約之相關規定。

二、雙務契約與單務契約

　　以雙方當事人是否互有對價關係，區分為雙務契約與單務契約：（一）所謂雙務契約者，係指雙方當事人各須負擔給付義務之債務契約。例如，買賣、租賃、承攬；（二）所謂單務契約者，係指僅當事人一方負有債務，他方不負債務或雖負債務而無對價關係。例如，贈與、使用借貸、保證。

三、有償契約與無償契約

（一）區分標準

　　以雙方當事人是否各因給付而取得對價利益區分，有無對待給付之義務，分為有償契約與無償契約：1.所謂有償契約者，係指雙方當

---

[2] 最高法院110年度台上字第2633號民事判決。

事人各因給付而取得對價利益之契約。例如，買賣、租賃、僱傭、承攬、附有利息之消費借貸；2.所謂無償契約者，係指僅當事人一方爲給付，他方並無對價關係之給付契約。例如，贈與、使用借貸。

（二）區別實益

無償行爲	有償行爲
債務人所爲之無償行爲，有害及債權者，債權人得聲請法院撤銷之（民法第244條第1項）。	債務人所爲之有償行爲，於行爲時明知有損害於債權人之權利者，以受益人於受益時亦知其情事者爲限，債權人得聲請法院撤銷之（第244條第2項）。
受任人處理委任事務，應依委任人之指示，並與處理自己事務爲同一之注意（民法第535條前段）。	受任人受有報酬者，應以善良管理人之注意爲之（民法第535條後段）。
贈與物之權利未移轉前，贈與人得撤銷其贈與。其一部已移轉者，得就其未移轉之部分撤銷之（民法第408條第1項）。贈與人僅就其故意或重大過失，對於受贈人負給付不能之責任（第410條）。	原則上負抽象輕過失責任，應以善良管理人之注意義務爲標準。
非與債務人以利益者，應從輕酌定過失之責任，依事件之特性而有輕重（民法第220條第2項後段）。	過失之責任，依事件之特性而有輕重負責（民法第220條第2項前段）。
贈與爲無償契約之典型，其他無償契約，除有特別規定或性質所不許者外，應解爲得準用贈與契約之規定。	第二章各種之債第一節買賣規定，於買賣契約以外之有償契約準用之（民法第347條前段）。

四、要式契約與不要式契約

以契約之成立是否應具備一定之方式區分，可分爲要式契約與不要式契約：（一）所謂要式契約，係指法律行爲之成立，除須意思表示外，尚須依一定方式始能成立者。例如，契約當事人約定其契約須用一定方式者，在該方式未完成前，推定其契約不成立（民法第166條）；（二）所謂非要式契約或諾成契約，係指不須履行一定之方式，即可成立合法有效之法律行爲。契約以非要式爲原則。要式契約分爲約定及法定要式行爲。法律行爲，不依法定方式者，無效[3]。但

3　最高法院104年度台上字第14號民事判決。

法律另有規定者，不在此限（民法第73條）。例如，不動產租賃之契約，租賃期間逾1年者，應以字據訂立之，此為不動產租賃契約之法定方式。未以字據訂立者，僅視為不定期限之租賃，並非無效（民法第422條）。

五、要物契約與不要物契約

以契約之成立是否有物之交付區分，可分要物契約與不要物契約：（一）所謂要物契約或踐成契約，係指法律行為之成立，除意思表示外，尚須有物之交付。例如，定金（民法第248條）、寄託（民法第589條）、使用借貸（民法第464條）、消費借貸（民法第474條）；（二）所謂不要物行為，係指僅依意思表示即可成立。例如，買賣、租賃或承攬。契約以非要物為原則，以要物為例外。

六、要因契約與不要因契約

以契約成立必須有原因存在與否，可分要因契約與不要因契約：（一）所謂要因契約，係指契約之成立必須有原因存在。倘契約原因欠缺，契約應屬無效；（二）所謂非要因契約，係指契約之成立與原因並無關聯性。縱原因欠缺，契約仍屬有效成立。債權契約為要因契約，而物權契約為非要因契約。

七、主契約與從契約

以契約之主從關係而言，可分主契約與從契約：（一）所謂主契約，係指獨立成立之法律行為。例如，買賣、租賃、委任；（二）所謂從契約，係指必先以主契約成立，為從契約之成立前提者。例如，保證契約（民法第739條）、普通抵押權契約（民法第860條）。必須先有主債權契約之成立，該等附屬之行為始能成立。換言之，主契約不以他種法律關係存在為前提，而能獨立存在的契約。契約以主契約為原則，從契約為例外。從契約因主契約之存在而存在，隨主契約之消滅而消滅之契約。

八、本約及預約

（一）定義

　　契約之成立以是否得直接訂立一定契約而區分，可分本約及預約：1.所謂預約，係指約定將來成立一定契約之契約，如消費借貸預約（民法第475條之1）；2.所謂本約，係指為履行預約而成立之契約。兩者異其性質及效力，預約權利人僅得請求對方履行訂立本約之義務，不得逕依預定之本約內容請求履行。例如，當事人訂立之契約，究為本約或係預約，應就當事人之意思定之，當事人之意思不明或有爭執時，應通觀契約全體內容是否包含契約之要素，暨得否依所訂之契約即可履行而無須另訂本約等情形決定之。準此，買賣預約得就標的物及價金之範圍先為擬定，作為將來訂立本約之範本[4]。

（二）金錢消費借貸之預約

　　金錢消費借貸為要物契約，因金錢之交付而成立生效。而交付雖不以貨幣之現實授受為必要，以票據為支付工具亦可，惟仍須借用人得現實取得金錢時，此項消費借貸契約始告成立生效。且金錢消費借貸，得以當事人之意思，就借貸之範圍先為擬定而成立預約，俟日後現實交付金錢時，使成立並使金錢消費借貸之本約生效[5]。

九、繼續性契約與一時性契約

　　契約以是否持續給付為區分，可分繼續性契約與一時性契約：（一）所謂繼續性契約，係指契約之內容，非一次之給付，而是繼續給付，債務履行始能完成。例如，僱傭、租賃、承攬、委任、運送等契約；（二）所謂一時契約，係指當事人一次性給付即可履行債務完畢。例如，買賣、互易、贈與等契約。

---

[4]　最高法院102年度台上字第488號民事判決。
[5]　最高法院108年度台上字第1439號民事判決。

十、處分契約與負擔契約（98年司法人員四等）

契約以使否直接使權利發生變動者，可分處分契約與負擔契約：（一）所謂處分契約，係指當事人約定直接使權利發生變動之行為，經由處分行為使現存權利直接發生移轉、變更或消滅之結果。物權行為能直接使物權引起變動之法律行為，是物權行為為處分行為。例如，移轉或設定不動產物權行為（民法第758條）；（二）所謂負擔契約，係指當事人約定為一定給付之法律行為，而債權行為以發生債權債務之負擔為內容，故債權行為負擔行為。例如，買賣、租賃、承攬。

參、契約之成立要件

一、意思表示方式

意思表示方式	法條依據
要約與承諾一致	民法第153條
要約交錯	民法第153條
意思實現	民法第161條
懸賞廣告	民法第164條
優等懸賞廣告	民法第165條之1

二、契約要素意思合致（101年司法人員四等）

（一）明示與默示

當事人互相表示意思一致者，無論其為明示（express）或默示（imply），契約即為成立（民法第153條第1項）。除法律另有規定外，基於私法自治及契約自由原則，當事人得自行決定契約之種類及內容，以形成其所欲發生之權利義務關係[6]。意思表示合致或合意，

---

[6] 最高法院110年度台上字第2728號民事判決。

包含客觀之合致與主觀之合致。意思表示合致，有明示及默示之分。

1. 明示意思表示

　　所謂明示，係指以言語文字或其他習用方法，直接表示其意思。例如，所謂買賣者，係指當事人約定一方移轉財產權於他方，他方支付價金之契約（民法第345條第1項）。當事人就標的物及其價金互相同意時，買賣契約即爲成立（第2項）。甲願以新臺幣20萬元出售其中古汽車，乙同意以該價金買受該車輛，雙方當事人互相表示意思一致，成立買賣契約，此爲當事人明示之意思合致。

2. 默示意思表示

　　所謂默示，係指以其他方法間接的使人推知其意思。例如，在自動販賣機前面，投擲金錢購買物品，買方以默示之意思表示，完成買賣契約。默示之意思表示與單純之沉默有別，單純之沉默，除經法律明定，視爲已有某種意思表示外，不得即認係表示行爲[7]。例如，公寓屋頂平台是供火災避難、設置公寓共用機械及水塔，其他住戶經年未反對頂樓區分所有權人增建鐵皮屋，不代表默示同意頂樓區分所有權人增建該建物。

（二）必要之點或非必要之點

　　當事人對於必要之點，意思一致，而對於非必要之點，未經表示意思者，推定其契約爲成立，關於該非必要之點，當事人意思不一致時，法院應依其事件之性質定之（民法第153條第2項）。例如，所謂租賃者，係指當事人約定，一方以物租與他方使用收益，他方支付租金之契約（民法第421條第1項）。前項租金，得以金錢或租賃物之孳息充之（第2項）。準此，租金及租賃物爲租賃契約之必要之點。契約之必要之點，稱爲契約要素。至於租賃期間、押租金、給付租金時期等事項，並非租賃契約成立之契約要素。

---

[7] 最高法院101年度台上字第1294號、102年度台上字第682號、110年度台上字第2797號民事判決。

三、契約解釋原則

（一）應探求當事人真意

　　所謂意思表示之解釋，係指當事人之意思表示，有因約定有欠周全，或用語不同或前後矛盾，因此必須加以闡明，以確定當事人之眞意及內容。而解釋意思表示之原則，應探求當事人之眞意（real intention），不得拘泥於所用之辭句（民法第98條）。解釋契約應通觀契約全文，並斟酌訂立契約當時及過去之事實暨交易上之習慣，依誠信原則，從契約之主要目的及經濟價值等作全盤之觀察，以邏輯推理及演繹分析之方法解釋，必契約之約定與應證事實間有必然之關聯，始屬相當[8]。換言之，解釋當事人之契約，應以當事人立約當時之眞意為準，而眞意何在，應以過去事實及其他一切證據資料為斷定之標準，不能拘泥文字致失眞意。是解釋契約，應於文義上及論理上為推求，以探求當事人立約時之眞意，並通觀契約全文，斟酌訂立契約當時及過去之事實、交易上之習慣等其他一切證據資料，本於經驗法則及誠信原則，從契約之主要目的及經濟價值作全盤之觀察，以為判斷之基礎[9]。

（二）不得曲解契約文字

　　契約文字業已表示當事人眞意時，無須別事探求者，不得反捨契約文字而更為曲解，避免當事人事後任意翻異，否認其意思表示[10]。例如，租賃契約書之條文、標題與簽名處，均明載土地之租賃，並無任何文字表明係出售土地。衡諸交易常情土地之租金與買賣價金，兩者之金額差異甚大。且當事人具有相當之學歷、社會經驗，足見契約文字已表示當事人之眞意為土地租賃關係，自不得由當事人一方任意曲解為土地買賣關係。

---

[8] 最高法院103年度台上字第713號民事判決。
[9] 最高法院111年度台上字第350號民事判決。
[10] 最高法院103年度台上字第561號民事判決。

四、意思表示不一致

　　意思表示不一致，係指心中之效果意思與外部之表示行為不一致。其意思表示之效果如何認定，民法係以外部表示為準為原則，即表示主義。例外情形，始以內部意思為準，即意思主義，以調和當事人之利益及交易安全。意思表示不一致，有當事人故意不一致及偶然不一致。當事人故意不一致，可分心中保留及通謀虛偽。所謂偶然不一致，係指表意人意思表示不一致，為其所不知而偶然發生。可分錯誤及誤傳2種類型。

（一）故意不一致

1. 心中保留

　　所謂心中保留、眞意保留或單獨虛偽意思表示，係指表意人無欲為其意思表示所拘束之意，而為意思表示者，其意思表示，不因之無效（民法第86條本文）。係採表示主義，原則上為有效之意思表示。例外情形，則為無效，是表意人心中保留為相對人所明知者，當無保護之必要，自應以表意人之眞意為準（民法第86條但書），係採意思主義，使其意思表示無效。例如，甲稱讚乙之新車十分拉風，倘乙戲稱甲喜歡，則贈送之，而甲明知乙並不期望該意思發生效力，是贈與契約無效。

2. 通謀虛偽（99年高考）

　　意思表示無效所謂通謀虛偽或稱虛偽表示（fictitious expression of intent），係指表意人與相對人通謀而為虛偽意思表示者，其意思表示無效（民法第87條第1項本文）。例如，債務人欲免其財產被強制執行，而與第三人通謀而為虛偽意思表示，將其所有不動產為第三人設定抵押權者，製造假債權，因通謀虛偽表示之意思為無效，第三人不得向債務人主張債權。再者，為保護交易安全，通謀虛偽表示之當事人不得以其無效對抗善意第三人（第1項但書）。例如，甲欲免其財產被強制執行，而與乙通謀而為虛偽意思表示，將其所有不動產出售並移轉登記於乙名下，乙將該不動產出售並移轉與丙，倘丙為善意者，其取得不動產所有權，甲不得以其與乙有通謀虛偽意思表示買賣及移轉不動產所有權之情事，主張其為不動產之所有權人。

3. 隱藏他項法律行為

隱藏他項法律行為虛偽意思表示，隱藏他項法律行為者，適用關於該項法律行為之規定（民法第87條第2項）。例如，父基於贈與之意思，以買賣之方式將不動產所有權移轉登記與其子，因買賣行為係通謀虛偽意思表示，自屬無效，倘隱藏之贈與行為具有贈與之成立及生效要件，應為有效[11]。

（二）偶然不一致

1. 錯誤

(1) 內容錯誤

所謂錯誤（mistake），係指表意人之表示，因誤認或不知，致與其意思偶然之不一致，而為其所不知。依據民法第88條之規定有內容錯誤及表示錯誤之分，符合一定要件下，表意人得撤銷其意思表示。內容錯誤者，係因表意人之誤認，導致其所表示之內容，與其效果意思不一致。其主要內容對關於當事人錯誤、標的物本身錯誤、法律行為性質錯誤。例如，誤乙為甲、誤鉛為金、誤買賣為贈與。至於動機錯誤，不得視為錯誤而撤銷。因動機並非意思表示之一部，而不表示於外部，為維護交易安全，原則上，動機錯誤不得視為民法所稱之錯誤。例外情形，表意人已將其動機表示以外，並構成意思表示內容之一部，且交易上認為重要者，則得視為錯誤而撤銷之。民法第88條第2項設有特別規定，當事人之資格或物之性質，倘交易上認為重要者，其錯誤，視為意思表示內容之錯誤。例如，誤認為難民而贈與、誤認仿古製品為真品而高價購買。

(2) 表示錯誤

所謂表示錯誤，係指表意人表示之方法有錯誤，其雖有表示之存在，然對於表示之事項未認識者，倘表意人知其事情即不為意思表示者（民法第88條第1項本文）。舉例說明如後：①欲書寫新臺幣（下同）50萬元出售某輛汽車，誤寫為20萬元；②出賣人依據買賣契約，應交付A車，誤交付B車與買受人。

---

[11] 最高法院101年度台上字第1722號民事判決。

(3) 撤銷意思表示與保護信賴利益

表意人就錯誤之意思表示，非出於自己之過失者，表意人得於意思表示後1年內，行使撤銷權（民法第88條第1項但書、第90條）。為維持交易安全，表意人撤銷錯誤之意思表示時，表意人對於信其意思表示為有效而受損害之相對人或第三人，應負賠償責任。其撤銷之原因，受害人明知或可得而知者，則不得請求賠償。請求賠償之範圍限於信賴利益之賠償，不包含履行利益。例如，甲借貸新臺幣（下同）100萬元向乙購買房地，並以150萬元之價金將該房地轉賣丙，乙因錯誤之事由，撤銷出賣房地之意思表示，甲非因過失而不知撤銷原因，可向乙請求賠償借款所支付之利息及必要費用，不得請求轉賣之買賣差價。

2. 誤傳

所謂誤傳（incorrect transmission），係指傳達人或傳達機關傳達錯誤。例如，使者口傳，誤將買受為出租。誤傳之情形適用一般錯誤規定，故意思表示，因傳達人或傳達機關傳達不實者，得撤銷其意思表示（民法第89條）。表意人就錯誤之意思表示，非出於自己之過失者，表意人固得於意思表示後1年之除斥期間內，行使撤銷權。惟表意人對於信其意思表示為有效而受損害之相對人或第三人，應負信賴利益之賠償責任（民法第90條、第91條）。

五、意思表示不自由（94年司法人員四等）

意思不自由係因他人之不法、不當之手段，導致為意思表示，主要有詐欺及脅迫。為維護表意人意思決定之自由及社會秩序之健全，民法規定表意人受詐欺或脅迫而為意思表示者，表意人得撤銷其意思表示（民法第92條）。脅迫較詐欺之意思表示不自由，故撤銷受脅之意思表示，其限制較少。

（一）詐欺

1. 要件

所謂詐欺者（fraud），係指詐欺人故意欺罔被詐欺人，使其陷於錯誤，並因之而為意思表示之行為。例如，甲持低價之仿製古董向

乙兜售，僞稱爲眞正古董，乙信以爲眞，高價購入贋品，足見甲有持
贋品爲眞品之詐欺故意，其有虛構不實之事實之詐欺行爲，導致乙陷
於錯誤，誤以爲贋品爲眞品，而向甲爲購買該贋品之意思表示，是甲
誤贋品爲眞品而向乙表示購買古董之意思表示，其與乙之詐欺行爲具
有相當因果關係。所謂詐欺，包括積極之欺罔行爲或消極隱匿事實，
即在法律上、契約上或交易之習慣上就某事項負有告知之義務者，
不得隱匿該錯誤事實，導致表意人陷於錯誤。僅單純之緘默並無違法
性，其與詐欺要件不符。

2. 撤銷意思表示（104年司法人員四等）

　　因被詐欺而爲意思表示者，表意人得撤銷其意思表示。但詐欺係
由第三人所爲者，以相對人明知其事實或可得而知者爲限，始得撤銷
之。蓋表意人所爲之意思表示係因第三人之詐欺行爲所致，相對人善
意而無過失時（bona fide），表意人自不得撤銷意思表示（民法第92
條第1項）。而被詐欺而爲之意思表示，其撤銷不得以之對抗善意第
三人（第2項），以保護交易安全。例如，乙受甲詐欺而低價出售汽
車，甲將汽車出售與善意之丙，乙以詐欺爲由撤銷甲、乙間之買賣契
約，使之無效，丙仍得主張其與甲間之買賣契約有效。倘甲已將汽車
交付與丙，丙已取得所有權，乙不得向丙請求返還汽車，僅得向甲請
求損害賠償。撤銷受詐欺所爲之意思表示之除斥期間，應於發見詐欺
或脅迫終止後，1年內爲之。但自意思表示後，經過10年，不得撤銷
（民法第93條）。

（二）脅迫（105年司法人員四等）

1. 要件

　　所謂脅迫（duress），係指使人發生恐怖而爲意思表示之行爲。
例如，甲持刀械向乙聲稱，其在逃亡亟需用錢，要求乙以不相當之高
價向其購買劣質茶葉，乙心生畏懼乃支付新臺幣（下同）10萬元購買
市價僅100元之劣質茶葉，足見甲有持刀械脅迫乙之故意，該違法不
當之脅迫行爲，導致乙發生恐怖心理，而向甲爲購買劣質茶葉之意思
表示，是甲發生恐怖心理而向乙表示購買茶葉之意思表示，而與乙之
脅迫行爲具有相當因果關係。倘屬被絕對強制而爲之意思表示者，係
缺乏表示意思及表示行爲，其意思表示無效，毋庸撤銷之。

2. 撤銷意思表示

　　因脅迫之違法性較詐欺爲嚴重，對於被脅迫人之保護自須較被詐欺人爲周全，是其法律效果與受詐欺者有所不同，脅迫行爲不論爲第三人或相對人所爲，表意人均得撤銷之。而被脅迫而爲意思表示，其撤銷得以之對抗善意第三人。被脅迫而爲意思表示，自脅迫終止後，1年內爲之，但自意思表示後，經過10年，不得撤銷之（民法第93條）。

六、契約成立方式

　　法律行爲以其成立之生效方式，可分要式與非要式行爲。法律行爲以非要式爲原則，以要式爲例外。要式行爲係法律行爲之成立，除須意思表示外，尚須依一定方式始能成立者。非要式行爲不須履行一定之方式，即可成立合法有效之法律行爲。要式行爲分爲約定及法定要式行爲，不依約定方式未完成前，推定契約不成立（民法第166條）；未踐行法定要式契約者，原則上無效（第73條本文）[12]。

（一）約定方式

1. 不依約定方式推定契約不成立

　　所爲約定方式或意定方式，係指契約當事人約定其契約須用一定方式者，在該方式未完成前，推定其契約不成立（民法第166條）。例如，辦理公證事務，應於法院公證處或民間之公證人事務所爲之。但法令另有規定或因事件之性質，在法院公證處或民間之公證人事務所執行職務不適當或有其他必要情形者，不在此限（公證法第8條第1項）。公證人作成之文書，非具備本法及其他法律所定之要件，不生公證效力（公證法第11條第1項）。當事人請求公證人就以給付金錢或其他代替物或有價證券之一定數量爲標的之法律行，爲作成之公證書，載明應逕受強制執行者，得依該證書執行之（公證法第13條第1項第1款）。準此，當事人約定機車買賣契約必須經過公證，未經公證則買賣契約不成立。

---

[12] 林洲富，民法案例式，五南圖書出版股份有限公司，2020年9月，8版1刷，頁58。

2. 約定股份買賣契約以書面爲要式

　　甲公司與乙公司商談乙公司之股份買賣時，甲公司要求乙公司提出公司帳冊，乙公司同意就此部分提出書面資料後再簽名，可見公司帳冊之提出確有其重要性，堪認當事人就股份買賣契約已合意應以書面，且經簽名之方式爲之，目的係爲使公司帳冊清楚，交接手續順暢，而非專爲證據之用，自屬民法第166條所定之約定要式行爲，因當事人未簽署書面股份買賣契約，自應推定買賣契約尚未成立[13]。

（二）法定方式

1. 不依法定方式原則上無效

　　法定要式契約者，而未踐行其方式，原則上無效（民法第73條本文）。但其規定並不以之爲無效者，不在此限（但書）[14]。例如，不動產物權之移轉、設定或變更之契約，應由公證人作成公證書（民法第166條之1第1項）。未經公證，其契約雖不成立，然當事人已合意爲不動產物權之移轉、設定或變更而完成登記者，仍爲有效（第2項）。因當事人已有變動不動產物權之合意，並經地政機關完成登記，債權契約未經公證，仍生物權變動之效力，以緩和其要式性。

2. 破產財團之財產變價方式

　　破產財團之財產有變價之必要者，除經債權人會議決議外，應以拍賣方法爲之，並未賦予破產管理人自行決定變價方法之權，此爲法定方式（破產法第138條）。倘破產管理人未依拍賣方法變價，依民法第73條前段規定，應屬無效。拍賣爲特種買賣之一種，應適用民法第391條至第397條規定，由拍賣人聲明開始出價，多數應買人就同一標的物各自出價應買，且知悉他人出價而有再提出條件之機會，拍賣人對出價最高之應買，以拍板或依其他慣用之方法，爲賣定之表示而成立[15]。

---

[13] 最高法院106年度台上字第2803號民事裁定。

[14] 拋棄繼承（民法第1174條第2項）、兩願離婚（民法第1050條）、收養子女（民法第1079條），均應法定方式爲之，否則無效。不動產租賃之契約，租賃期間逾1年者，應以字據訂立之，此爲不動產租賃契約之法定方式。未以字據訂立者，僅視爲不定期限之租賃，並非無效（民法第422條）。

[15] 最高法院109年度台上字第183號民事判決。

肆、契約成立之方法

一、要約

(一) 要約與要約引誘不同

　　所謂要約（offer），係指特定人以訂立一定契約爲目的，而喚起相對人承諾之一種意思表示，要約之內容足以決定必要之點，以締結契約。例如，甲向乙表示以新臺幣（下同）100萬元出售其汽車與乙。契約之要約人，因要約而受拘束。所謂因要約而受拘束，係指要約一經生效，要約人不得將要約擴張、限制、變更或撤回而言（民法第154條第1項本文）。例外情形，係要約當時預先聲明不受拘束，或依其情形或事件之性質，可認當事人無受其拘束之意思者，不在此限，此爲要約引誘（第1項但書）。貨物標定賣價陳列者，視爲要約（第2項本文）。例如，實體商店或網路商店，標定債總案例式之賣價爲600元，標示特定書本與售價明確，此爲要約之意思表示，而消費者承諾以該價金買受該書，買賣契約即可成立。例外情形，價目表之寄送，不視爲要約，係要約引誘（第2項但書）。例如，出版公司寄送書籍價目表，此爲要約引誘。要約引誘不具有拘束力，其目的僅在促使消費者對出版公司提出買書之要約，買賣契約成立與否，仍在出版公司是否爲承諾之意思表示。消費者願意以書籍價目表之賣價購買書籍，其爲要約之意思表示，出版公司爲承諾之意思表示，即成立買賣契約。

(二) 要約失效

1. 要約經拒絕者

(1) 默示與沉默不同

　　要約經拒絕者，失其拘束力（民法第155條）。例如，稱買賣者，謂當事人約定一方移轉財產權於他方，他方支付價金之契約（民法第345條第1項）。例如，乙表示願以新臺幣（下同）100萬元之價格，向甲購買古董花瓶一只，甲表示該古董花瓶是傳家寶物，不願意出售，故乙之買賣要約經甲拒絕者，乙之要約失其拘束力。而默示之承諾，必依要約受領人之舉動，或其他情事足以間接推知其有承諾之意思者，始足稱之。例如，乙向甲爲購買古董花瓶一只之要約意思表

示，乙出價100萬元，甲有點頭示意之默示承諾行為，甲與乙就買賣價金與標的達成合致時，當事人成立買賣契約。倘甲僅沉默不語，因此舉並非默示之承諾表示，視為乙之買賣要約經甲拒絕，失其拘束力[16]。

(2) 承諾與要約不一致

契約因要約與承諾而成立者，其承諾之內容必須與要約之內容完全一致或客觀上一致，契約始能成立，否則視為拒絕要約[17]。例如，乙雖表示願以新臺幣（下同）100萬元之價格，向甲購買古董花瓶一只，然甲表示該古董花瓶至少要價200萬元，是甲之承諾內容與乙之要約內容不一致，乙之買賣要約經甲拒絕者，乙之要約失其拘束力。

2. 對話要約適用了解主義

對話人為意思表示者，其意思表示，以相對人了解時，發生效力（民法第94條）。所謂對話意思表示，係指表意人以立即使相對人了解其意思表示之方法，其與相對人直接交換意思。例如，當事人面對面交談。有相對人之對話意思表示生效，民法適用了解主義。對話為要約者，非立時承諾，即失其拘束力（民法第156條）。例如，甲欲以新臺幣（下同）6,000萬元之價金，向乙購買其所有座落臺北市大安區之房地一棟，當事人經過多次口頭協商，均因買賣價金均無法達成合意。甲於某日以電話方式向乙表示，願於8,000萬元之價金購買該房地，乙認為價格合理，以電話方式立時承諾，當事人成立買賣契約，當事人均應受買賣價金8,000萬元之拘束（民法第345條第1項）。

3. 非對話要約

(1) 適用達到主義

非對話而為意思表示者，其意思表示，以通知達到相對人時，發生效力（民法第95條第1項本文）。例外情係，係撤回之通知，同時或先時到達者，不在此限（第1項但書）。所謂非對話意思表示，係指表示人無法立即使相對人了解其意思表示之方法，導致相對人無法

---

[16] 最高法院100年度台上字第860號民事判決。
[17] 最高法院103年度台上字第1844號民事判決。

立即直接交換意思表示。例如，當事人書信往來。有相對人之非對話意思表示生效，民法適用達到主義。再者，表意人於發出通知後死亡或喪失行為能力或其行為能力受限制者，其意思表示，不因之失其效力（民法第95條第2項）。例如，對於因精神障礙或其他心智缺陷，致不能為意思表示或受意思表示，或不能辨識其意思表示之效果者，法院得因本人、配偶、四親等內之親屬、最近1年有同居事實之其他親屬、檢察官、主管機關、社會福利機構、輔助人、意定監護受任人或其他利害關係人之聲請，為監護之宣告（民法第14條第1項）。受監護宣告之人，無行為能力（民法第15條）。甲以書信表示願意以新臺幣8萬元向乙購買電腦設備後，雖經法院為監護宣告，成為無行為能力之人，惟甲之購買要約依然有效。

(2) 未於達到時期內承諾

非對話為要約者，依通常情形可期待承諾之達到時期內，相對人不為承諾時，其要約失其拘束力（民法第157條）。例如，當事人甲與乙因對工程承攬契約應否增列延遲附款，發生歧見，甲業於2022年7月22日發函表示願依投標文件所附契約簽約，該契約未加延遲附款，此意思表示之性質，屬非對話為要約。乙於2022年8月1日發函通知甲，函文中載明請甲明確回覆是否同意，依原契約內容且不附帶相關延遲付款之條件辦理簽約，此函文所稱之契約內容，其與甲於2022年7月22日函所稱之契約內容相同。準此，可認當事人至遲於此時已就變更後契約內容，即依投標文件所附契約，不加延遲附款，為意思表示合致，變更內容之新契約業已成立[18]。倘乙對甲之2022年7月22日函，依通常情形可期待承諾之達到時期內，未為回覆，則甲之要約失其拘束力。

(3) 未於期限內承諾

要約定有承諾期限者，非於其期限內為承諾，失其拘束力（民法第158條）。例如，甲以存證信函向乙表示，願以每坪新臺幣100萬元之代價，出售甲所有座落臺中市南屯區之100坪土地，該存證信函定30日之期限內，應為承諾之意思表示。甲之該賣地要約，因乙未於期

---

[18] 最高法院107年度台上字第1212號民事判決。

限內為承諾之意思表示，該要約失其拘束力，當事人就該土地未成立買賣關係。

（三）撤回要約之通知

要約人欲撤回要約之通知，阻止要約生效，倘其到達在要約到達之後，而按其傳達方法，通常在相當時期內應先時或同時到達，其情形為相對人可得而知者，相對人應向要約人即發遲到之通知（民法第162條第1項）。相對人怠於為遲到通知者，其要約撤回之通知，視為未遲到（第2項）。該撤回要約之通知，即生效力。例如，甲雖先以平信掛號寄送，表示願以新臺幣10萬元之代價，購買乙之沙發組，其平信應於翌日下午達到。然甲於同日下午以限時掛號信撤回該買賣要約，本應於翌日上午達到，因寄送機構之遲延發信，導致該限時信晚於該平信達到，依通常情形，乙可得知該限時信應早於該平信達到，乙應向甲發遲到之通知，乙怠於為遲到通知者，甲之該要約撤回通知，視為未遲到，視為該買賣要約失效。

（四）要約引誘

1. 要約引誘之定義

所謂要約引誘，係指引誘他人向自己為要約故要約之引誘，表意人無意受其所表示內容之拘束，仍保留其締約與否之決定權，僅為準備行為，其本身不發生法律上之效果[19]。例如，出賣人於網路商店上作貨品之圖片、價格及商品介紹之展示，屬藉由網路之方式於其上刊登商品型錄，其性質上應屬價目表之寄送，而屬要約之誘引。且出賣人於消費者按鍵點選後，其於購買清單上記載有保留接受訂單與否之權利，應屬載明出賣人保留是否承諾之權限。

2. 要約與要約引誘之區別

(1) 貨物標定賣價陳列與寄送價目表不同

契約之要約人，因要約而受拘束。但要約當時預先聲明不受拘束，或依其情形或事件之性質，可認當事人無受其拘束之意思者，不在此限（民法第154條第1項）。貨物標定賣價陳列者，視為要約。但價目表之寄送，不視為要約（第2項）。所謂貨物標定賣價陳列，係

---

[19] 最高法院109年度台上字第1792號民事判決。

指消費者至商店購買商品時，商品直接標價販賣之情形。而商店之傳單，雖有標貨物價格，其是屬於民法第154條第1項後段之價目表寄送。而在網路書店之情形，網路書店或其他網路商店，均標榜接近實體賣場之購物環境，其商品直接擺在架上標價賣，其屬於要約。倘商品印成商品目錄或價目表，屬於要約引誘，並非要約之意思表示。

(2) 一般區別標準

要約與要約引誘之區別，除法有明文，如民法第154條第2項貨物標定賣價陳列規定外，一般區別標準，即依表示行為之內容，或依其意思表示是否注重相對人、依行為地之習慣或當事人之交易關係而定。舉例說明如後：①意思表示之內容，已具體表示契約之內容，使相對人得據以承諾者，其為要約；②契約之訂立不注重相對人其人者，其表示為要約；③明示與出價最高之投標者訂約者，除別有保留外，應視為要約之表示[20]；④要約與要約引誘之區別，應視其表示行為，是否足以決定契約必要之點或要素。例如，招租房屋（民法第421條第1項）、徵聘職員（民法第482條）、商品推銷廣告（民法第345條第1項）等，均未足以決定契約必要之點，均屬要約引誘，並非要約之意思表示。

（五）視為新要約

遲到之承諾，除前條情形外，視為新要約（民法第160條第1項）。要約擴張、限制或為其他變更而承諾者，視為拒絕原要約而為新要約（第2項）。例如，甲欲以新臺幣（下同）100萬元購買乙所有之車輛一部，因乙僅願120萬元出售該車輛，依民法第160條第2項規定，應視為對原要約之拒絕，而為新要約，而甲未對乙之要約另為承諾，故車輛買賣契約未成立。

（六）要約消滅之主要原因

消滅事由	依據法條
要約之拒絕	民法第155條
承諾期間已過	民法第158條

---

[20] 孫森焱，民法債編總論，上冊，自版，2004年1月，頁52。

消滅事由	依據法條
要約之撤回	民法第162條
承諾與要約合致	民法第153條第1項

（七）強迫推銷

　　未經消費者要約而對之郵寄或投遞之商品，消費者不負保管義務（消費者保護法第20條第1項）。前項物品之寄送人，經消費者定相當期限通知取回而逾期未取回或無法通知者，視爲拋棄其寄投之商品。雖未經通知，但在寄送後逾1個月未經消費者表示承諾，而仍不取回其商品者，亦同（第2項）。消費者得請求償還因寄送物所受之損害，及處理寄送物所支出之必要費用（第3項）。

二、承諾

（一）定義

　　所謂承諾（accept），係指答覆要約之同意意思表示。承諾之內容，必須與要約之內容完全一致，契約始能成立。例如，甲向乙表示以新臺幣100萬元出售其汽車與乙，乙同意以該價金買受汽車。再者，要約定有承諾期限者，非於其期限內爲承諾，失其拘束力（民法第158條）。例如，標案係於2021年12月2日，由甲公告招標，並於2021年12月20日開標，依投標須知規定，就本標案而言，乙於投標所交付之招標文件，其有效期間，固爲自乙投標時起至2021年12月20日開標後30日止。惟自2021年12月20日開標後，甲遲至2022年4月16日始以電話通知乙，並於4月21日當日當場要求乙進行議價與決標，此期間已逾125日，且甲在此期間內，均未曾向乙洽請延長投標文件之有效期，故該招標文件，明顯逾標案於招標須知所揭示之有效期。準此，標案之投標文件所爲要約，應已失效。

（二）承諾視爲未遲到

　　承諾之通知，按其傳達方法，通常在相當時期內可達到而遲到，其情形爲要約人可得而知者，應向相對人即發遲到之通知（民法

第159條第1項）。倘要約人怠於爲遲到通知者，其承諾視爲未遲到，即生承諾之效力（第2項）。例如，著作人乙以書面表示，願意以新臺幣10萬元之代價，出賣其所撰寫之債總案例式之著作財產權與甲出版公司。甲公司雖先以平信掛號寄送，表示願以該價格，購買乙之該書著作財產權，其平信應於翌日下午達到。然甲公司於同日下午以限時掛號信撤回該買賣承諾之意思表示，本應於翌日上午達到，因寄送機構之遲延發信，導致該限時信晚於該平信達到，依通常情形，乙可得知該限時信應早於該平信達到，乙應向甲發遲到之通知，乙怠於爲遲到通知者，甲公司之該承諾撤回通知，視爲未遲到，甲公司與乙成立買賣契約。

（三）視爲新要約

遲到之承諾，原則上應視爲新要約（民法第160條第1項）。或者將要約擴張、限制或爲其他變更而承諾者，視爲拒絕原要約而爲新要約（第2項）[21]。舉例說明如後：1.甲向乙表示，願以新臺幣（下同）20萬元，出賣甲所有之中古哈雷重機車與乙，乙應於10日承諾，乙逾10日始表示以此價格買受該重機車，視爲買賣之新要約；2.甲向乙表示以60萬元出售其汽車與乙，乙出價50萬元，乙之出價爲新要約。

（四）新要約與原要約一方承諾

要約未經承諾者，該要約固失其拘束力。惟他方倘將要約擴張、限制或爲其他變更而承諾者，視爲拒絕原要約而爲新要約，其於經原爲要約之一方承諾時，仍無礙契約之成立（民法第160條第2項）。例如，甲公司之房地標案公告及須知，載明投標人或議價人之房地報價須高於新臺幣（下同）1億元，而乙投標報價雖爲5,900萬元，然議價報價爲依甲公司底價1億元。當事人於投標不成而進入議價程序，乙之投標未以高於底價1億元爲承諾，固未成立契約。惟乙以依甲公司底價之特定價金1億元，表明願意以議價方式，爲承買之意思表示，即將甲公司之要約金額限制爲1億元，依民法第160條第

---

[21] 最高法院105年度台上字第356號民事判決。

2項規定,此爲新要約。經甲公司宣布由乙以1億元議價,即爲承諾時,當事人就標案房地之買賣,已達意思表示一致而成立買賣契約,不因未簽訂書面契約,而異其結果[22]。

(五)撤回要約與承諾之通知

1. 撤回要約之通知

要約人欲撤回要約之通知,阻止要約生效,倘其到達在要約到達之後,而按其傳達方法,通常在相當時期內應先時或同時到達,其情形爲相對人可得而知者,相對人應向要約即發遲到之通知(民法第162條第1項)。相對人怠於爲遲到通知者,其要約撤回之通知,視爲未遲到(第2項)。例如,甲於2022年3月21日以2022年3月21日函撤回2022年3月5日函所爲要約之意思表示,然甲2022年3月21日撤回要約函,較之其於2022年3月5日要約函所發要約意思表示相差有17日之久,依其傳達方法,該撤回函通常在相當時期內,顯無法先時或同時到達,故該2022年3月21日函不發生撤回要約之效力。

2. 撤回承諾之通知

承諾人欲撤回承諾之通知,阻止承諾生效,倘其到達在承諾到達之後,而按其傳達方法,通常在相當時期內應先時或同時到達,其情形爲相對人可得而知者,相對人應向承諾人即發遲到之通知。相對人怠於爲遲到通知者,其承諾撤回之通知,視爲未遲到。該撤回承諾之通知,即生效力(民法第163條準用第162條)。例如,甲於2022年3月21日以2022年3月21日限時掛號函撤回2022年3月20日掛號函所爲要約之意思表示,因甲2022年3月21日撤回要約函,較之其於2022年3月20日要約函所發要約意思表示相差僅1日,依其傳達方法,該限時掛號撤回函通常在相當時期內得先時或同時到達,故該2022年3月21日函發生撤回承諾之效力。

三、要約交錯

所謂要約交錯或要約吻合,係指當事人偶然的互爲要約,而其內

---

[22] 最高法院105年度台上字第356號民事判決。

容足以構成實質上之合意，符合民法第153條規定，因此成立契約。舉例說明如後：（一）甲向乙表示以新臺幣（下同）6萬元之價款出售電腦1部，乙同時向甲表示，其以6萬元購買該部電腦，甲、乙成立電腦買賣契約（民法第345條）；（二）當事人各自以對方違約為由，單方向他方為行使法定或約定終止權之意思表示，並非基於與他方締結合意終止契約之意思，而向他方為終止租約之要約，自無所謂租約已因當事人之交錯要約而合意終止。

四、意思實現

　　所謂意思實現，係指於承諾無須通知之情形，而有可認為承諾之事實，契約即可成立。意思實現以客觀上有可認為承諾之事實存在為要件，有此事實，契約即為成立。有無此事實，應依具體情事決定之[23]。意思實現之要件有：（一）依習慣、事件性質或要約人要約當時預先聲明，其承諾無須通知者；（二）在相當時期內，有可認為承諾之事實時，其契約為成立，要約人對於該事實之發生，是否知悉，並非意思實現之要件（民法第161條）。舉例說明如後：（一）預定飯店房間，依據飯店業者之習慣，承諾時無須通知，飯店將房間備妥，住宿契約即可成立；（二）甲因購買房屋之原因，欲將其借款之要約，經由乙而傳達於丙，丙與乙為公司同事，甲因業務關係認識丙，丙於乙表示甲欲向其借款後，丙於數日內，未通知甲而匯款新臺幣800萬元與甲，依民法第161條第1項規定，堪認丙對甲借款之要約，其於相當時期內，有未經通知即匯款與甲之行為時，可認為係承諾之事實，應認甲與丙間就該消費借貸之意思表示合致，契約業已成立[24]；（三）雜誌社為推銷雜誌，主動將雜誌與帳單同時寄與消費者，且在帳單記載消費者在收到後，未於10日表示不願意訂購，即表示願意訂購，應即付款。消費者收到雜誌後，將款項劃撥至雜誌社帳戶，雜誌社寄送雜誌與帳單為要約，並事先聲明承諾無須通知，消費者匯款行為，可視為承諾意思表示。

---

[23] 最高法院95年度台上字第969號民事判決。
[24] 最高法院99年度台上字第1067號民事裁定。

伍、懸賞廣告

一、懸賞廣告之定義及效力

（一）懸賞廣告之定義及效力

所謂懸賞廣告（rewarding public notice），係指以廣告聲明對完成一定行為之人給與報酬。所謂廣告，係指利用電視、廣播、影片、幻燈片、報紙、雜誌、傳單、海報、招牌、牌坊、電腦、電話傳真、電子視訊、電子語音或其他方法，可使多數人知悉其宣傳內容之傳播或其意思表示（消費者保護法施行細則第23條）。準此，懸賞廣告具有要物契約與要式契約之性質。

（二）懸賞廣告之效力

1. 廣告人給付報酬之義務

廣告人（promisor）對於完成該行為之人，負給付報酬之義務（民法第164條第1項）。舉例說明如後：(1)有關獎勵發明或徵求著作、製造品或為運動競賽，僅對於入選之作品或成果給付報酬之懸賞廣告，其性質均屬懸賞廣告；(2)甲登報聲明尋找愛犬，尋獲者有新臺幣（下同）10萬元之報酬，乙尋獲該犬，甲應依據懸賞廣告之內容，給付10萬元報酬與乙。

2. 最先完成行為者取得報酬請求權

數人先後分別完成前項行為時，由最先完成該行為之人，取得報酬請求權。倘數人共同或同時分別完成行為時，由行為人共同取得報酬請求權（民法第164條第2項）。例如，丙刊登懸賞廣告，表示尋獲其遭竊車輛者，給與報酬新臺幣10萬元，甲與乙依據懸賞廣告之內容，共同尋獲丙之遭竊車輛，由甲與乙共同取得報酬請求權。

3. 先通知者取得報酬請求權

廣告人善意給付報酬於最先通知之人時，其給付報酬之義務，即為消滅（民法第164條第3項）。例如，丙刊登懸賞廣告，表示尋獲其走失之愛貓者，給與報酬新臺幣3萬元，甲與乙依據懸賞廣告之內容，共同尋獲丙之走失愛貓，本由甲與乙共同取得報酬請求權。然廣告人善意給付報酬於最先通知之甲時，其給付報酬之義務，即為消滅，乙不得再向丙請求報酬。

4. 不知有廣告而完成行為者取得報酬請求權

縱使行為人不知有廣告而完成廣告所定之行為，亦準用懸賞廣告之規定（民法第164條第4項）。例如，有受領權之人認領遺失物時，拾得人得請求報酬。但不得超過其物財產上價值1/10；其不具有財產上價值者，拾得人亦得請求相當之報酬（民法第805條第2項）。乙刊登懸賞廣告，表示尋獲其遺失價值新臺幣（下同）10萬元之名牌包，將給與尋獲者報酬6萬元，甲不知有該懸賞廣告，拾得乙遺失之名牌包，將該拾得遺失物者報告警察機關，並應將其物一併交存（民法第803條第1項本文）。固經該警察機關通知乙招領，然乙依約應給付6萬元報酬與甲，不得依民法第805條第2項但書，僅給付該名牌包價值1/10之報酬1萬元與甲。

（三）懸賞廣告權利之歸屬

原則上，因完成懸賞廣告之行為而可取得一定之權利者，其權利屬於行為人（民法第164條之1本文）。例如，依據懸賞廣告完成著作，而取得著作權。例外情形，係廣告另有聲明者，不在此限（但書）。例如，懸賞廣告者約定其為一定給付後，取得參賽或投稿者之著作權財產權。

二、懸賞廣告之撤回

預定報酬之廣告，倘於行為完成前撤回時，除廣告人證明行為人不能完成其行為外，對於行為人因廣告善意所受之損害，雖應負賠償之責。然以不超過預定報酬額為限（民法第165條第1項）。廣告定有完成行為之期間者，推定廣告人拋棄其撤回權（第2項）。例如，甲登報聲明尋找愛犬，尋獲者則有新臺幣（下同）6萬元之報酬，乙見報後四處獲找該犬，因該犬自行回家，甲嗣後登報撤回懸賞廣告，倘乙不知該犬已回甲處，甲應於6萬元內，賠償善意乙所支出之費用。

三、優等懸賞廣告

（一）定義

所謂優等懸賞廣告，係指以廣告聲明對完成一定行為，其於一定

期間內為通知,而經評定為優等之人給與報酬者。廣告人於評定完成時,負給付報酬之義務(民法第165條之1)。例如,徵求學術著作或獎勵技術之發明,僅對評定入選之優等作品或成果者,給付約定之報酬。

(二)優等之評定方法

優等之評定,由廣告中指定之人為之。廣告中未指定者,由廣告人決定方法評定之(民法第165條之2第1項)。因評定為主觀價值之比較,前開所為之評定,對於廣告人及應徵人有拘束力(第2項)。廣告人及應徵人均不得請求法院裁判以代評定結果。倘被評定為優等之人有數人同等時,除廣告另有聲明外,共同取得報酬請求權(民法第165條之3)。原則上,被評定為優等之人因完成懸賞廣告之行為,而可取得一定之權利者,其權利屬於行為人(民法第165條之4)。例如,甲刊登優等懸賞廣告,其有關優等之評定方法,由專家乙為評定人,乙所為之評定結果,對於廣告人甲及應徵人有拘束力,被評定為優等之應徵人取得報酬請求權。

(三)要約與承諾之意思表示

懸賞廣告之聲明即為要約之意思表示,而依該聲明完成一定行為,且於一定期間內通知廣告人之應徵人即屬承諾之意思表示,雙方均須受評定之拘束,廣告人對於經評定為優等之應徵人,其負有給付報酬之義務,並無進一步再締約之必要。例如,應徵人依據優等懸賞廣告完成學術著作,約定懸賞廣告者應給付新臺幣100萬元報酬與應徵人,懸賞廣告者取得學術著作財產權。

四、一般懸賞廣告與優等懸賞廣告

	一般懸賞廣告	優等懸賞廣告
評定義務	無評定義務。	民法第165條之1至第165條之2有評定義務。
給付報酬	廣告人對於完成該行為之人,負給付報酬之義務。	經評定為優等之人給與報酬。
應募期間	原則無應募期間,民法第165條第2項為例外規定。	民法第165條之1有應募期間。

	一般懸賞廣告	優等懸賞廣告
應徵通知	無通知義務。	民法第165條之1有應徵通知義務。
先通知者取得報酬	第164條第3項規定，由先通知者取得報酬。	無先通知先為給付之問題。
先完成者取得報酬	第164條第2項規定，先完成者取得報酬。	依據評定方法。

陸、不動產物權契約之要式性

　　契約以負擔不動產物權之移轉、設定或變更之義務為標的者，應由公證人作成公證書（民法第166條之1第1項）。未依前項規定公證之契約，倘當事人已合意為不動產物權之移轉、設定或變更而完成登記者，仍為有效（第2項）。不動產交易過程，賣方最擔心收不到買賣價金，買方最擔心給付買賣價金後，無法取得所有權。強制公證並無法確保取得所有權與取得價金之交易安全。準此，採行履約保證制度，可確保賣方取得價金，買方取得所有權，契約雖不經公證，仍可保障買賣不動產之當事人權益。

柒、例題研析

一、例題3研析——預約與本約之區別

　　當事人就標的物及其價金互相同意時，買賣契約即為成立（民法第345條第2項）。物之出賣人，負交付其物於買受人，並使其取得該物所有權之義務（民法第348條第1項）。預約與本約同屬契約之一種，預約成立後，預約之債務人負有成立本約之義務，是預約係約定將來訂立本約之契約[25]。倘將來係依所訂之契約履行而無須另訂本約者，縱名為預約，仍非預約。甲向乙購買房地，並簽訂房地買賣預約書，約定買賣坪數、地號、價金、繳納價款、移轉所有權登記期限等內容，雖名稱為房地買賣預約書，然已就買賣標的物及價金之買賣

---

[25] 最高法院108年度台上字第1118號民事判決。

契約之必要點，互相合意一致，可依照該房地買賣預定書履行買賣契約之權利義務，自屬本約之性質，無須再行訂立買賣本約，準此，甲依據房地買賣預約書，得請求乙交付房地及移轉其所有權[26]。乙聲稱本件契約屬預約性質，買賣契約尚未成立為由，而拒絕履行出賣人義務，為無理由。

二、例題4研析——**要約與要約引誘之區別**

貨物標定賣價陳列者，視為要約。甲開設A精品服飾店，標明某件服飾價格為新臺幣（下同）6萬元，應視為要約，乙前往A精品服飾店交付6萬元要求購買該件服飾，乙應受要約之拘束，不得要抬高價格至8萬元（民法第154條第2項本文）。因價目表之寄送，不視為要約，係要約引誘（第2項但書）。要約引誘之目的，係引誘他人向自己為要約，故要約之誘引，僅為準備行為，其本身不發生法律上之效果。甲寄發服飾廣告價目表與乙，廣告價目表標明某件服飾價格為3萬元，其性質屬要約引誘，乙要求以價目表所列之價格購買該服飾，必須甲為要約表示，經乙承諾後，買賣契約始成立。

三、例題5研析——**意思實現**

契約須當事人互相表示意思一致，始得成立，契約之成立，除雙方同時互為一致之意思表示外，以一方對他方之要約為承諾之通知或意思實現而成立。而默示之承諾，必依要約受領人之舉動，或其他情事足以間接推知其有承諾之意思者，始足稱之。甲以網路向B飯店預定房間，B飯店依據其作業，備妥房間，承諾無須通知甲，因意思實現而成立住宿契約（民法第161條）。住宿契約係以租賃契約與膳食買賣契約、提供勞務契約之混合契約。甲依據預定之日期，前往B飯店投宿，B飯店應依據住宿契約之內容，提供住宿與甲，B飯店以客房已客滿為由，而未提供房間與甲，顯然違反住宿契約之義務，B飯店應對甲負債務不履行之損害賠償責任。

---

[26] 最高法院103年度台上字第143號民事判決。

四、例題6研析——普通法院就公法爭議無管轄權

(一) 公法與私法之區別

行政命令為行政機關行使公權力單方面訂定，具有抽象及一般性拘束力之規範。所謂自治規則，係指自治團體所訂定具有抽象及一般性拘束力之命令，兩者均屬公法關係。而民法以規範私人生活之權利義務為其內容，屬私法關係。乙得否依私法關係向普通法院訴請A市政府給付報酬金，自應審究A市政府發給檢舉獎金之宣示，其性質係公法上行為或者為單純私法上契約而定。依據地方制度法第19條第1項第1款規定，縣（市）公職人員選舉、罷免之實施，為縣（市）關於組織及行政管理自治事項，於此範圍內，縣市政府自得依法發布或下達自治規則（地方制度法第25條）。準此，檢舉賄選發放獎金之宣示，乃具有自治規則之性質，而有對外之法律效果。依學說上一般就公法與私法之區別標準觀之，無論從利益說[27]、從屬說[28]、舊主體說[29]、新主體說而言[30]，因此等檢舉獎金請求所生之爭議，其性質均應屬於公法事件，而為公法上之法律關係，並非單純之私法契約。

(二) 依起訴主張之法律關係決定審理法院

就原告乙主張之給付內容以觀，檢舉賄選發放獎金之宣示，乃具有自治規則之性質，而對外發生公法之法律關係，是乙主張為訴訟標的之法律關係非屬私法上權利，自不得為民事訴訟之標的。準此，乙依民事訴訟程序向普通法院訴請裁判，訴訟事件不屬普通法院之權限者，普通法院應依職權裁定將該訴訟移至有管轄權之高等行政法院（法院組織法第7條之3第1項本文；民事訴訟法第249條第1項第1款）。倘乙主張懸賞廣告之法律關係，請求給付報酬（民法第164條第1項）。依據其所訴之事實，則為法律上顯無理由，普通法院得不

---

[27] 利益說係以公益為目的者為公法，以私利為目的者為私法。

[28] 從屬說係以規範上下隸屬關係者為公法，規範平等關係者為私法。

[29] 舊主體說係指法律關係主體之一方或雙方為國家或機關者為公法，法律關係之主體雙方均為私人者為私法。

[30] 新主體說或特別法規說係指國家或機關以公權力主體地位作為法律關係之主體者，該適用之法律為公法，該法律對於任何人均可適用者，則為私法。

經言詞辯論，逕以判決駁回之（民事訴訟法第249條第2項本文）[31]。

五、例題7研析——懸賞廣告之報酬請求權

以廣告聲明對完成一定行為之人給與報酬者，為懸賞廣告。廣告人對於完成該行為之人，負給付報酬之義務（民法第164條第1項）。數人先後分別完成前項行為時，由最先完成該行為之人，取得報酬請求權；數人共同或同時分別完成行為時，由行為人共同取得報酬請求權（第2項）。數人負同一債務或有同一債權，而其給付可分者，除法律另有規定或契約另有訂定外，應各平均分擔或分受之；其給付本不可分而變為可分者亦同（民法第271條）。如題意所示，甲之名貴車輛遭竊，甲為加速尋獲該車輛，為此在網路與報紙刊登尋車廣告，報酬新臺幣（下同）100萬元之報酬，此為可分之債。乙、丙共同發現該車輛者，並通知甲之知悉，甲應各支付報酬與乙、丙50萬元。

六、例題8研析

預定報酬之廣告，如於行為完成前撤回時，除廣告人證明行為人不能完成其行為外，對於行為人因該廣告善意所受之損害，應負賠償之責。但以不超過預定報酬額為限（民法第165條第1項）。如題意所示，甲之愛貓走失，甲以新臺幣（下同）10萬之報酬，懸賞協尋走失之愛貓，乙見廣告後，向公司請假5日努力尋找該貓。甲嗣後撤回該懸賞廣告。而乙請假未工作，損失1萬元，得向甲請求報酬1萬元。

捌、實務見解

按契約之要約人，因要約而受拘束。但要約當時預先聲明不受拘束，或依其情形或事件之性質，可認當事人無受其拘束之意思者，不在此限，民法第154條第1項定有明文。所謂要約，係指以締結契約為目的，而喚起相對人承諾之一種意思表示。所謂要約之引誘，係指僅在引發相對人為要約之意思通知，表意人無意受其所表示內容之拘

---

[31] 最高法院93年度台上字第1097號民事判決。

束，仍保留其締約與否之決定權。表意人就兩造履約期間所生爭執，提出自行認定可請求給付之金額以爲結算，要求相對人依該金額爲給付，而未預先聲明不受拘束，自應以在交易習慣上，其不受所提出金額之拘束，是否有正當利益，且相對人得認識表意人之該項利益，始屬依其情形或事件之性質，可認無受其拘束之意思，而爲要約之引誘。準此，應視表意人該項行爲，是否係對相對人所提出之爭執爲要約？或允以更優惠結算方式之承諾？或自我限縮權利範圍而拋棄逾該範圍之權利行使？或爲其他因素？而定其法律上之效果[32]。

習　題

一、說明契約之定義與成立方法。

　　提示：契約有廣義及狹義之分，契約成立方法有要約與承諾合
　　　　　致（民法第153條第1項）、要約交錯、意思實現。

二、說明本約及預約之區分。

　　提示：預約係約定將來成立一定契約之契約，本約爲履行該預
　　　　　約成立之契約。兩者異其性質及效力，預約權利人僅得
　　　　　請求對方履行訂立本約之義務，不得逕依預定之本約內
　　　　　容請求履行。

三、說明要約之定義。

　　提示：所謂要約，係指以訂立一定契約爲目的，而喚起相對人
　　　　　承諾之一種意思表示。

四、說明要約與要約引誘之區別。

　　提示：民法第154條。

五、說明承諾之定義。

　　提示：所謂承諾，係指答覆要約之同意意思表示。承諾之內
　　　　　容，必須與要約之內容完全一致，契約始能成立。

---

[32] 最高法院109年度台上字第1792號民事判決。

六、說明意思實現之定義。

提示：民法第161條。

七、說明懸賞廣告之定義與效力。

提示：民法第164條、第165條。

八、說明優等懸賞廣告之定義與效力。

提示：民法第165條之1至第165條之4。

第三節

代理權之授與

關鍵詞：無權代理、表見代理、單獨代理、共同代理、內部授
　　　　權、外部授權、自己代理、雙方代理、直接代理、間接
　　　　代理、代理權授與、意定代理權、狹義無權代理

例題9

甲將身分證及印章交與乙向戶政機關聲請核發戶籍謄本，乙持該身分證及印章，以甲之名義與丙訂立保證契約，擔保乙對丙之借款債務。試問甲對乙之債務，應否對丙負保證之責任？甲是否為保證人？

例題10

公開發行股票之股份有限公司依公司法第223條規定，董事為自己或他人與公司為買賣、借貸或其他法律行為時，由監察人為公司之代表。試問監察人有數人時，應否由全體監察人為共同代表？代表是否應類推適用代理規定？

例題11

甲將其印鑑章、印鑑證明及房地所有權狀交付乙辦理不動產所有權移轉登記與丙，惟乙竟持之向丁銀行借款，以該房地設定抵押權與丁銀行，作為擔保戊向丁借款之債權。試問甲應否負責？理由為何？

壹、代理之分類

一、債總之代理權類型

類型	法律效果	法條依據
有權代理	對本人生效	民法第167條
共同代理	對本人生效	民法第168條
表見代理	對本人生效	民法第169條
狹義無權代理	未經本人承認，對本人不生效力	民法第170條

二、意定代理及法定代理

以代理權發生之依據爲區別，可分意定代理及法定代理：
（一）所謂意定代理之代理權，係指基於本人之意思表示而發生者，
其代理權之授與，依據民法第167條規定，即代理權係以法律行爲授
與者，其授與應向代理人或向代理人對之爲代理行爲之第三人，以意
思表示爲之；（二）所謂法定代理之代理權，係指基於法律規定而發
生者。例如，滿18歲爲成年（民法第12條）。父母爲未成年子女之法
定代理人（民法第1086條第1項）。

二、有權代理及無權代理

以代理人有無代理權限爲區別，可分有權代理及無權代理：
（一）所謂有權代理，係指代理人基於法律規定或本人之授權而有代
理權者；（二）所謂無權代理，係指法律未規定或本人未授權而代理
權者。而無權代理之類型，有表見代理及狹義無權代理之區分（民法
第169條、第170條、第171條）。

三、單獨代理及共同代理

依據代理人之人數與權限者，可分區單獨代理及共同代理：
（一）所謂共同代理，係指代理人有數人者，其代理行爲應共同爲
之，其爲共同代理（民法第168條本文）；（二）所謂單獨代理，係
指係指代理人僅一人或數代理人各得單獨有效爲代理行爲者。例如，
法律另有規定或本人另有意思表示者，數代理人各得單獨有效爲代理
行爲者，其屬單獨代理（但書）。是民事訴訟代理人有2人以上者，
均得單獨代理當事人，其屬單獨代理性質（民事訴訟法第71條第1
項）。

四、自己代理及雙方代理

（一）原則禁止

依據當事人代理人之身分，可區分自己代理及雙方代理：1.所謂
自己代理，係指代理人代理本人與自己爲法律行爲。例如，甲授權乙

代理權出售房地，乙以自己之名義買受房地；2.所謂雙方代理者，係指代理人同時為本人及第三人之代理人。例如，甲授權乙代理權出售房地，丙亦授權乙代理權買受房地。因自己代理或雙方代理，易造成利益衝突，原則上應禁止之。

（二）例外准許

代理人非經本人之許諾，不得為本人與自己之法律行為，亦不得既為第三人之代理人，而為本人與第三人之法律行為。例外情形，其法律行為，係專履行債務者，不會損及本人之利益，自得自己代理及雙方代理（民法第106條）。舉例說明如後：1.甲為公司負責人，其積欠公司借款，甲以本人名義向公司清償借款，甲以公司負責人身分受領該借款；2.地政士依據不動產買賣契約，代理當事人辦理不動產之所有權移轉登記。

五、直接代理與間接代理

代理人是否以本人名義為法律行為者，可區分直接代理及間接代理：（一）所謂直接代理或顯明代理，係指代理人於代理權限內，以本人名義所為之意思表示，直接對本人發生效力（民法第103條第1項）。例如，甲以乙之名義向丙買受藥品，而使乙直接取得標的物交付請求權與交付價金之義務；（二）所謂間接代理或隱名代理，係指代理人以自己之名義，為本人計算，而為法律行為，該法律行為之效果，先對代理發生，再由代理人移轉於本人之代理。例如，行紀就是間接代理，以自己之名義，為他人之計算，為動產之買賣或其他商業上之交易，而受報酬之營業（民法第576條）。

貳、代理權授與之定義

一、代理之定義

所謂代理（agency），係指代理人（agent）於代理權限內，以本人（principal）即被代理人之名義，向第三人為意思表示，或自第三人受領意思表示，而直接對本人發生效力之行為，由本人、代理人及第三人成立三面關係。由於社會關係日趨複雜，個人之活動領域日

益擴大，故創設意定代理制度，以擴充行爲能力之活動範圍。而法定代理人之制度，可補助無行爲能力或限制行爲能力人之行爲能力之欠缺。

二、代理權之授與要件

所謂代理權之授與（conferring of authority of agency），係指使代理人所爲之代理行爲，對本人發生效力，代理人並無利益可言，而代理權之授與爲單獨行爲，無須得代理人之承諾，代理人不因之負擔代理行爲之義務。是代理生效之要件有：（一）須本於代理權；（二）須以本人名義爲之，此爲顯名主義，以表示依該法律行爲取得權利負擔義務者爲本人；（三）須爲代爲或代受意思表示；（四）須直接對於本人發生效力，使代理人所爲行爲之法律效果，直接對本人生效（民法第103條）。準此，授與代理權僅發生代理行爲之法律效果直接歸於本人，並非債之發生原因。例如，地政士依據不動產買賣契約，代理當事人辦理不動產之所有權移轉登記，由買受人取得不動產所有權。

參、代理權授與之方法

一、意思表示

代理權係以法律行爲（juridical act）授與者，其授與應向代理人或向代理人對之爲代理行爲之第三人，以意思表示爲之（民法第167條）。此項意思表示，固不以明示爲限，惟默示的授與代理權，仍須表意人之舉動或其他情事等之間接事實，與授與代理權之事項，具相當之關連性爲必要[1]。再者，爲委任事務之處理，須爲法律行爲，而該法律行爲，依法應以文字爲之者，其處理權之授與，亦應以文字爲之。其授與代理權者，代理權之授與亦同（民法第531條）。代理權之授與，因本人意思表示而生效力，無須一定之方式，縱代理行爲依法應以書面爲之，授與此種代理權仍不必用書面，其與同法第531

---

[1] 最高法院107年度台上字第2441號民事判決。

條所稱因委任事務之處理而授與處理權或代理權者，並不相同[2]。例如，甲授與乙代理其買賣不動產，其授與此種代理權之意思表示，得用口頭表示或書面表示均可。

二、意定代理權之授與方式

（一）內部授權與外部授權

意定代理權之授與方式有內部授權與外部授權：1.所謂內部授權，係指本人以意思表示，向代理人爲代理權之授與。例如，本人甲授與乙代理其買賣不動產，將授與代理權之意思表示，向代理人乙爲之；2.所謂外部授權，係指本人以意思表示，向第三人爲代理權之授與，第三人爲代理人爲法律行爲之相對人。例如，本人甲授與乙代理，代理其與丙爲不動產買賣，將授與代理權之意思表示，向第三人丙爲之。

（二）承認無權代理之效力

依民法第170條第1項規定，無代理權人以代理人之名義所爲之法律行爲，經本人承認者，固對本人發生效力。惟承認係對於已經存在之法律行爲，補正授權行爲之欠缺，並非事後授與代理權。準此，無權代理行爲，經本人承認而補正欠缺者，與曾授與代理權之有權意定代理，本質上仍有不同[3]。例如，甲未授與乙代理其買賣不動產，乙擅自代理甲買賣不動產，雖經甲承認後，對甲發生效力，然甲始終均未授與代理權與乙。

三、代理要件及效力

（一）以本人名義為法律行為

代理人於代理權限內，以本人名義爲意思表示或受意思表示。是代理人之法律行爲須本於代理權爲之，無代理權時，原則上對本人無效。而代理須以本人名義爲法律行爲，以區分自己行爲與代理行爲。

---

[2] 最高法院111年度台抗字第427號民事裁定。
[3] 最高法院95年度台上字第2282號民事判決。

倘未表示本人名義，而相對人亦不知其為代理人，屬代理人以自己名義為法律行為，代理人應負自行負責。例如，甲雖授與乙代理買賣車輛，然未表示本人甲名義，而買賣契約之交易相對人亦不知其乙代理人，則屬代理人乙以自己名義為法律行為，代理人乙應負自行負責買賣車輛之契約責任。

（二）對本人發生效力

代理直接對本人發生效力，即代理人所為之法律行為所發生之法律效果，直接對本人發生效力（民法第103條）。自不必要求代理人具備完全行為能力，是代理人所為或所受意思表示之效力，不因其為限制行為能力人而受影響，僅要有意思能力即可（民法第104條）。例如，15歲之甲代理乙買受丙之所有不動產，不動產之買賣契約，直接對乙發生效力，乙為不動產買賣契約之買受人。買受人乙對於出賣人丙，有交付約定價金及受領標的物之義務（民法第367條）。

（三）代理行為之瑕疵

因代理人為法律行為之實際行為人，是代理人之意思表示，因其意思欠缺、被詐欺、被脅迫，或明知其事情或可得而知其事情，致其效力受影響時，其事實之有無，應就代理人決之。例外情形，代理人之代理權係以法律行為授與者，其意思表示，倘依照本人所指示之意思而為時，自與代理人無關，是其事實之有無，應就本人決之（民法第105條）。例如，甲代理人乙出賣不動產，倘有被詐欺或被脅迫為意思表示，其詐欺或脅迫事實之有無，應由甲決定之。

（四）限於法律行為及準法律行為

代理行為之內容，僅限於法律行為及準法律行為。例如，代理本人從事商品買賣之法律行為。至於事實行為及侵權行為，均不得代理，倘代理人為侵權行為，應視自己之行為，自侵權行為之責任。再者，因身分行為具有專屬性，必須本人親自為之，不得他人代理。例如，結婚、訂婚或離婚等身分行為，均不得代理，其代理行為不生效力。

四、委任與代理之區別

委任	代理
受任人所為包含法律行為與事實行為。	代理人所為限於法律行為與準法律行為。
委任屬於對內之法律關係。	代理屬於對外之法律關係。
委任為契約關係。	代理權之授與係單獨行為。
受任人依契約關係,具有權利義務。	代理係一種資格或身分。

五、代表與代理之區別

委任	代理
代表人與本人為同一之人格。例如,董事就是法人之代表(民法第27條第2項)。	代理人與本人為不同之人格。
代表人之行為,視為本人之行為。	代理人所為法律行為,其法律效果歸屬本人。
代表人行為包含法律行為與事實行為。	代理行為僅可代為法律行為。
被代表人須有行為能力。	被代理人未必有行為能力。

六、使者與代理之區別

使者	代理
意思表示,因傳達人或傳達機關傳達不實者,本人得撤銷之(民法第89條)。	代理人為意思機關,可代本人為意思表示,或代本人接受他人所為之意思表示。
無行為能力或限制行為能力之人,均得為使者,以傳達本人之意思,意思表示有無瑕疵,為本人決之。	代理人所為或所受意思表示之效力,不因其為限制行為能力人而受影響(民法第104條)。
	代理人之意思表示,因其意思欠缺、被詐欺、被脅迫,或明知其事情或可得而知其事情,致其效力受影響時,其事實之有無,應就代理人決之(民法第105條本文)。

肆、共同代理

代理人有數人者，其代理行爲應共同爲之，其爲共同代理[4]。但法律另有規定或本人另有意思表示者，數代理人各得單獨有效爲代理行爲者，則屬單獨代理（民法第168條）。例如，訴訟代理人有2人以上者，均得單獨代理當事人，屬單獨代理（民事訴訟法第71條第1項）。是同一當事人委任數訴訟代理人者，各訴訟代理人自均有受送達之權限，向其中一人爲送達，即生合法送達之效力，倘各訴訟代理人收受文書之時間不同，依單獨代理之原則，以最先收到之時，爲送達效力發生之時[5]。

伍、無權代理

法律未規定或本人未授權而代理權者，其爲無權代理。無權代理分爲表見代理及狹義無權代理。所謂表見代理，係指無代理權人，因與本人間有一定關係，而有相當理由，足使相對人信其爲代理人而與之爲法律行爲，相對人得對於本人主張其法律效果之制度。所謂狹義無權代理，係指表見代理以外之無權代理。

一、表見代理

（一）成立要件

表見代理或表示代理成立之情形有三：1.由自己之行爲表示以代理權授與他人。或知他人表示爲其代理人而不爲反對之表示者，對於第三人應負授權人之責任（民法第169條）。例如，甲將銀行支空白票據與印鑑印章交與乙保管，並向丙表示將交付票據，以支付買賣商品之價金，乙代理甲簽發支票，作爲支付向丙買賣商品之方式，是甲應負支票發票人之責任；2.代理權有限制及撤回之情事，原代理人仍爲代理行爲（民法第107條）。例如，票據法第10條第2項規定，

---

[4] 最高法院110年度台上字第2582號民事判決。
[5] 最高法院109年度台抗字第540號民事裁定。

係指代理人逾越權限以代理人名義簽名於票據之情形而言。倘代理人未載明為本人代理之旨，逕以本人名義簽發票據，即無上開規定之適用，而應適用民法第107條規定，本人不得以代理權之限制對抗善意無過失之執票人，就代理人權限外部分，仍須負票據責任[6]；3.代理權因授權關係終止或存續期間屆滿而消滅，原代理人仍為代理行為。例如，甲授權乙於2021年間代理其從事出賣車床商品之買賣，授權關係至2021年12月底終止後，乙於2022年間起繼續代理甲出賣車床商品，甲應負出賣人之責任。甲負交付車床於買受人，並使其取得該車床所有權之義務（民法第348條第1項）。

（二）本人負代理責任

表見代理雖原無代理權，然有相當理由足令人信為有代理權，法律令本人負代理之責任，負履行責任，並非損害賠償責任。例如，甲將印鑑章、印鑑證明及不動產所有權狀交與乙保管，並對丙表示欲出售其不動產，甲之上揭行為，自足使丙信其曾以代理權授與乙，倘乙以甲之代理人名義與丙簽訂不動產買賣契約，甲自應負授權人之責任，盡出賣人之義務[7]。

二、狹義無權代理

（一）定義

代理人無代理權或雖有代理權而逾越代理權時，無代理權人以代理人之名義所為之法律行為，非經本人承認（acknowledge），對於本人不生效力，故狹義無權代理，係效力未定之行為（民法第170條第1項）。例如，甲未經乙授權，擅自以乙之代理人名義，向丙購買汽車，簽訂汽車買賣契約，甲不承認乙之無權代理行為，自無須負授權人責任。民法第170條第1項之承認，由本人以明示或默示意思表示為之，均無不可。所謂默示之意思表示，係指依表意人之舉動或其他情事，足以間接推知其效果意思者而言，倘單純之沉默，除有特別

---

[6] 最高法院109年度台簡上字第61號民事判決。
[7] 最高法院100年度台上字第596號民事判決。

情事，依社會觀念可認爲一定意思表示者外，不得謂爲默示之意思表示[8]。

（二）效力未定之行爲

法律效果	法條依據
本人承認發生效力	民法第170條第1項
本人拒絕承認應無效	民法第170條第1項
相對人催告本人逾期未爲確答	民法第170條第2項
善意相對人於本人未承認前撤回	民法第171條

（三）催告權與撤回權

1. 相對人之催告權

因狹義無權代理係效力未定之行爲，故法律賦予相對人催告權及撤回權，即法律行爲之相對人，得定相當期限，催告本人確答是否承認，倘本人逾期未爲確答者，視爲拒絕承認（民法第170條第2項）。例如，甲無權代理乙向丙買受車輛，丙催告乙是否於10日內承認甲之無權代理行爲，乙逾10日未回答，視爲拒絕承認，甲應負無權代理人之責任，對於善意之丙，負損害賠償之責，課以無權代理人無過失之賠償責任，不以無權代理人有故意或過失爲其要件（民法第110條）。倘乙承認之該買賣法律行爲，倘無特別訂定，溯及爲法律行爲時發生效力（民法第115條）。再者，身分行爲、事實行爲或侵權行爲，法律不許爲代理行爲，縱使本人承認，仍不生效力。

2. 相對人之撤回權

無代理權人所爲之法律行爲，其相對人於本人未承認前，得撤回之（民法第171條本文）。例外情形，係相對人爲法律行爲時，明知其無代理權者，則無保護之必要。例如，甲無權代理乙向丙買受車輛，丙不知甲無權代理權限時，丙於乙未承認前，得撤回其出賣車輛之意思表示。倘丙明知甲無權代理權限時，丙不得撤回其出賣車輛之意思表示。乙拒絕甲之無權代理行爲時，無權代理確定不生效力。

---

[8] 最高法院111年度台上字第549號民事判決。

陸、代理權之消滅

本人死亡、代理人死亡及代理人受監護宣告，代理權均歸於消滅。而代理權之消滅，亦會依其所由授與之法律關係（legal relation）決定（民法第108條第1項）。例如，因僱傭、委任關係而授與代理權者，終止僱傭、委任關係時，其代理權亦隨之消滅。原則上，代理權得於其所由授與之法律關係存續中撤回之，代理權歸於消滅。例外情形，依該法律關係之性質不得撤回者，不在此限（民法第108條第2項）。而代理權之限制及撤回，不得以之對抗善意及無過失之第三人（民法第107條）。例如，甲因承攬關係而授與乙代理權，依承攬契約之性質，係以完成一定工作為目的（民法第490條第1項）。是甲於該承攬關係存續期間，不得撤回其對乙所授與之代理權。再者，因代理權之限制及撤回，倘有可能導致第三人誤以為代理人仍有代理權，為保護第三人，本人不得主張代理人無權代理。而代理權消滅或撤回時，代理人有將授權書交還於授權者之義務，不得留置，避免發生表見代理情事發生（民法第109條）。

柒、例題研析

一、例題9研析──無權代理人之責任

由自己之行為表示以代理權授與他人者，對於第三人應負授權人之責任，必須本人有表見之事實，足使第三人信該他人有代理權之情形存在（民法第169條）。我國人民常將自己印章交付他人，委託他人辦理特定事項者，倘持有印章之人，除受託辦理之特定事項外，而以本人名義所為其他法律行為，均須由本人負表見代理之授權人責任，顯不合理[9]。甲雖將身分證及印章交與乙向戶政機關聲請核發戶籍謄本，惟並未授權乙以本人之名義與丙訂立保證契約，持有本人之身分證及印章，不足使丙相信乙有代理甲簽訂保證契約之權利存在，是甲就保證契約之訂立，無須應負表見代理之授權人責任。準此，無代理權人乙，以甲之代理人名義所為之法律行為，對於善意之相對人丙，負損害賠償之責（民法第110條）。

---

[9] 最高法院70年台上字第657號民事判決。

二、例題10研析──共同代理

（一）監察人代表公司與董事為法律行為

公司法第223條規定監察人在公司與董事間之法律行為對外代表公司之權，並非監察人對公司關於監察權之行使，應無同法第221條規定之適用[10]。公司與董事為買賣、借貸或其他法律行為，倘非屬公司法第185條關於公司營業政策之重大變更，須經股東會決議者外，多經董事會決議通過即可，為避免董事間利害衝突，而有循私之舉，故公司法第223條規定應改由監察人代表公司與董事為法律行為，倘數監察人各得單獨代表公司，則董事擇與其私交甚篤之監察人代表公司為法律行為，並主張對公司發生效力，將有損全體股東之利益，實有違公司法第223條規定之立法意旨。

（二）代表行為應類推適用關於代理規定

代理人有數人者，其代理行為應共同為之。但法律另有規定或本人另有意思表示者，不在此限（民法第168條）。監察人依公司法第223條規定代表公司與董事間為法律行為，性質上係立於公司代表人地位而為。因本題並非監察權之行使或訴訟之提起，而係代表為實體法上之法律行為，而代表與代理固不相同，惟關於公司機關之代表行為，解釋上應類推適用關於代理之規定[11]。倘股東會無特別決議或公司另有意思表示外，自應由全體監察人共同代表。

二、例題11研析──表見代理

甲將其印鑑章、印章證明及房地所有權狀交付乙辦理不動產所有權移轉登記與丙，乙於辦理不動產所有權移轉與丙固有代理權限，然甲並未授權乙代理其設定抵押權，以擔保戊對丁之借款債權，是該設定抵押權之行為，係屬無權代理。然甲交付上揭物品與乙之行為，使丁有相當理由相信甲有授與代理權與乙設定抵押權，是甲應負代理人之責任（民法第169條）。

---

[10] 公司法第221條規定：監察人各得單獨行使監察權。
[11] 最高法院74年台上字第2014號民事判決。

捌、實務見解

　　法院依自由心證判斷事實之真偽，不得違背論理及經驗法則；而由自己之行為表示以代理權授與他人，對於第三人應負授權人之責任，此觀民事訴訟法第222條第3項與民法第169條本文分別定有明文。所謂由自己之行為表示以代理權授與他人，係指必須本人有具體可徵之積極行為，足以表見其將代理權授與他人之事實，始足當之。例如，甲趁乙出國之際，盜取乙印章，並偽造其簽名以申請印鑑證明，進而在土地登記申請書上偽造簽名以設定抵押權。故甲持以辦理抵押權設定之乙印章與相關文件，均非乙所交付。準此，是否可謂乙有具體可徵之積極行為，足使第三人認甲持以辦理抵押權設定之乙印章與相關文件，其係乙將代理權授與甲之事實所為，而有表見代理之情事？容有研求之餘地[12]。

習　題

一、說明代理權授與之方法。

　　提示：民法第167條。

二、說明表見代理成立之情形。

　　提示：民法第169條、民法第107條及代理權因授權關係終止或
　　　　　存續期間屆滿而消滅，原代理人仍為代理行為。

三、說明表見代理與狹義無權代理之區別。

　　提示：無權代理分為表見代理及狹義無權代理，所謂狹義無權
　　　　　代理，係指表見代理以外之無權代理。

四、說明共同代理之方式與效力。

　　提示：民法第168條。

五、說明自己代理與雙方代理之法律效果。

　　提示：民法第106條。

---

[12] 最高法院111年度台上字第222號民事判決。

第四節

無因管理

目 次

關鍵詞：公益、管理人、適法管理、事實行為、急迫危險、可得
　　　　推知、無過失責任、不適法管理、準無因管理、不真正
　　　　無因管理、無法律上之義務

例題12

甲死亡時在國內無親屬，甲之友乙於甲生前為其支出醫療費用新臺幣（下同）20萬元，為處理甲之後事支出殯葬費用20萬元。試問嗣後甲之配偶及子女返國後，乙可否向甲之配偶及子女求償醫療費用與殯葬費用？

例題13

甲向乙購買座落新北市板橋區之土地1筆，依土地法第182條規定，應由出賣人繳納土地增值稅[1]。出賣人乙因拒絕繳納土地增值稅，導致無法辦理土地所有權移轉。試問買受人甲代乙繳納增值稅，甲可否向乙求償該款項？依據為何？

壹、無因管理之定義

所謂無因管理（management of affairs without mandate），係指未受委任，並無義務，而為他人管理事務之事實行為，並非法律行為，並無效果意思，違法行為不得為無因管理之事務（民法第172條）。所謂效果意思者，係指行為人有欲成立某法律行為，發生特定私法上效果之意思。例如，收留迷失之兒童、老人。民法第172條無因管理之成立，應具有為他人管理事務之主觀與客觀要件，倘單為管理自己事務之意思，並不成立無因管理。

貳、無因管理之要件

無因管理之當事人為管理人（manager）及本人（principal），其成立之要件有三：須管理他人之事務、須有為他人管理之意思、須

---

[1] 土地法第182條規定：土地所有權之移轉為絕賣者，其增值稅向出賣人徵收之，如為繼承或贈與者，其增值稅向繼承人或受贈人徵收之。

無法律上之義務（民法第172條）。管理人以本人名義管理本人事務時，管理人與第三人間之法律關係構成無權代理。再者，無因管理制度之立法精神，在於惟人之相處，貴乎互助，見義勇爲，實爲人群共謀社會生活之道。其本質是未受委任，並無義務之人，因行爲人多管閒事，而爲他人管理事務。無因管理係道德行爲，係法律事實之適法行爲，管理人並無報酬請求權[2]。

一、須管理他人之事務

無因管理之成立之要件，須管理他人之事務，此爲客觀要件。故自己事務誤認爲他人事務而加以管理，不成立無因管理。例如，甲與乙爲鄰居，同時買入同品牌之車輛，乙因故長期居住國外，甲誤認爲其同品牌之車輛爲乙所有，甲定期保養該車輛，以避免車輛無法發動，並更新電瓶。因該車輛爲甲所有，保養該車與更新電瓶爲自己事務，甲誤認爲乙事務而加以管理，不成立無因管理。

二、須有爲他人管理之意思

須有爲他人管理之意思，係指行爲人有意使管理行爲所生之事實上利益，歸屬本人之意思。倘爲自己利益之意思而爲，缺乏管理之意思，此爲主觀要件。爲他人之意思與爲自己之意思，可同時並存。例如，行爲人清理共有土地之廢棄物，以保持環境之清潔。準此，行爲人爲圖自己之利益，同時具有爲他人利益之意思，亦可成立無因管理[3]。

三、須無法律上之義務

所謂須無法律上之義務，係指無法定及契約約定義務而言。故父母撫養子女、醫師治療病患，因有法定或約定義務，無法成立無因管

---

[2] 詹森林、馮震宇、林誠二、陳榮傳、林秀雄，民法概要，五南圖書出版股份有限公司，2002年10月，4版2刷，頁211。

[3] 最高法院104年度台上字第1823號民事判決。

理。例如，甲自幼因父母車禍雙亡，其於2000年1月起由其表姑乙帶至無何親屬關係之丙處共同居住生活，可見丙未受委任，並無撫養義務，而丙扶養照顧甲，依民法第172條規定，兩造間法律關係，應屬無因管理。

參、無因管理之效力

一、管理人之義務

（一）適當之管理義務

管理人應依本人明示或可得推知意思，以有利本人之方法為之，管理人管理事務，應盡善良管理人之注意義務（民法第172條）。現代之法制為鼓勵人類發揮互助之美德，以導正社會冷漠功利之風氣，乃打破曩昔干涉他人事務為不法之藩籬，創設無因管理制度，性質上為介乎道德與法律間之折衷產物。凡管理人管理事務，經斟酌一切與本人、管理人及事務之種類、性質等相關情事，客觀上足以認定係有利於本人者，其與民法第176條第1項所規定之利於本人之要件相符。至於其管理事務之結果，是否確實有利於本人，尚非所問，以免管理人之權利取決於管理結果之成敗，使無因管理制度之規範功能染上射悻色彩。準此，何謂有利於本人之方法，係指應依客觀標準定之，並非由管理人之主觀意思決定[4]。例如，為久居國外之鄰居，其停放在外之車輛，定期清理車身，可減免該車身之毀損程度。

（二）通知並俟指示之義務

管理人開始管理時，以能通知為限，應即通知本人。倘無急迫之情事，應俟本人之指示（民法第173條第1項）。無因管理係管理本人之事務，自應尊重本人之決定。例如，甲與乙為鄰居，乙出國在外，甲未受乙委任代繳房租，甲通知乙代繳房租之情事，因乙近日返國，告知甲毋庸代繳房租，其會自行處理，因無急迫之情事，應遵從乙之指示辦理。

---

[4] 最高法院107年度台上字第136號民事判決。

（三）報告及計算之義務

無因管理準用第540條至第542條關於委任之規定（民法第173條第2項）。詳言之：1.報告義務：管理人應將管理事務進行之狀況，報告本人，無因管理關係終止時，應明確報告其始末（民法第540條）。例如，扶養無義務扶養之人，管理人應將扶養所支出費用，明確報告於應盡扶養義務之本人；2.金錢物品及孳息交付義務：管理人因處理管理事務，所收取之金錢、物品及孳息，應交付於本人。管理人以自己之名義，為本人取得之權利，應移轉於本人（民法第541條）。例如，管理人未受委託，代收鄰居承租於第三人之房租，應將所收取之租金交付於本人；3.支付利息與損害賠償之義務：管理人為自己之利益，使用應交付於本人之金錢或使用應為本人利益而使用之金錢者，應自使用之日起，支付利息。如有損害，並應賠償（民法第542條）。例如，管理人將代收鄰居承租於第三人之房租，而為自己之利益，清償所其積欠他人之借款，應自使用之日起，支付法定利息年息5%（民法第203條）。

（四）賠償之義務

1.無過失責任

管理人違反本人明示或可得推知之意思，而為事務之管理者，對於因其管理所生之損害，損害與管理事務有因果關係者，原則上應負無過失責任，縱無過失，仍應負賠償之責（民法第174條第1項）。例如，社區大廈電梯雖老舊，然無急迫之問題，是區分所有權人會議未決議更新控制盤。且依電梯控制盤之更換時程，未逾保固期間，並無急迫需立即改善，否則將有人身安危之情事。況社區大廈規約明定超過新臺幣10萬元之採購案，須經區分所有權人會議決議，甲、乙、丙及丁4人均為管理委會之幹部，知悉此規約內容，其擅自決定越權採購電梯控制盤，顯已違反社區大廈區分所有權人之明示意思，縱符合無因管理要件，仍屬不適法無因管理，依民法第174條第1項規定，不能免除其賠償之責任。

2.不負賠償事由

(1) 民法第174條第2項之免責事由

管理係為本人盡公益（public interest）上之義務，或為其履行法

定扶養義務，或本人之意思違反公共秩序善良風俗者，管理人不負賠償責任，不負民法第174條第1項之無過失責任（民法第174條第2項）。例如，替本人納稅、撫養本人之子女、對自殺者之救助、大樓區分所有人之一拆除違反建築法規之大樓違章建築。

(2) 因急迫危險而管理

管理人爲免除本人之生命、身體或財產上之急迫危險，而爲事務之管理者，對於因其管理所生之損害，除有惡意或重大過失者外，不負賠償之責（民法第175條）。舉例說明如後：①救助車禍受傷之本人，因輕過失而毀損其車輛或服飾，不負賠償責任；②甲爲就讀某高中學生，患有先天性染色體異常、肢體重度殘障、全身骨骼鬆軟易碎、行動不便、無法行走（即俗稱玻璃娃娃）病症，須避免碰撞。因同班乙學生緊抱甲下樓，因乙所穿鞋子印濕樓梯，致樓梯溼滑，乙抱著甲連同自己同時滑落至樓梯間，顯見乙之行爲，並無惡意或重大過失之情形，自不負賠償責任[5]。

（五）適用委任之受任人義務

管理事務經本人承認者，除當事人有特別意思表示外，溯及管理事務開始時，適用關於委任之規定（民法第178條）。準此，管理人之義務與受任人義務相同。民法第178條規定僅具擬制之效力，旨在使經承認之無因管理，如同委任待之，而非使無因管理轉變爲委任契約。例如，本人因管理人之請求，應預付處理管理事務之必要費用（民法第545條）。

二、本人之義務

（一）適法管理

管理人盡適當之管理義務，其管理事務利於本人，並不違反本人明示或可得推知之意思者，或者爲本人盡公益上之義務，或爲其履行法定扶養義務者，管理人爲本人支出必要或有益之費用，或負擔債務，或受損害時，得請求本人償還其費用及自支出時起之利息，或清

---

[5] 最高法院94年度台上字第2374號民事判決。

償其所負擔之債務，或賠償其損害（民法第176條）[6]。支出費用是否必要或有益，應以支出之時爲準，作爲判斷之基準點。所謂不違反本人可得推知之意思，係指本人雖未明示，惟依當時之情況，客觀上可推測本人具有之意思而言。準此，適法管理之管理人有費用償還、負債清償及損害賠償等請求權。

（二）不適法管理

管理人未盡適當之管理事務，即管理事務不合於民法第176條之情形時，管理事務不利於本人，且違反本人明示或可得推知之意思者，本人仍得享有因管理所得之利益。而本人對於管理人之義務，以其所得之利益爲限（民法第177條第1項）。前項規定，於管理人明知爲他人之事務，而爲自己之利益管理之者，準用之（第2項）。準此，本人基於侵權行爲或不當得利之法律關係，所能請求損害賠償或返還利益，其請求範圍不及於管理人因管理行爲所獲致之利益。爲使不法管理準用適法無因管理規定，將不法管理所生之利益歸於本人享有，以除去經濟之誘因而減少不法管理之發生[7]。例如，管理人將應交付本人之金錢新臺幣（下同）100萬元，爲自己利益而擅自爲買賣股票，其金額變成500萬元，本人基於侵權行爲或不當得利之法律關係，所能請求損害賠償或返還利益，僅得請求或返還100萬元加上法定利息，顯對本人不利，且有鼓勵侵權行爲或不當得利之虞，故本人可依據民法第177條第2項請求返還500萬元。

（三）準無因管理

所謂準無因管理或不眞正無因管理，係指管理人明知爲他人之事務，而爲自己之利益管理之者，因欠缺爲他人管理之意思，並非無因管理，其爲不法管理，本爲侵權行爲或不當得利之問題，本人得請求管理人爲自己利益而取得之利益（民法第177條第2項）。例如，管理人將應交付本人之股票新臺幣（下同）100萬元，爲自己利益而爲股票買賣，其金額變成300萬元，本人基於侵權行爲或不當得利之法律

---

[6]　最高法院107年度台上字第136號民事判決。

[7]　參照1999年4月2日立法理由。

關係，所能請求損害賠償或返還利益，僅得請求或返還100萬元加上法定利息，故本人得請求管理人返還其所得利益300萬元。再者，管理人客觀上雖係管理他人之事務，然主觀上係誤信為自己之事務而管理時，亦屬準無因管理。

三、無因管理與委任之區別

	無因管理	委任
處理事務	管理人無義務處理事務	受任人有義務處理事務
法律關係	事實行為、非法律行為、法定之債	有名契約、法律行為、意定之債
賠償義務	無過失責任	抽象輕過失或具體輕過失
依據法條	民法第172條	民法第528條

肆、例題研析

一、例題12研析──適法之無因管理

依據我國民法扶養制度所依據之社會及倫理精神價值以觀，扶養內容之範圍，不僅包括維持日常生活衣、食、住、行之費用，應包括幼少者之教育費及死亡者之殯葬費用。依民法第1115條規定，甲之子女為甲之直系血親卑親屬，自有履行扶養之義務。民法第1116條之1規定，夫妻互負扶養之義務，其負扶養義務之順序與直系血親卑親屬同。準此，甲之配偶有履行扶養之義務。乙為甲之配偶及其子女，代為支付醫療費用及殯葬費用，自得依無因管理之規定，向甲之配偶及其子女請求返還（民法第176條）。

二、例題13研析──盡公益之義務

民法第176條第1項所謂利於本人，係指客觀利益而言，本人是否認為有利，並非決定標準。土地增值稅依土地法第182條規定，應由土地出賣人負擔，買受人代出賣人繳納該稅款，消滅出賣人所負公法上之義務，自係有利於出賣人。管理人為本人代繳稅款，係為本人

盡公益上之義務，雖違反本人之意思，然依民法第176條第2項規定，得請求本人償還其爲本人支出之必要費用[8]。甲向乙購買土地，出賣人乙拒絕繳納土地增值稅，買受人甲代乙繳納增值稅，甲自得向乙求償。

伍、實務見解

　　民法上之無因管理，以未受委任，並無法律上之義務，而爲他人管理事務爲構成要件。管理人基於管理意思而管理事務時，應依本人明示或可得推知之意思，以有利於本人之方法爲之，且以能通知者爲限，應即通知本人，無急迫情事時，應俟本人之指示。倘管理事務不利於本人，或違反本人之意思，因屬干預他人事務之行爲，除其管理係爲本人盡公益上之義務、履行法定扶養義務，或本人之意思違反公序良俗者外，應即停止管理。否則管理人除不得請求本人償還其所支出之必要或有益費用、清償其所負擔之債務、賠償其之損害，且須就本人因此所受之損害負無過失賠償責任，並於本人表示享有管理所得利益時，管理人始得在本人所得利益範圍內主張權利（民法第172條、第173條第1項、第174條、第176條、第177條第1項）。倘本人不主張享有管理所得之利益，管理人僅得依不當得利法律關係，請求本人返還其利益[9]。

---

[8]　最高法院78年度台上字第1130號、92年度台上字207號民事判決。
[9]　最高法院110年度台上字第1191號民事判決。

習　題

一、說明無因管理之要件。

　　提示：民法第172條。

二、說明無因管理之管理人義務與權利。

　　提示：民法第172條至第178條。

三、就適法管理與不適法管理之情形，分別說明無因管理之本人義
　　務為何。

　　提示：民法第176條與第177條。

四、說明準無因管理之效力。

　　提示：民法第177條第2項。

第五節

不當得利

關鍵詞：善意受領人、惡意受領人、中間利息、直接因果關係、
無法律上之原因、給付型不當得利、非給付型不當得利

例題14

甲向乙承租不動產，租賃期間屆滿後，仍繼續使用達10年，期間均未給付任何金額與乙，乙向甲要求給付相當於租金之金額，甲認為渠等間無租賃關係而拒絕給付任何金額。試問何人有理由？依據為何？

例題15

甲與乙約定，甲以乙之名義參加律師高考考試，乙交付新臺幣30萬元作為報酬，甲為乙考試之結果，未達錄取之及格標準。試問乙要求甲交還該報酬，甲是否得拒絕之？理由為何？

例題16

甲、乙之父居住於大陸地區，甲與其父滯留大陸地區未歸，乙為辦理繼承登記，經其母向法院聲請判決宣告其父與甲死亡，並將其父遺產之土地，直接辦理繼承登記為乙所有，乙嗣後將土地出賣與丙，並辦妥所有權移轉登記。因甲未死亡，為此聲請法院撤銷死亡宣告裁判確定在案，繼而請求乙應歸還因宣告甲死亡時，甲所失土地之權利。試問甲依民法第182條第2項規定，請求乙返還其所得之利益及利息，是否有理由？

壹、不當得利之定義

所謂不當得利（unjust enrichment），係指無法律上之原因而受利益，致他人受損害者，應返還其利益（民法第179條）。不當得利制度，主旨在矯正及調整因財貨之損益變動而造成財貨不當移動之現象，使之歸於公平合理之狀態，以維護財貨應有之歸屬狀態，俾法秩序所預定之財貨分配法則不致遭到破壞。故當事人間之財產變動，即

一方受財產上之利益，致他方受損害，倘無法律上之原因，即可構成不當得利，不以得到受益人之同意或受益人有受領之意思為必要。再者，不當得利之成立，不以出於受損人之給付行為為限，倘因受損人給付以外之行為，使他人之財產有所增益，自可成立不當得利[1]。例如，甲誤以為乙之狗為其所有，而加以飼養，支出飼養費用，是甲損失之飼養費用與乙受有飼養費用之利益，兩者間具有直接因果關係，應成立不當得利。不當得利成立之原因有基於當事人行為或自然事實，故不當得利在性質上屬事件，而非法律行為。

貳、不當得利之類型

不當得利依其類型，可區分為給付型不當得利與非給付型不當得利。給付型不當利之類型，係基於受損人有目的及有意識之給付而發生之不當得利。例如，買受人給付價金與出賣人，出賣人基於買賣契約而取得之買賣價金，固有法律上之原因（民法第345條）。然解除買賣契約後，即無法律上之原因，應成立不當得利。非給付型不當得利類型，係由於給付以外之行為，包含受損人行為、受益人行為、第三人之行為、法律規定或事件所成立之不當得利。例如，施肥於他人之農地、無權占有他人之不動產。

一、給付型不當得利

（一）定義

所謂給付型不當得利，係指基於受損人之給付而發生之不當得利。所謂給付，係指具有意識，基於一定目的而增加他人之財產，給付者與受領給付者因而構成給付行為之當事人，此目的乃針對所存在或所約定之法律關係而為之。為給付原因之法律行為不成立或無效時，其給付即自始欠缺原因或目的。故當事人一方本於一定目的而為給付時，其目的在客觀上即為給付行為之原因，給付如欠缺其原因時，他方當事人受領給付即無法律上之原因，應成立不當得利[2]。例

---

[1] 最高法院102年度台上字第930號民事判決。
[2] 最高法院108年度台上字第2217號民事判決。

如，甲向乙買受醫療器材，並已交付貨款，因該醫療器材有物之瑕疵，甲解除該買賣契約（民法第359條）。乙所收受之貨款，已無法律之原因，屬給付型不當得利。準此，不當得利之債權債務關係，存在於給付者與受領給付者間，基於債之相對性，給付者不得對受領給付者以外之人請求返還利益[3]。

（二）舉證責任

在給付型之不當得利事件，應由主張不當得利返還請求權人或受損人，就不當得利成立要件中之無法律上之原因，負舉證責任[4]。例如，基於買賣契約，出賣人有移轉財產權於買受人之義務，買受人有給付價金與出賣人之義務（民法第345條第1項）。準此，買受人舉證證明當事人間之買賣契約業經解除，出賣人所取得之價金，已無法律上之原因，買受人得向出賣人請求返還不當得利之買賣價金。

二、非給付型不當得利

（一）定義

所謂非給付型不當得利，係指經由給付以外之行為，包含受損人行為、受益人行為、第三人之行為、法律規定或事件所成立之不當得利。舉例說明如後：1.強制執行程序中之拍賣，倘嗣後經拍定人聲請法院確認與債務人間之買賣或拍賣關係不存在確定，基於債權人得以分配價金，應以該拍賣所生買賣關係存在為前提，則於該拍定之買賣關係不存在時，執行法院不得以之代替債務人清償其債務，債權人受領之分配款即無法律上原因，拍定人與受領分配款債權人間成立非給付型不當得利[5]；2.擅自對於他人所有或管有土地上之樹木施以養護，致使他人受有利益，包含積極得利，如增加樹木之價值；或者消極得利，如本應支出之養護費用而未支出。倘他人欠缺受益之權利者，支出費用者係以給付以外之行為，使他人受有財產上之利益，自可成立不當得利，此為支出費用型或耗費型之不當得利[6]；3.動產因

---

[3] 最高法院100年度台上字第990號、106年度台上字第239號民事判決。
[4] 最高法院109年度台上字第21號民事判決。
[5] 最高法院102年度台上字第2056號民事判決。
[6] 最高法院102年度台上字第930號民事判決。

附合而為不動產之重要成分者，不動產所有人，取得動產所有權；其喪失權利而受損害者，得依關於不當得利之規定，請求償金（民法第811條、第816條）。明定由原物所有人之一方取得新物之所有權，係法律技術上便宜之規定，非使新物所有人取得全部財產上價值，故受益人因此所得利益，對於受損人應負返還之責，此係基於法律規定之不當得利類型[7]。

（二）舉證責任

所謂非給付型不當得利、侵害型不當得利或權益侵害之不當得利，係指無法律上之原因，侵害歸屬他人權益內容而獲有利益。由於侵害歸屬他人權益之行為，本身即為無法律上之原因，主張依此類型之不當得利請求返還利益者或受損人，固毋庸就不當得利成立要件中之無法律上之原因舉證證明，惟須先舉證受益人取得利益，係基於受益人之侵害行為而來，必待受損人舉證後，受益人使就其受有利益之法律上原因，負舉證責任，始符舉證責任分配之原則[8]。例如，土地所有人先舉證證明他人占有其土地，其受有利益，倘占有土地者，抗辯不成立不當得利，則應舉證其受有利益之法律上原因。例如，當事人間有租賃關係存在，具合法占有土地之權源。

三、給付型與非給付型不當得利之區別

	給付型不當得利	非給付型不當得利
一方受利益之事由	給付得利	非給付得利
損益變動關係	因給付而損益變動	因給付事由而損益變動
無法律之上原因	給付行為欠缺原因： 1. 自始無目的者，如法律行為無效。 2. 目的不達者，如預期停止條件不成就。 3. 目的消滅者，如解除條件成就。	得利本於給付以外之事由： 1. 因受益人行為。 2. 因受損人行為。 3. 因第三人行為。 4. 因事件結果。 5. 因法律規定。
權利人之舉證責任	無法律上之原因。	受益人取得利益，係基於受益人之侵害行為而來。

---

[7] 最高法院92年度台上字第1540號民事判決。
[8] 最高法院105年度台上字第1990號民事判決。

參、不當得利之成立要件（103、105年司法人員四等）

一、成立要件

　　不當得利之成立要件有四：（一）一方受有利益：因一定事實之結果，導致財產總額有增加或應減少未減少之情事；（二）他方受有損害：現存財產總額有減少或應增加而未增加；（三）損益之間有因果關係：受利益致他人受損害，必須受利益與受損害之間，有直接因果關係存在，其間有無因果關係，應視受利益之原因事實，其與受損害之原因事實，是否為同一事實為斷，倘非同一事實，縱兩事實之間有所牽連，亦無因果關係[9]；（四）無法律上原因：取得利益無法律上之權利或無正當權利來源，其原因有本於給付而生之不當得利及本於非給付而生之不當得利。前者如買賣契約不成立，出賣人收受之價金，則無法律之原因。後者如無權占用他人土地，此使用他人土地所得利益，相當於通常應支付之租金，無權占有人所得利益，即無法律之原因。

二、發生債之關係

　　無權占有他人土地，可能獲得相當於租金之利益，為社會通常觀念。行為人無權占有他人土地，無法律上原因受有相當於租金之利益，致他人受有無法使用土地之損害，兩者間有直接因果關係，受益人與受損人發生債之關係。例如，所有人對於無權占有或侵奪其所有物者，得請求返還之（民法第767條第1項前段）。甲向乙承租土地，甲為該土地之所有人，當事人之租賃契約消滅後，甲即無權占有乙之所有土地，乙可依民法第179條規定，請求甲自無權占有土地起至返還土地時止，相當於租金之不當得利。甲受有相當於租金之利益，致乙受有無法使用土地之損害，兩者間有直接因果關，乙得向甲請求相當於租金利益之不當得利。

---

[9] 最高法院101年度台上字第443號民事判決。

肆、不當得利之效力

一、返還之標的

(一)所受利益與償還價額

不當得利之受領人，除返還其所受之利益外，倘本於該利益更有所取得者，並應返還（民法第181條本文）。例如，買賣契約不成立，出賣人應返還價金。但依其利益之性質或其他情形不能返還者，應償還其價額（但書）。所謂依其他情形不能返還，係指應依社會通念決定之，凡於法院事實審言詞辯論終結前，依社會通常觀念，已無法強制債務人返還者，均屬此情事[10]。擅自使用他人之物之不當得利類型，如無權占有、出租他人之物、無權消費他人之物等，該等利益均屬抽象利益，自無法以原物返還，應償還其價額。例如，利息、紅利、租金、贍養費、退職金及其他1年或不及1年之定期給付債權，其各期給付請求權，因5年間不行使而消滅（民法第126條）。無權占用他人土地，此使用他人土地所得利益，依其性質，顯無法原物返還，無權占有人應返還相當於通常應支付之租金。準此，不當得利返還之標的，原則上應返還原物，不能原物返還時，應償還金錢相當於租金之代價，其請求權時效為5年。

(二)依利益之性質或不能返還者應償還價額

城市地方房屋之租金，以不超過土地及其建築物申報總價年息10%為限（土地法第97條第1項）。約定房屋租金，超過前項規定者，該管直轄市或縣（市）政府得依前項所定標準強制減定之（第2項）。土地法第97條之立法目的，係因城市房屋供不應求，為防止所有權人乘機哄抬租金，造成居住問題，而限制房屋租金之最高額。無權占有他人不動產，可能獲得相當於租金之利益，為社會通常之觀念。而租金之數額，須斟酌不動產之位置，工商業繁榮之程度，占有人利用基地之經濟價值及所受利益等項，以為決定。例如，甲並非房屋之承租人，而係以侵害他人房屋之侵權行為，無權占有房屋，房屋

---

[10] 最高法院105年度台上字第2102號民事判決。

具有店面價值時，且甲使用房屋從事米粉製造及買賣，顯然受有商業上之特殊利益，應不受土地法第97條之限制[11]。準此，依占有利益之性質或不能返還原物之情事，無權占有房屋人甲應償還相當於租金之不當得利與該房屋所有人。

二、受領人返還之範圍

（一）善意受領人

1. 免負返還或償還價額之責任

受領人不知無法律上之原因，而其所受之利益已不存在者，免負返還或償還價額之責任（民法第182條第1項）。所謂所受利益已不存在，係指原物已不存在，並包含原物之擴張物與代價物不存在。受領人不知有無過失及所受利益不存在之原因如何，均非所問。例如，甲善意受領金錢時，嗣後將該金錢投資股市，導致血本無歸，甲所受之利益已不存在者，免負返還該金錢之責任[12]。

2. 所受利益無償讓與第三人

不當得利之受領人，以其所受者，無償讓與第三人，而受領人因此免返還義務者，第三人於其所免返還義務之限度內，負返還責任（民法第183條）。是善意受領人將受領之標的物贈與他人，轉贈他人雖受領人免負返還責任，然法律衡量受害人與轉得人間之利益，認受害人應與保護。例如，贈與附有負擔者，如贈與人已為給付而受贈人不履行其負擔時，贈與人得請求受贈人履行其負擔，或撤銷贈與。贈與撤銷後，贈與人得依關於不當得利之規定，請求返還贈與物（民法第412條第1項、第419條第2項）。甲依民法第412條第1項、第419條第2項撤銷贈與，並請求乙返還贈與物，因乙已將受贈之不動產，分別再以贈與名義移轉登記與丙，甲得依民法第183條規定，直接請求不當得利之受讓人丙將不動產返還登記與上訴人。

---

[11] 臺灣高等法院109年度上字第487號民事判決。

[12] 詹森林、馮震宇、林誠二、陳榮傳、林秀雄，民法概要，五南圖書出版股份有限公司，2002年10月，4版2刷，頁216。

（二）惡意受領人

1. 附加利息之請求權時效

受領人於受領時，知無法律上之原因或其後知之者，應將受領時所得之利益，或知無法律上之原因時所現存之利益，附加利息，一併償還；如有損害，並應賠償（民法第182條第2項）。利息、紅利、租金、贍養費、退職金及其他1年或不及1年之定期給付債權，其各期給付之請求權，因5年間不行使而消滅（民法第126條）。民法第182條第2項所定之附加利息，性質上雖屬不當得利，惟明定以利息為計算標準，其請求權之時效期間為5年。

2. 自始惡意及中途惡意

惡意受領人之類型，可分自始惡意者及中途惡意者：(1)所謂自始惡意，係指受領人於受領時，知無法律上之原因，應返還受領時所得之利益。例如，甲竊取乙之金錢得手時，係自始惡意者；(2)所謂中途惡意者，係指受領人於受領時，不知無法律上之原因，嗣後知悉有無法律上之原因時，自應返還所現存之利益。例如，甲前已清償對乙之借款，甲嗣後再度清償該借款債務，乙受領時該金額，不知之前借款已清償，嗣事後始發現之，自發現時為中途惡意者。不論係自始惡意者及中途惡意者，均應附加利息，一併償還，倘有損害，亦應賠償之[13]。準此，惡意受領人應返還之範圍有利益、利息及損害。

三、不當得利之返還義務範圍與消滅時效

返還義務人	返還義務範圍	依據法條
善意受領人	請求返還時，其所受之利益已不存在者，免負返還或償還價額之責任。	民法第182條第1項
自始惡意受領人	受領人於受領時，知無法律上之原因或其後知之者，應將受領時所得之利益，附加利息，一併償還；倘有損害，並應賠償。	民法第182條第2項前段
中途惡意受領人	受領人嗣後知無法律上之原因，應將知悉時所現存之利益，附加利息，一併償還；倘有損害，並應賠償。	民法第182條第2項後段

---

[13] 最高法院105年度台上字第800號民事判決。

返還義務人	返還義務範圍	依據法條
無償受讓之第三人	受領人免返還義務者，第三人於其所免返還義務之限度內，負返還責任。	民法第183條
消滅時效	不當得利之請求權，因15年間不行使而消滅。	民法第125條
	無權占有他人不動產，其不當得利之價額，相當於不動產租金債權，其各期給付請求權，因5年間不行使而消滅。	民法第126條
	無權占有他人動產，其不當得利之價額，相當於以租賃動產為營業者之租價請求權，因2年間不行使而消滅。	民法第127條第3款

四、無因管理與不當得利之區別

　　無因管理與不當得利，分別為債之發生原因之一，其成立要件與效果各別。前者為未受委任，並無義務而為他人管理事務。後者為無法律上之原因而受利益，致他人受損害。因而適法之無因管理，本人之受利益，既係基於法律所允許之管理人無因管理行為，自非無法律上之原因，僅管理人即債權人對於本人即債務人取得必要或有益費用償還請求權、債務清償請求權及損害賠償請求權。而不當得利之受害人即債權人對於不當得利之受領人即債務人，取得不當得利返還請求權，兩者有別。準此，原告起訴主張依不當得利及無因管理之法律關係而為同一之請求，為客觀之訴之競合合併。法院應審理其一，認原告之請求權成立時，即可據而判決，倘認其請求不成立，始應就另一法律關係為審判[14]。

伍、特殊不當得利

　　給付型不當得利，有下列情形之一者，不得請求返還：（一）給付係履行道德上之義務者；（二）債務人於未到期之債務因清償而為給付者；（三）因清償債務而為給付，於給付時明知無給付之義務

---

[14] 最高法院86年度台上字第229號民事判決。

者；（四）因不法之原因而爲給付者。但不法之原因僅於受領人一方存在時，不在此限（民法第180條）。準此，具有特殊不當利之事由時，受領人例外不負返還責任。訴訟實務上以不法原因爲給付者，爲較常見之民事事件。

一、給付係履行道德上之義務

給付係履行道德上之義務者，不得請求返還（民法第180條第1款）。係指受損人不得對其履行道德上義務之受益人，請求返還而言。所謂給付係爲履行道德上之義務者，係指當事人法律上並無義務，基於道德或禮節等因素而爲給付而言，倘得請求返還不當得利，無異以法律阻礙道德上之善行。例如，對於法律上無扶養義務之親屬，與以撫養者，其給付不得請求返還。

二、期前清償

（一）不得請求返還

債務人於未到期之債務因清償而爲給付者，不得請求返還（民法第180條第2款）。因期前清償，債權人並非無權利而受益，故不得請求債權人返還。申言之，未到期之債務，債權人雖不得期前請求履行，然債務人欲於期前清償，此爲法所許可，爲免除法律關係致臻煩雜計，故不許給付人請求返還。可知本款規定，應係針對債務人任意爲前清償之情形，爲免除法律關係煩雜所爲之規範，除不許人請求返還給付外，亦不得請求中間利息。

（二）返還中間利息

定有清償期者，債權人不得於期前請求清償，如無反對之意思表示時，債務人得於期前爲清償（民法第316條）。而債務人因法院之強制執行而提前清償時，以滿足債權之情形，應不在民法第180條第2款規定範圍。是債權人利用法院之強制執行而提前受償，已違反民法第316條規定，債權人因此所得中間利息之利益，並不值得保護。倘認債務人不得請求債權人返還自清償時起至清償期屆至時止之中間利息，對於債務人權益之保護則有未周。準此，未到期之債務因清償而

為給付者，須債務人所為給付，出於任意為之者，始足當之。倘債務人因法院之強制執行而提前清償時，自得請求債權人返還自清償時起至清償期屆至時止之中間利息。

三、明知無給付之義務

因清償債務而為給付，而於給付時明知無給付之義務者，不得請求返還（民法第180條第3款）。明知無給付之義務，而任意給付，顯係自願受損，具有直接與確定故意，是該非債清償，不得請求返還。至於原無債務而誤以為有債務，或誤認已清償之債務未清償，縱其誤認係出於過失或重大過失，亦非明知而非債清償，自無民法第180條第3款之適用[15]。

四、不法原因之給付

因不法之原因（unlawful cause）而為給付者，不得請求返還（民法第180條第4款本文）[16]。例外情形，不法之原因僅於受領人一方存在時，不在此限（但書）。例如，因受詐欺或脅迫所交付之金錢，不法之原因僅於受領人一方。所謂不法原因，係指違背公序良俗或強行規定（民法第71條、第72條）[17]。基於不法原因而為給付，給付原因之不法存在給付人與受領人雙方，法律自無保護之必要。例如，因賄選所為給付、因姦淫而給付之代價。

陸、例題研析

一、例題14研析──無權占有不動產（82年高考；98年司法人員四等）

不動產租金之請求權因5年間不行使而消滅，為民法第126條所

---

[15] 最高法院105年度台上字第229號民事判決。
[16] 最高法院108年度台上字第2453號民事判決。
[17] 最高法院107年度台上字第1457號民事判決。

明定。至於終止租約後之賠償與其他無租賃契約關係之賠償或不當得利，名稱雖與租金不同，然實質上仍爲使用不動產之代價，其時效之計算應爲5年[18]。甲向乙承租不動產，租賃期間屆滿後，仍繼續使用達10年，期間均未給付任何金額與乙，甲與乙雖無租賃關係，惟甲占有及使用租賃物並無合法權源，導致乙受有損害，乙得依據不當得利之法律關係（民法第179條）。請求甲給付5年相當於租金之不當得利，逾5年期間者，甲得以時效完成爲抗辯，拒絕給付（民法第144條第1項）[19]。

二、例題15研析——不法原因之特殊不當得利

當事人使用金錢力量，使考試院舉行之考試發生不正確之結果，爲此不法之目的所支出之金錢，應適用民法第180條第4款前段規定，認爲該金錢基於不法原因而爲給付者，不得請求返還。甲與乙約定，甲以乙之名義參加律師高考考試，乙交付新臺幣10萬元作爲報酬。甲爲乙考試之結果，未達錄取之及格標準，乙要求甲交還該報酬，因乙所支出之金錢，基於不法原因而爲給付者，自不得請求甲返還之。

三、例題16研析——撤銷死亡宣告之財產歸返

（一）死亡宣告之目的

死亡宣告係自然人失蹤一定期間，經利害關係人或檢察官聲請，由法院爲死亡宣告之制度（event for declaring the death of a missing person）。因自然人失蹤已久，生死不明，其有關之權利義務，難以確定，影響利害關係人甚鉅，故設立死亡宣告制度，以確定法律關係。失蹤人失蹤滿一定期間後，法院得因利害關係人或檢察官之聲請，爲死亡宣告（民法第8條）。以判決內所確定之時，推定其爲死亡（民法第9條）。宣告死亡事件程序之目的，在於以形成裁

---

[18] 最高法院110年度台上字第3139號民事裁定。
[19] 最高法院101年度台上字第1858號民事判決。

判，創設明確之法律狀態，故無訟爭性，其事件性質屬非訟事件。

（二）死亡宣告之效力

為保護失蹤人之權益，雖應使撤銷或變更宣告死亡之裁定，具有對世效力。然為維護身分關係安定及交易安全，其於撤銷或變更宣告死亡裁定之裁定確定前，因信賴法院宣告失蹤人死亡，而變更身分或財產關係之善意行為，仍應受保護（家事事件法第163條第1項）。為平衡保障失蹤人及因宣告失蹤人死亡而取得財產者之權益，該財產取得者因撤銷或變更宣告死亡裁定之裁定，而失其權利時，僅應於現受利益之限度，負歸還財產之義務（第2項）。所謂因宣告死亡取得財產者，係指以宣告死亡為原因，而直接取得失蹤人所有財產權之人。例如，繼承人、受遺贈人及死因契約之受贈人。

（三）返還利益之範圍

因宣告死亡取得財產者，處分原屬失蹤人之財產，倘為善意者，應屬有權處分；在處分財產後，因撤銷死亡之宣告失其權利，僅須於現受利益之限度，將財產歸還於失蹤人。反之，為惡意者，法律自無保護之理，應就其取得財產之全部及孳息，負歸還之義務，雖其取得之財產現已滅失或消費殆盡，仍應歸還之。不當得利受領人於受領時，知無法律上之原因，或其後已知之者，應將受領時所得之利益，或知無法律上之原因時所現存之利益，附加利息，一併償還（民法第182條第2項）[20]。

柒、實務見解

按遲延之債務，以支付金錢為標的者，債權人得請求依法定利率計算之遲延利息。但約定利率較高者，仍從其約定利率（民法第233條第1項）。民法第182條第2項所定之附加利息與同法第233條第1項前段規定之遲延利息不同。前者係不當得利受領人受領利益時，就該利益使用所產生之利益，性質上屬不當得利，應自受領人知無法律上

---

[20] 林洲富，民事訴訟法理論與實例，元照出版有限公司，2022年1月，5版1刷，頁447至448。

之原因時起算。後者係賠償債務給付遲延所生相當利息之損害，依同法第229條規定，其給付有確定期限者，自期限屆滿時起算；給付無確定期限者，債務人於債權人得請求給付時，經其催告而未爲給付，自受催告時起，其催告定有期限者，自期限屆滿時起算[21]。

習　題

一、說明不當得利依其類型。

　　提示：不當得利依其類型，可區分爲給付型不當得利與非給付型不當得利。前者係基於受損人有目的及有意識之給付而發生之不當得利，後者乃由於給付以外之行爲，包含受損人行爲、受益人行爲、第三人之行爲、法律規定或事件所成立之不當得利。

二、說明不當得利之成立要件與效力。

　　提示：民法第179條、第180條至第183條。

三、說明善意受領人與返還之範圍。

　　提示：民法第182條、第183條。

四、不得請求返還之不當得利事由。

　　提示：民法第180條。

五、甲之銀行活期存款僅有新臺幣（下同）1萬元，甲結清該帳戶時，銀行職員誤給付2萬元，試問甲與該銀行間有何法律關係？

　　提示：給付型不當得利。

---

[21] 最高法院108年度台上字第1502號民事判決。

第六節

一般侵權行為

關鍵詞：故意、過失、明知、私權、財產權、人身權、人格權、
身分權、善良風俗、積極損害、消極損害、加害行為、
不法行為、客觀要件、主觀要件、直接故意、間接故
意、未必故意、責任能力、識別能力、無認識過失、有
認識過失、請求權基礎、相當因果關係、侵權行為能
力、過失責任主義、保護他人之法律

例題17

> 甲為A大廈之區分所有權人，因管理委員會未妥善維護、修繕大廈地面一樓共用部分致出現嚴重漏水現象，造成甲所有系爭建物內之裝潢、橡木地板、天花板等受損。試問甲主張A大廈管理委員會怠於執行公寓大廈管理條例第3條第9款、第10條第2項前段、第36條第2款所定職務，疏未維護、修繕共用部分而致漏水，請求負損害賠償責任，是否有理？

例題18

> 甲偷竊乙之汽車1部，並將該贓物出賣與知情之丙，甲依據侵權行為之法律關係向丙請求損害賠償。試問丙主張其非竊賊，拒絕賠償，是否有理由？

例題19

> 甲將其所有鑽石交由其友人乙保管，乙未經甲之同意，竟將該鑽石，以市價出賣於不知情之丙，丙依買賣契約之法律關係，依約給付買賣價金與乙，乙並將該鑽石交由丙占有。試問甲對於乙得主張何種權利？

壹、侵權行為之定義

　　所謂侵權行為（tort），係指因故意或過失，不法侵害他人權利或利益之行為。加害人對被害人應負損害賠償之責任，為債之發生原因。其依據侵權之發生原因，得分一般侵權行為及特殊侵權行為2種類型。前者為民法第184條第1項前段、第184條第1項後段及第184條第2項所規定者，有3種侵權行為型態。後者係民法第185條至第191條所規範，計有10種型態。

貳、一般侵權行為之定義（105年司法人員四等）

一、過失責任主義

　　所謂一般侵權行為，係指因自己之故意或過失，侵害他人之權利或利益。一般侵權行為可分：（一）因故意或過失，不法侵害他人之權利者，負損害賠償責任（民法第184條第1項前段）；（二）故意以背於善良風俗之方法，加損害於他人者亦同（第1項後段）；（三）違反保護他人之法律，致生損害於他人者，負賠償責任。但能證明其行為無過失者，不在此限（第2項）。準此，一般侵權行為採過失責任主義。

二、分析一般侵權之類型

	民法第184條第1項前段	民法第184條第1項後段	民法第184條第2項
主觀要件	故意或過失	故意	推定過失
行為態樣	加害行為	背於善良風俗之加害行為	違反保護他人之法律之加害行為
侵害範圍	權利	利益	權利與利益

參、一般侵權行為之類型

　　依民法第184條第1項前段、後段及第2項規定，侵權行為之構成有3種型態：（一）因故意或過失之行為，不法侵害他人權利；（二）因故意以背於善良風俗之方法加損害於他人；（三）行為違反保護他人之法律，致生損害於他人。各該獨立侵權行為型態之構成要件有別。原告起訴時，固得一併主張依同條第1項前段、後段及第2項規定為其請求之依據，或概以侵權行為關係為其訴訟標的，然法院於為原告請求有理由之判決時，依其正確適用法律之職權，自應先辨明究係適用該條第1項前段、後段或第2項規定，繼而就適用該規定之要件為論述，始得謂為理由完備[1]。

---

[1] 最高法院111年度台上字第656號民事判決。

一、權利之侵害

因故意或過失，不法侵害他人之權利者，負損害賠償責任，此為權利之侵害（民法第184條第1項前段）。權利包括財產權及人身權。舉例說明如後：（一）所有權、身體權；（二）受讓未辦理所有權第一次登記之建物，受讓人雖因該建物不能為所有權移轉登記，而僅能取得事實上處分權，然該事實上處分權，具占有、使用、收益、事實上處分及交易等支配權能，長久以來為司法實務所肯認，為社會交易之通念，自屬民法第184條第1項前段所稱之權利[2]。

再者，依民法第184條第1項前段規定之侵權行為成立要件，有須具備加害行為、不法行為、侵害他人權利、致生損害、有責任能力、須故意或過失。

二、違反善良風俗之故意侵害

故意以背於善良風俗之方法，加損害於他人者，負損害賠償責任，保護之客體或標的為利益（民法第184條第1項後段）。法律行為，有背於公共秩序或善良風俗者，無效（民法第72條）。例如，甲男為有婦之夫，與乙女約定同居條件，即甲將其所有之不動產所有權移轉登記與乙，倘終止同居關係，乙須將該不動產所有權返還與甲，甲、乙間之其約定有背善良風俗，應屬無效[3]。所謂公共秩序，係指國家社會之公共利益。所謂善良風俗，係指國民之一般道德觀念。例如，行為人故意於女子宿舍旁，開設妓院，導致無法或難以出租宿舍，顯然故意以背於善良風俗之方法，加損害於該出租人者，侵害其利益。

三、違反保護他人之法律

違反保護他人之法律，致生損害於他人者，負賠償責任，保護之客體或標的為權利與利益。但能證明其行為無過失者，不在此限（民

---

[2] 最高法院106年度台上字第187號民事判決。
[3] 最高法院65年台上字第2436號民事判決。

法第184條第2項）⁴。所謂違反保護他人之法律，係指以保護他人為目的之法律，即一般防止妨害他人權益或禁止侵害他人權益之法律而言；或雖非直接以保護他人為目的，而係藉由行政措施以保障他人之權利或利益不受侵害者，亦屬之⁵。舉例說明如後：（一）加害人違反道路交通管理處罰條例，導致他人受傷或死亡⁶；（二）區分所有係數人區分一建築物而各有其專有部分，並就其共用部分按其應有部分有所有權，為維護區分所有權人或使用人之居住安全及品質，其興建、使用均應依法管理（建築法第1條、第28條；公寓大廈管理條例第1條）。而建築法第73條第2項、第77條第1項及公寓大廈管理條例第15條第1項規定，均係為避免影響區分建物之使用及其價值、住戶之居住品質，而命區分建物所有權人、使用權人、住戶應依建物法定用途使用之規範，自均屬保護他人為目的之法律；（三）民法第184條第2項所謂保護他人之法律，應自法條所規範之目的探求，凡法條之內容，係以禁止侵害行為，以避免個人權益遭受危害，而直接或間接以保護個人之權益者屬之，並非以整部法規之立法宗旨作為判斷是否以保護他人為目的之法律之基準。而證券交易法第157條之1關於內部人內線交易禁止之規定，旨在保障所有參與證券市場之投資人，得以平等同時取得相同之資訊，庶可作出正確之判斷，以公平競價買賣股票，而免遭受不測之損失，俾促進資訊之迅速透明化及維護證券市場之健全發展，自屬以保護他人為目的之法律⁷。

4　最高法院95年度台上字第1174號民事判決認定建築法為保護他人法律、最高法院99年度台上字第1250號民事判決認定民法相鄰關係為保護他人法律、最高法院100年度台上字第390號民事判決認定建築師法為保護他人法律、最高法院103年度台上字第1242號民事判決認定公平交易法為保護他人法律。

5　最高法院100年度台上字第390號民事判決。

6　最高法院100年度台上字第1314號民事判決。

7　最高法院106年度台上字第401號民事判決。

肆、一般侵權行爲之成立要件（99年三等特考；101年司法人員四等）

因故意或過失，不法侵害他人之權利者，負損害賠償責任。故意以背於善良風俗之方法，加損害於他人者亦同（民法第184條第1項）。準此，一般侵權行爲之成立要件有客觀要件與主觀要件。客觀要件有五：加害行爲、不法行爲、侵害他人之權利或利益、須致生損害、加害行爲及損害間有相當因果關係存在。主觀要件有二：須有責任能力、故意或過失。符合一般侵權行爲之成立要件或法律要件，侵權行爲人應負損害賠償責任之法律效果。法條規範同時具備法律要件與法律效果者，其可作爲請求權基礎。

一、須有加害行爲與不法行爲

加害行爲之類型，包括積極作爲及消極不作爲。所謂不法行爲，係指違背公序良俗或強行規定。例如，偷竊他人財物。加害行爲本質雖屬不法，然有阻卻違法事由存在時，不構成不法性。例如，正當防衛（民法第149條本文）、緊急避難（民法第150條第1項）、自助行爲（民法第151條），均可阻卻違法成立。

二、侵害他人之權利或利益

（一）私權

1.私權範圍

(1) 權利

私法（private law）係規定私人間之法律關係。民法（civil law）爲重要之私法，以規範私法人生活中之權利義務爲其內容，分爲財產法及身分法兩大類型。侵權行爲之侵害客體，爲私法上之權利，侵害之權利方法並無限制。而權利包含財產權與人身權，人身權有人格權與身分權，人格權有一般人格權與特別人格權。例如，債權與物權爲財產權，肖像權爲一般人格權，身體權與健康權爲特別人格權，撫養權與繼承權爲身分權。財產權範圍，包含物權、準物權、無體財產

權、債權。例如，債權之行使，通常雖應對特定之債務人為之，然第三人與債務人共謀，第三人具有故意之主觀要件，使債務之全部或一部陷於不能履行時，債權人因此所受之損害，得依侵權行為之法則，向該第三人請求賠償[8]。侵害利益之方法，須以故意背於善良風俗之方法，加損害於他人。不論是權利或利益，均指私權而言，不包含公權。

(2) 利益

民法第184條第1項前段、後段及第2項，係規定三個獨立之侵權行為類型，各有不同之適用範圍、保護法益、規範功能及任務分配，在實體法上為相異之請求權基礎，在訴訟法上亦為不同之訴訟標的。該條第1項前段規定之侵權行為所保護之法益，原則上僅限於既存法律體系所明認之權利，而不及於權利以外之利益，特別是學說上所稱之純粹經濟上損失。同條第1項後段及第2項所規定之侵權行為，均有其各別之成立要件，如故意以背於善良風俗之方法或違反保護他人之法律。法院依侵權行為之法律關係，為原告勝訴之判決時，應於判決理由中說明原告之請求，如何符合或滿足於該法律關係之構成要件，倘未記明，即屬民事訴訟法第469條第6款所稱之判決不備理由[9]。舉例說明如後：①侵權行為保護之客體主要為民法第184條第1項前段所定之被害人固有利益，該項前段所保護之法益限於權利，而不及於學說上所稱之純粹經濟上損失或純粹財產上損害[10]；②所謂營業權，係指企業構成部分、組織與顧客、商品、勞務、資金供應者等項目，經常變動，其客體難以具體化，欠缺權利所應具之社會典型公開性，尤其是歸屬及排他之功能，是營業權或營業利益，係權利以外之利益[11]；③凶宅使房屋產生之交易價值貶損，其屬所有權以外之純粹經濟上損害[12]。

---

[8] 最高法院95年度台上字第294號、96年度台上字第329號民事判決。

[9] 最高法院102年度台上字第342號民事判決。

[10] 最高法院100年度台上字第2092號民事判決。

[11] 臺灣高等法院臺中分院99年度上易字第414號民事判決。

[12] 最高法院90年度台上字第442號民事判決。

2. 人格權受侵害之保護（106年司法官；108年司律）

　　人格權受侵害時，得請求法院除去其侵害；有受侵害之虞時，得請求防止之，此為一般人格權之保護（民法第18條第1項）。前項情形，以法律有特別規定者為限，得請求損害賠償或慰撫金，此為特別人格權之保護（第2項）。特別人格權有姓名權[13]、生命權、身體權、健康權、名譽權、自由權、信用權[14]、隱私權、貞操權。其他人格權，需不法侵害情節重大者，始得請求精神慰撫金。例如，他人居住區域發出超越一般人社會生活所能容忍之噪音，應屬不法侵害他人居住安寧之人格利益，倘其情節重大，被害人得依民法第195條第1項規定請求賠償相當之金額[15]。

(1) 隱私權

　　維護人性尊嚴與尊重人格自由發展，係自由民主憲政秩序之核心價值。隱私權雖非憲法明文列舉之權利，惟基於人性尊嚴與個人主體性之維護及人格發展之完整，並為保障個人生活私密領域免於他人侵擾及個人資料之自主控制，隱私權為不可或缺之基本權利，而受憲法第22條所保障。其中就個人自主控制個人資料之資訊隱私權而言，係保障人民決定是否揭露其個人資料、在何種範圍內、於何時、以何種方式、向何人揭露之決定權，並保障人民對其個人資料之使用有知悉與控制權及資料記載錯誤之更正權。憲法對資訊隱私權之保障並非絕對，國家得於符合憲法第23條規定意旨之範圍內，以法律明確規定對之與以適當之限制[16]。

(2) 自由權

　　自由權不僅保護身體活動自由，亦保護意思決定之自由。行為人隱匿重大交易訊息時，使表意人陷於錯誤而出售股票致生損害，為施詐術於他人之意思決定，係侵害他人之自由權。民法上所謂詐欺，係指對於表意人意思形成過程屬於重要而有影響之不真實事實，表示其

---

[13] 大法官釋字第399號解釋：姓名權為人格權之一種，人之姓名為其人格之表現，故如何命名為人民之自由，應為憲法第22條所保障。

[14] 最高法院111年度台上字第573號民事判決。

[15] 最高法院92年度台上字第164號民事判決。

[16] 大法官釋字第603號解釋。

為眞實，而使他人陷於錯誤、加深錯誤或保持錯誤而言，且不以積極之欺罔行為為限，如消極之隱匿、掩飾事實行為，而故意不為告知，亦構成消極詐欺行為。民法上所謂詐欺，固不以積極之欺罔行為為限，然單純之緘默，除在法律上、契約上或交易之習慣上就某事項負有告知之義務者外，其緘默並無違法性，自不得以其單純緘默，遽指為隱瞞事實之消極詐欺。準此，施詐術於他人之意思決定，係故意不法侵害他人意思決定之自由權，應成立侵權行為[17]。

(3) 信用權

　　所謂信用權，係指個人之經濟能力，在社會獲得相當評價與信任之人格權，屬於個人在社會上所受之經濟與價值判斷，包含支付能力、履約意願。因此信用權有無受損害，應以社會上對其經濟能力之評價，是否貶損為斷。準此，查封不動產之強制執行行為，其具有公示性，客觀上即足使被查封人被指為債信不良，其原所建立之聲望必有減損，信用權勢必因此低落。倘以故意或過失而造成該信用權之損害，自屬民法第195條第1項規定之信用權遭受損害[18]。再者。金融業提供錯誤之信用資料與聯合徵信中心，導致加害人有呆帳存在，是對信用權之侵害[19]。

(4) 名譽權

　　名譽為人格之社會評價，名譽有無受損害，應以社會上對個人評價是否貶損作為判斷之依據，倘行為足以使他人在社會上之評價受貶損，不論其為故意或過失，均可構成侵害名譽權之侵權行為。行為人於言論自由權之行使，因故意或過失致不法侵害他人之名譽，縱未構成刑事之誹謗罪，被害人仍得依民法侵權行為有關侵害名譽權之規定，請求損害賠償。因事實陳述本身涉及眞實與否，雖其與言論表達在概念上偶有流動，有時難期涇渭分明，倘言論係以某項事實為基礎，或發言過程中夾論夾敘，將事實敘述與評論混為一談，在評價言論自由與保障個人名譽權之考量上，仍應考慮事實之眞偽。倘行為人

---

[17] 最高法院106年度台上字第1852號民事判決。
[18] 最高法院90年度台上字第1814號民事判決。
[19] 最高法院90年度台上字第442號民事判決。

所述事實足以貶損他人之社會評價而侵害他人名譽，而行爲人未能證明所陳述事實爲眞，縱所述事實係轉述他人之陳述，倘明知他人轉述之事實爲虛僞或未經相當查證，即公然轉述該虛僞之事實，而構成故意或過失侵害他人之名譽，自應負侵權行爲損害賠償責任[20]。

(5) 環境權

人格法益之範圍，除身體權、健康權外，尚包括人格權之衍生法益。而環境權源於人格權，同屬人格權之衍生人格法益。環境權固以環境自然保護維持爲目的，有公益性，具公法性質。然藉由環境法相關法規之立法，具體化其保障一般人得以獲得一適合於人類生活環境，完成維護人類之生命、身體、健康等權利。具體化後之環境權，其享有者雖爲一般公眾，非特定人之私法法益，惟生活於特定區域之可得特定之人，因環境權相關法規之立法，得以因此過一舒適安寧之生活環境，亦係該可得特定之人享有之人格利益，而具私法法益性質，同受民法規範之保障。民法第793條、第800條之1，明示與界定得享有該生活環境利益之主體範圍，劃定標準係以區域爲定。準此，凡生活於該特定區域者，即享有該人格法益。民法第195條之權益主體及受保護之人格法益，應同解爲含居住於該特定區域人之居住安寧與生活環境之人格法益[21]。

(6) 子女確認血統來源之權利

子女獲知其血統來源，確定其眞實父子身分關係，攸關子女之人格權，應受憲法保障。妻之受胎，係在婚姻關係存續中者，推定其所生子女爲婚生子女。前項推定，如夫妻之一方能證明妻非自夫受胎者，得提起否認之訴。但應於知悉子女出生之日起，2年內爲之（民法第1063條）。係爲兼顧身分安定及子女利益而設，惟其得提起否認之訴者僅限於夫妻之一方，子女本身則無獨立提起否認之訴之資格，且未顧及子女得獨立提起該否認之訴時應有之合理期間及起算日，是上開規定使子女之訴訟權受到不當限制，而不足以維護其人格權益，在此範圍內與憲法保障人格權及訴訟權之意旨不符[22]。

---

[20] 最高法院93年度台上字第1805號民事判決。
[21] 最高法院108年度台上字第2437號民事判決。
[22] 大法官釋字第587號解釋。

(7) 人工流產自主決定權

　　民法上侵權行為之被害客體為權利或利益，僅要係權利或利益，即得為侵權行為之被害客體，此與刑法墮胎罪之保護客體為何，暨其違法阻卻事由是否存在，實屬二事。婦女已妊娠懷孕婦女施行產前檢查，倘醫師發現有胎兒不正常者，應將實情告知本人或其配偶；認為有施行人工流產之必要時，應勸其施行人工流產（優生保健法第11條第2項）。是醫師發現有胎兒不正常時，法律課與醫師應將實情告知懷孕婦女本人或其配偶，認為有施行人工流產之必要時，應勸其施行人工流產之義務。就懷孕婦女而言，應是給與婦女自由選擇之權利，即婦女對其體內未成獨立生命，且患有法規所賦予婦女得中止妊娠之先天性疾病之不健康胎兒，有選擇除去之權利，倘因醫院及相關人員之疏忽，未發現已符合此情況之事實，並及時告知懷胎婦女，使其依優生保健法第9條第1項，自願施行人工流產，致婦女繼續妊娠，最後生下不正常嬰兒，自屬侵害婦女對本身得決定施行人工流產之權利[23]。

（二）權利之類型

人身權	人格權	所謂人格權，係指關於人之存在及尊嚴之權利，為構成人格不可或缺之權利。人格為標的，屬非財產權，具有專屬性，不得繼承、轉讓或由第三人代位行使，其亦不可為提供擔保之標的。
	一般人格權	人格權受侵害時，得請求法院除去其侵害；有受侵害之虞時，得請求防止之（民法第18條第1項）。
	特別人格權	人格權受侵害者，以法律有特別規定者為限，得請求損害賠償或慰撫金（民法第18條第2項）。
		姓名權受侵害者，得請求法院除去其侵害，並得請求損害賠償（民法第19條）。
		生命權（民法第192條、第194條）。
		身體權、健康權（民法第193條、第195條第1項）。
		名譽權、自由權、信用權、隱私權、貞操權，或不法侵害其他人格法益而情節重大者（第195條第1項）。

---

[23] 最高法院92年度台上字第1057號民事判決。

人身權	身分權	不法侵害他人基於父、母、子、女或配偶關係之身分法益而情節重大者（第195條第3項）。
財產權	物權：所有權、地上權、農育權、不動產役權、抵押權、質權、典權、留置權。	
	準物權：礦業權、漁業權、水權。	
	無體財產權：著作權、商標權、專利權、營業秘密權。	
	債權：有名契約與無名契約。	

三、須致生損害

損害範圍包括：（一）積極損害及消極損害，前者係指導致既存利益減少。例如，未經債總案例式教科書之著作財產權人同意，影印重製教科書，侵害著作財產權。後者係指應增加之利益而不增加，是依通常情形，或依已定之計畫、設備或其他特別情事，可得預期之利益，視為消極損害。例如，擅自影印重製他人所著債各案例式教科書出售，減少該教科書著作財產權人可得預期之版權收入；（二）財產損害及非財產損害，前者係指具體財產或利益之損失，如車撞車輛受損；後者係指精神、肉體痛苦等不具財產價值，難以金錢計算之損害，如名譽遭受損害之賠償。民事責任係以填補被害人所受損害為目的，無損害即無責任，故必須有實際損害發生。

四、加害行為及損害間有相當因果關係存在

（一）損害發生及有責任原因事實

損害賠償之債，依據社會之通念，認有損害之發生及有責任原因之事實間，有相當因果關係為成立要件[24]。因果關係有責任成立之因果關係與責任範圍之因果關係：1.責任成立之因果關係，存在加害行為與受侵害權利或利益間；2.責任範圍之因果關係，存在受侵害權利或利益與損害間。所謂相當因果關係，係指以行為人之行為所造成的

---

[24] 最高法院101年度台上字第443號民事判決。

客觀存在事實，爲觀察的基礎，並就此客觀存在事實，依吾人智識經驗判斷，通常均有發生同樣損害結果之可能者，該行爲人之行爲與損害間，即有因果關係[25]。申言之，係指依經驗法則，綜合行爲當時所存在的一切事實，爲客觀事後審查，認爲在一般之情形，有此環境、有此行爲之同一條件，均可發生同一的結果者，該條件與結果之發生即具相當性，行爲與結果即有相當因果關係。反之，倘在一般之情形，有此同一條件存在，而依客觀審查，認爲不必均發生此結果者，則該條件與結果不相當，僅爲偶然的事實而已，其行爲與結果間即無相當因果關係。

（二）相當性判斷

　　關於相當性之判斷，雖不要求行爲之於結果之發生，應必然如此或毫無例外之程度，惟至少具備通常均如此或高度可能之或然率[26]。舉例說明如後：1.甲故意或過失駕駛汽車撞擊乙，乙因而受傷，甲之加害行爲及乙之受傷損害，兩者具有相當之因果關係；2.股票交易價格常以發行公司過往經營績效、公司資產負債、財務業務狀況等資訊揭露及其他相關因素爲依歸，俾使市場上理性投資人得以形成判斷。是公司發布不實資訊，除造成個別投資人受騙外，亦欺騙整體證券市場。個別投資人縱未取得特定資訊，然因信賴市場而依市價買賣，自應推定其買賣與不實資訊間存有交易因果關係[27]；3.被害人係因加害人所駕駛之汽車左側照後鏡撞及其左側身體而情緒受驚嚇，造成原有高血壓之被害人發生自發性之高血壓性腦出血死亡，故加害之碰撞行爲使加害人受驚嚇，造成其血壓突然升高，致其腦內已受損之小血管破裂，而引起自發性之高血壓腦出血死亡，加害人之碰撞行爲與被害人腦出血死亡之結果間，自有相當因果關係[28]。

---

[25] 最高法院91年度台上字第1407號民事判決。
[26] 最高法院108年度台上字第127號刑事判決。
[27] 最高法院104年度台上字第698號民事判決。
[28] 最高法院91年度台上字第1407號民事判決。

五、須有責任能力

（一）識別能力

所謂責任能力、民事責任能力或侵權行爲能力，係指侵權行爲人有負擔損害賠償之能力。有無侵權行爲能力，應就行爲當時有無識別能力，以具體客觀情事決定之。所謂識別能力，係指識別自己行爲之結果能力，其爲個人對自己行爲有判斷識別其法律效果之精神能力，不以有行爲能力爲限。準此，行爲當時有識別能力，應負損害賠償責任（民法第187條第1項、第4項）。

（二）侵權行為能力與行為能力之區別

	侵權行為能力	行為能力
判斷基準	行為當時有識別能力	滿18歲為成年，有行為能力（民法第12條）。未滿7歲之未成年人，無行為能力（民法第13條第1項）。滿7歲以上之未成年人，有限制行為能力（第2項）。
法律效果	負損害賠償責任	滿18歲者之法律行為有效。

六、須有故意或過失

（一）直接故意與間接故意

行爲人是否有故意或過失，應由被害人負舉證責任（民事訴訟法第277條）[29]。民法就故意或過失並無明文規定，故參考刑法就故意或過失之定義。故意分爲直接故意與間接故意：1.所謂直接故意，係指行爲人對於構成侵權行爲之事實，明知並有意使其發生，此稱直接故意（刑法第13條第1項）；2.所謂間接故意，係指預見其發生而發生，並不違背其本意，此稱間接故意或未必故意（第2項）。

（二）無認識過失與有認識過失

過失分爲無認識過失與有認識過失：（一）所謂無認識過失，

---

[29] 民事訴訟法第277條規定：當事人主張有利於己之事實者，就其事實有舉證之責任。但法律別有規定，或依其情形顯失公平者，不在此限。

係指行為人雖非故意，然按其情節，應注意能注意而不注意（刑法第14條第1項）；（二）所謂有認識過失，係指對於構成侵權行為之事實，雖預見其發生而確信其不發生（第2項）。違反保護他人之法律，致生損害於他人者，負賠償責任，其為舉證責任倒置，被害人無須證明行為人有故意或過失，行為人欲免責，應證明其行為無過失者（民法第184條第2項）。例如，道路安全管理處罰條例為保護他人之法律，行為人違反該條例規定，致生損害於他人者，行為人欲免責，應證明其行為無過失者。

六、一般侵權之客觀要件與主觀要件

客觀要件	1. 加害行為 2. 不法行為 3. 侵害權利或利益 4. 致生損害 5. 行為及損害間有相當因果關係
主觀要件	1. 責任能力 2. 故意或過失

伍、例題研析

一、例題17研析──公寓大廈管理委員會之侵權能力

（一）公寓大廈管理委員會有當事人能力

依公寓大廈管理條例第3條第9款規定，管理委員會係由區分所有權人選任住戶若干人為管理委員所設立之組織，旨在執行區分所有權人會議決議事項及公寓大廈管理維護事務，其於完成社團法人登記前，僅屬非法人團體，固無實體法上完全之權利能力。然現今社會生活中，以管理委員會之名義為交易者比比皆是。除民事訴訟法第40條第3項規定：非法人之團體，設有代表人或管理人者，有當事人能力。公寓大廈管理條例第38條第1項亦規定：管理委員會有當事人能力。明文承認管理委員會具有成為訴訟上當事人之資格，得以其名義起訴或被訴，就與其執行職務相關之民事紛爭享有訴訟實施權；並於

同條例第6條第3項、第9條第4項、第14條第1項、第20條第2項、第21條、第22條第1項、第2項、第33條第3款但書,規定其於實體法上亦具享受特定權利、負擔特定義務之資格,賦予管理委員會就此類紛爭有其固有之訴訟實施權。

(二)一般侵權行為

因故意或過失,不法侵害他人之權利者,負損害賠償責任(民法第184條第1項前段)。倘管理委員會基於規約約定或區分所有權人會議決議所為職務之執行致他人受損,而應由區分所有權人負賠償責任時,其本身縱非侵權行為責任之權利義務歸屬主體,亦應認被害人得基於程選擇權,並依公寓大廈管理條例第38條第1項規定及訴訟擔當法理,選擇非以區分所有權人而以管理委員會為被告起訴請求,俾迅速而簡易確定私權並實現私權,避免當事人勞力、時間、費用及有限司法資源之不必要耗費。且公寓大廈管理條例第38條第2項明定:管理委員會為原告或被告時,應將訴訟事件要旨速告區分所有權人。其與民事訴訟法第65條訴訟告知之規定旨趣相當,而受訴法院亦得依民事訴訟法第67條之1規定,依職權通知各區分所有權人,賦予各區分所有權人參與該訴訟程序之機會,則將來確定判決之既判力,依民事訴訟法第401條第2項規定及於各區分所有權人,即具正當化之基礎。對於未受告知或通知之區分所有權人,因係非可歸責於己之事由而未獲參與訴訟程序機會,即未獲事前之程序保障,倘認有不能提出足以影響判決結果之攻擊或防禦方法,致對其不利之情事,自得依民事訴訟法第507條之1以下有關事後程序保障規定之第三人撤銷訴訟程序行使權利,其應有之權益亦獲確保。準此,甲應得向A大廈管理委員會依民法第184條第1項前段之侵權行為法律關係請求賠償[30]。

二、例題18研析——故買盜贓之侵權責任

違反保護他人之法律,致生損害於他人者,負賠償責任。但能證明其行為無過失者,不在此限(民法第184條第2項)。收受、搬運、

---

[30] 最高法院98年度台上字第790號民事判決。

寄藏、故買贓物或媒介者，處5年以下有期徒刑、拘役或科或併科50萬元以下罰金（刑法第349條第1項）。因贓物變得之財物，以贓物論（第2項）。刑法第349條第1項之故買贓物罪規定，有保護所有人之目的，防止妨害所有權益或禁止侵害所有權益。故買盜贓者，係在他人犯罪完成後所為之行為，性質上雖難認為與該他人共同侵害被害人之權利，是故買贓物之人與實施竊盜之人，不構成共同侵害行為。惟故買贓物者，其足使被害人難於追回原物，因而發生損害，係對於被害人為另一侵權行為，倘被害人因而受有損害，得依侵權行為之法律關係，請求故買贓物之人賠償其損害。準此，甲偷竊乙之汽車，丙明知贓物而向甲買受之，甲之故買贓物之行為，成立侵權行為，乙因而受有損害，得依據侵權行為之法律關係，請求丙負損害賠償責任。

三、例題19研析——不當得利與侵權行為損害賠償請求權競合

（一）丙取得所有權

動產之受讓人占有動產，而受關於占有規定之保護者，縱讓與人無移轉所有權之權利，受讓人仍取得其所有權（民法第801條）。以動產所有權，或其他物權之移轉或設定為目的，而善意受讓該動產之占有者，縱其讓與人無讓與之權利，其占有仍受法律之保護（民法第948條第1項本文）。如題意所示，乙與丙間之買賣契約，其為負擔行為，不以有處分權為必要，故乙出賣甲所有之鑽石與丙，其買賣契約有效。乙未經甲之同意，將該鑽石，以市價出賣於不知情之丙，並交付買賣價金與乙。丙為善意，善意受讓與善意取得該鑽石所有權。

（二）請求權競合說

無法律上之原因而受利益，致他人受損害者，應返還其利益（民法第179條本文）。受領人於受領時，知無法律上之原因或其後知之者，應將受領時所得之利益，或知無法律上之原因時所現存之利益，附加利息，一併償還；如有損害，並應賠償因故意或過失，不法侵害他人之權利者，負損害賠償責任。因故意或過失，不法侵害他人之權利者，負損害賠償責任（民法第184條第1項前段）。準此，乙未經甲之同意，將該鑽石，以市價出賣於丙，取得該鑽石之買賣價金，為無法律上之原因而受利益，致甲受有損害，應返還其所受之買賣價

金與甲，並附加利息一併償還，倘有損害並應賠償。因乙故意不法侵害甲之鑽石所有權，乙應負侵權行為之損害賠償責任。準此，甲得依民法第179條本文之不當得利請求權規定與第184條第1項前段侵權行為損害賠償請求權規定，依請求權競合說，擇一或合併請求，對乙主張權利。

陸、實務見解

一、故意以背於善良風俗之方法

故意以背於善良風俗之方法，加損害於他人者，負損害賠償責任（民法第184條第1項後段）。債務人將其不動產出賣於債權人，在所有權移轉登記前，另依其他原因移轉登記與第三人者，除負違約責任外，雖未成立侵權行為餘地。然第三人與債務人合謀以贈與契約，將該不動產移轉登記與第三人，故意使債權人與債務人之買賣債權陷於給付不能，第三人之行為有違國民之一般道德觀念，致債權人因此所受損害，得依民法第184條第1項後段規定，請求第三人賠償[31]。

二、從事一定職業者之社會活動安全注意義務

侵權行為之成立，須有加害行為，所謂加害行為包括作為與不作為，其以不作為侵害他人之權益而成立侵權行為者，以作為義務之存在為前提。此在毫無關係之當事人間，原則上固無防範損害發生之作為義務，惟基於法令之規定，或依當事人契約之約定、從事一定營業或專門職業之人、自己危險之前行為、公序良俗而有該作為義務者，亦可成立不作為之侵權行為。經營商店者，既開啟往來交易，引起正當信賴，基於侵權行為法旨在防範危險之原則，對於其管領能力範圍內之營業場所及周遭場地之相關設施，自負有維護、管理，避免危險發生之。其於設施損壞時，可預期發生危險，除應儘速或通知修復，而於修復前，並應採取適當措施，如固定、隔離或設置警告標示，以降低或避免危險發生之可能性，其未為此應盡之義務，即有過失[32]。

---

[31] 最高法院110年度台上字第2460號民事判決。
[32] 最高法院106年度台上字第1148號民事判決。

三、保護他人之法律

　　法律另有規定者外，非銀行不得經營收受存款（銀行法第29條第1項）。此項規定，旨在保障存款人權益，使其免受不測之損害，自屬保護他人之法律。銀行法第29條之1規定，以借款、收受投資、使加入為股東或其他名義，向多數人或不特定之人收受款項或吸收資金，而約定或給付與本金顯不相當之紅利、利息、股息或其他報酬者，以收受存款論。係為保障社會投資大眾之權益，及有效維護經濟金融秩序，而將此種脫法收受存款行為擬制規定為收受存款。準此，故有違反銀行法而造成損害，違反銀行法之人均應負損害賠償責任[33]。

習　題

一、一般侵權行為之定義與類型。

　　提示：民法第184條第1項前段、第184條第1項後段、第184條第2項。

二、說明違反保護他人之法律之定義。

　　提示：所謂違反保護他人之法律，係指以保護他人為目的之法律，即一般防止妨害他人權益或禁止侵害他人權益之法律而言；或雖非直接以保護他人為目的，而係藉由行政措施以保障他人之權利或利益不受侵害者，亦屬之。

三、說明責任能力、侵權行為能力及識別能力。

　　提示：所謂責任能力或侵權行為能力，係指侵權行為人有負擔損害賠償之能力。所謂識別能力，係指識別自己行為之結果能力，其為個人對自己行為有判斷識別其法律效果之精神能力。

---

[33] 最高法院103年度台上字第1198號民事判決。

四、說明相當因果關係。

提示：所謂相當因果關係，係指依經驗法則，綜合行為當時所存在的一切事實，為客觀事後審查，認為在一般之情形，有此環境、有此行為之同一條件，均可發生同一的結果者，該條件與結果之發生即具相當性，行為與結果即有相當因果關係。

第七節

特殊侵權行為

關鍵詞：商品、消費者、公務員、承攬人、定作人、僱用人、受僱人、占有人、所有人、造意人、幫助人、工作物、建築物、國家賠償、執行職務、監督責任、中間責任、衡平責任、公共設施、行使公權力、行為關連共同、法定代理人、共同加害行為、共同危險行為、舉證責任倒置、附帶民事訴訟、不真正連帶債務

例題20

　　試問下列情況,是否發生侵權行為責任?(一)地政機關之公務員甲,疏忽而錯誤,導致土地所有權人乙之面積有短少,所有權人乙有何權利得主張之?(二)丙依據侵權行為法律關係,向某人請求損害賠償,地方法院法官丁判決丙敗訴,丙不服上訴,經高等法院廢棄該判決,改判丙勝訴確定在案,並命丁應給付新臺幣100萬元確定在案,丙得否向地方法院或法官丁請求賠償?

例題21

　　甲、乙共同毆傷丙,丙對甲、乙提起刑事告訴,經檢察官提起公訴,丙於刑事訴訟程序中以甲、乙為共同侵權行為人為由,對該二人附帶提起民事訴訟。就刑事部分而言,甲經刑事庭為有罪判決,乙則以通緝報結;判決之犯罪事實論及乙係與甲共同犯罪之人。試問刑事庭得否將丙對甲、乙所提起之附帶民事訴訟,依刑事訴訟法第504條第1項規定全部裁定移送民事庭?

例題22

　　甲擔任A公司之名義負責人,甲基於幫助詐欺取財之故意,以A公司之名義向B商業銀行申請支票帳戶,並將聲請之支票本與印章,交付詐欺集團成員乙使用。乙持經其背書之支票,向丙借款新臺幣(下同)100萬元,丙為此交付100萬元與乙,嗣因支票經丙提示未獲兌現。試問丙依據侵權行為之法律關係,請求甲與乙應共同給付損害賠償100萬元,有無理由?

例題23

有識別能力之未成年人甲騎乘機車至路口時,因過失撞及路人乙,致乙受傷。試問乙請求甲、甲之父丙、甲之母丁就其所受損害負賠償責任,甲、丙、丁三人應如何賠償?

例題24

甲為乙公司之業務員,某日甲因公司規定之上班時間將屆,為免於遲到,超速駕駛自己所有之機車,過失撞傷丙。試問丙請求甲與乙公司連帶賠償其損害,乙公司拒絕負連帶賠償責任,是否有理?

例題25

甲為獨資商號A之實際負責人乙所僱用,從事載運商號貨物之大貨車駕駛業務,而獨資商號A於主管機關登記之名義負責人為丙。某日甲駕駛外觀上印有獨資商號A名義之大貨車執行載送貨物業務,過程間因過失撞傷丁,致丁受有損害。試問丙是否應負民法第188條第1項僱用人之責任?理由為何?

例題26

甲為乙承攬建造建築物,甲之受僱人丙於施工期間,負責鷹架之安置,因建築工地未做好防護設施,導致建築鷹架倒塌,擊傷路過之丁,造成丁為此支出醫療費用。試問丁應向何人請求損害賠償,理由為何?

壹、共同侵權行為（98年司法人員四等）

一、特殊侵權行為之類型

類型	義務人	責任範圍	法條依據
共同侵權行為	共同行為人	連帶負損害賠償	民法第185條
公務員侵權行為	公務員因違背職務之行為	故意或過失之損害賠償	民法第186條、國家賠償法第2條
法定代理人責任	無行為能力人、限制行為能力人、法定代理人	連帶負損害賠償、推定過失責任、衡平責任	民法第187條
受僱人責任	受僱人、僱用人，僱用人有求償權。	連帶負損害賠償、推定過失責任、衡平責任	民法第188條
定作人責任	定作人	損害賠償	民法第189條
動物占有人責任	動物占有人	損害賠償、推定過失責任、求償權	民法第190條
工作物所有人責任	工作物所有人	損害賠償、推定過失責任、求償權	民法第191條
商品製造人責任	商品製造人、商品輸入業者	損害賠償、推定過失責任	民法第191條之1第1項本文
動力車輛駕駛人責任	動力車輛駕駛人	損害賠償、推定過失責任	民法第191條之2
一般危險之責任	經營一定事業或從事其他工作或活動之人	損害賠償、推定過失責任	民法第191條之3
醫療責任	病患與醫師或醫療機構	契約責任與侵權責任	民法第184條、醫療法第82條

二、共同侵權行為要件

（一）共同加害行為

　　數人共同不法侵害他人之權利或利益者，該等共同侵害行為人連帶負損害賠償責任，此為共同加害行為（民法第185條第1項前段）。例如，甲與丙為鄰居，長期為停車位而爭執，某日因細故而爭吵，甲與其子乙各持木棒毆打丙，導致丙多處有擦傷，故甲與乙共同侵害丙之身體權與健康權，應對丙連帶負損害賠償責任。

（二）共同危險行為（105年司律）

不能知其中孰為加害人者時，該等共同危險行為人，應負連帶責任，此為共同危險行為（民法第185條第1項後段）。例如，甲將其申設之土地銀行帳戶交與詐欺集團供詐騙所得入帳之用，雖未全程參與詐騙原告之過程，然其與詐欺集團其餘成員彼此利用他人之行為，以達其目的，仍應為共同侵權行為人，甲自應與其他詐欺集團成員，就被害人所受損害，負連帶賠償責任。

（三）造意人及幫助人

造意人及幫助人，視為共同行為人，就被害人所受損害，負連帶賠償責任（民法第185條第2項）。所謂造意人，係指對於本無加害他人意思之人，教唆其侵害他人權益，致其為加害他人之行為，而造成損害他人權益之結果。所謂幫助人，係指其於他人為侵權行為之際，與以助力，使他人易於實施侵權行為。例如，甲與乙因故爭吵，丙於現場提供球棒與甲，甲持球棒打傷乙，丙為幫助人，甲與丙就被害人乙所受損害，負連帶賠償責任。

二、行為關連共同

民事上共同侵權行為與刑事上之共同正犯，其構成要件並不完全相同，民事共同侵權侵權行為人間不以有意思聯絡為必要，數人因故意或過失不法侵害他人之權利，倘各行為人之故意或過失行為，均為其所生損害共同原因，即所謂行為關連共同，應成立共同侵權行為，各故意或過失行為人對於被害人應負全部損害之連帶賠償責任[1]。而共同侵權行為之成立，必共同行為人均已具備侵權行為之要件，且以各行為人故意或過失不法之行為，均係所生損害之共同原因，始克成立[2]。例如，甲、乙駕車因過失發生車禍，導致路人丙、乘客丁受有傷害，甲、乙應對丙及丁之損害，負連帶損害賠償責任。

---

[1] 最高法院101年度台抗字第493號民事裁定、104年度台上字第1994號民事判決。

[2] 最高法院106年度台上字第2063號民事判決。

貳、公務員侵權責任

一、要件

公務員（official）因故意違背對於第三人應執行之職務，致第三人受損害者，負賠償責任（民法第186條第1項前段）。所謂職務者，係指公法上之職務而言，倘屬私法上之職務，則非職務之範圍。公務員因過失者，以被害人不能依他項方法受賠償時爲限，負其責任（第1項後段）。被害人得依法律上之救濟方法，除去其損害時，而因故意或過失不爲之者，公務員不負賠償責任（第2項）。所謂公務員，係指適用於受有俸給之文武職公務員及公營事業機構純勞工以外之人員（公務員服務法第2條第1項）。前項適用對象不包括中央研究院未兼任行政職務之研究人員、研究技術人員（第2項）。

二、國家賠償法

（一）公務員過失行為

國家賠償法前於1981年7月1日施行，被害人得依該法規定，以公務員因過失違背對於第三人應執行之職務，導致其權利受損害，而請求國家賠償[3]。被害人不得逕向公務員請求賠償。是被害人怠於向國家請求賠償損害，致其請求權罹於時效時，自不得請求有過失之公務員賠償[4]。

（二）公務員故意行為

1. 不眞正連帶債務關係

本法所稱公務員者，謂依法令從事於公務之人員（國家賠償法第2條第1項）。公務員於執行職務行使公權力時，因故意或過失不法侵害人民自由或權利者，國家應負損害賠償責任。公務員怠於執行職務，致人民自由或權利遭受損害者亦同（第2項）。前項情形，公務員有故意或重大過失時，賠償義務機關對之有求償權（第3項）。

---

[3] 最高法院87年度台上字第473號、100年度台上字第1903號民事判決。
[4] 最高法院105年度台上字第538號民事判決。

例如，公務員因故意違背對於第三人應執行之職務，致第三人受損害時，該公務員依民法第186條第1項規定所負損害賠償責任，其與國家依國家賠償法第2條第2項規定所負賠償責任，因對於被害人負同一給付目的，固屬不真正連帶債務關係。國家賠償法第2條第3項明定於此情形，賠償義務機關得對公務員行使求償權，是於被害人免除公務員所負債務時，其免除之效力及於國家[5]。

2. 國家並無內部分擔責任

公務員於執行職務行使公權力，不法侵害他人權利，此時為侵權行為之人係該公務員，至被害人得依國家賠償法第2條第2項規定，向國家機關請求損害賠償乃基於國家賠償法之規定，該國家機關與普通自然人間並無行為關聯共同，是國家機關與普通自然人對被害人無同負民法第185條共同侵權行為連帶賠償責任之餘地。而連帶債務須法律有明文規定，或當事人間有明示之合意，始得成立（民法第272條）。準此，普通自然人與國家機關給付目的雖屬同一，然其係本於不同之法律原因，其等間僅為不真正連帶債務，而不真正連帶債務並無內部分擔之問題，倘該第三人先為賠償被害人時，自不得向國家機關請求內部分擔責任[6]。

三、公務員之侵權行為與責任類型

行為類型	責任類型	法條依據
無關職務行為	一般侵權責任	民法第184條。
職務範圍行為	特殊侵權責任	民法第28條、第184條、第186條；國家賠償法第2條、第3條。例如，法人對於其董事或其他有代表權之人因執行職務所加於他人之損害，與該行為人連帶負賠償之責任（民法第28條）。倘公法人之代表人因執行職務所加於他人之損害，公法人與其人連帶負賠償之責任。

5　最高法院110年度台上字第118號民事判決。
6　臺灣高等法院暨所屬法院89年法律座談會民事類提案第3號。

參、法定代理人責任（97、99、105、108年司法人員四等；110年司律）

一、監督責任

（一）連帶責任與單獨責任

1. 行使親權之父母

父母對於未成年子女，有保護及教養之權利義務（民法第1084條第2項）。除另有規定外，監護人於保護、增進受監護人利益之範圍內，行使、負擔父母對於未成年子女之權利、義務（民法第1097條第1項本文）。是無行爲能力人或限制行爲能力人，不法侵害他人之權利者，以行爲時有識別能力（capable of discernment）爲限，與其法定代理人（guardian）連帶負損害賠償責任。行爲時無識別能力者，由其法定代理人單獨負損害賠償責任，行爲人不負責任（民法第187條第1項）。

2. 未行使親權之父母

父母對於未成年子女，有保護及教養之權利義務（民法第1084條第2項）。此項因身分關係所生之權利義務，性質上固不得拋棄，然夫妻協議離婚後，對於未成年子女權利義務之行使或負擔，依同法第1055條第1項規定，得約定由一方任之，故他方親權之行使即暫時停止，此與親權之拋棄有別。而親權之行使暫時停止之一方，既無從對於未成年子女爲監督，當然不能令其就該未成年子女之侵權行爲負責賠償[7]。

（二）法定代理人盡監督之責

法定代理人監督並未疏懈，或縱加以相當之監督，仍不免發生損害者，不負賠償責任（民法第187條第2項）。因法定代理人所以應負賠償責任，係法律課與監督之責，是法定代理人之監督並未疏懈，或縱加以相當之監督，仍不免發生損害者，自不負賠償責任。法定代理人之責任並非純粹之過失責任，亦非純粹之無過失責任，其責任屬

---

[7] 最高法院80年台上字第1327號民事判決。

中間責任，適用過失推定。例如，限制行為能力人甲於承租房屋內自殺，並未致該房有何物理上毀損，且甲之法定代理人承租房屋後，不時前往探視、關心甲生活起居，已盡善良管理人之注意義務。是甲之法定代理人對限制行為能力人之監督如未鬆懈，或縱加以相當之監督仍不免發生損害者。準此，出租人請求甲之法定代理人賠償房屋價值變動差額之損失，甲之法定代理人不負賠償責任[8]。

二、衡平責任

行為人於行為時無識別能力，法定代理人亦具備免責要件，對被害人而言，殊屬不公，是法院因被害人之聲請，得斟酌行為人及其法定代理人與被害人之經濟狀況，令行為人或其法定代理人為全部或一部之損害賠償，此為所謂之衡平責任（民法第187條第3項）。例如，無行為能力人之幼兒打傷其同伴，該幼兒於行為時無識別能力，法定代理人委任具有專業證照之褓姆照顧該幼兒，法定代理人監督並未疏懈，該幼兒與其法定代理人雖可不負損害賠償責任，然法院因被害人之聲請，得命行為人或其法定代理人為全部或一部之損害賠償。再者，原非無行為能力或限制行為能力之人，在無意識或精神錯亂中所為之行為致第三人受損害時，自應令行為人為全部或一部之損害賠償（第4項）。例如，行為人因酒醉倒地，撞傷旁人，雖係在無意識所為之行為，致第三人受損害時，法院應令行為人為全部或一部之損害賠償。

三、賠償責任之範圍

賠償責任與免責	法條依據
行為人有識別能力時，其與法定代理人連帶負損害賠償責任。	民法第187條第1項前段
行為人無識別能力時，僅法定代理人負損害賠償責任。	民法第187條第1項後段
法定代理人有善盡監督責任，其不負損害賠償責任。	民法第187條第2項

---

[8]　最高法院105年度台上字第1139號民事裁定。

賠償責任與免責	法條依據
行為人與法定代理人均可免責時，法院得命行為人或法定代理人為全部或一部之損害賠償。	民法第187條第3項
行為人無意識或精神錯亂時，法院得命行為人為全部或一部之損害賠償。	民法第187條第4項

肆、受僱人責任（97、101年司法人員四等；98年司法人員三等；110年司律）

一、監督責任

（一）保護被害人之目的

　　民法第188條規定僱用人與受僱人應負連帶侵權責任，其立法目的係為保護被害人，避免被害人向資力較薄弱之受僱人求償無門，故使被害人得向較具資力之僱用人請求損害賠償。且僱用他人而擴大活動範圍並獲取利益，僱用人就受僱人因執行職務不法侵害他人之權利者，倘選任受僱人及監督其職務之執行，未盡相當之注意時，自應由僱用人與行為人連帶負損害賠償責任，以符合公平原則。

（二）連帶負損害賠償責任

　　受僱人（employee）因執行職務，不法侵害他人之權利者，由僱用人（employer）與行為人連帶負損害賠償責任（民法第188條第1項本文）。例如，貨運公司司機在運送貨物期間，因過失撞傷行人，貨運公司與司機連帶負損害賠償責任。例外情形，係選任受僱人及監督其職務之執行，已盡相當之注意或縱加以相當之注意而仍不免發生損害者，僱用人不負賠償責任（第1項但書）[9]。例如，貨運公司之工作規則，禁止司機於下班後駕駛公司卡車，並實施門禁與車輛管制，司機違反工作規則及門禁與車輛管制，其在下班後，未經公司同意，駕駛公司卡車發生車禍，致他人受有損害，因貨運公司已盡監督之責，

---

[9] 最高法院100年度台上字第609號、100年度台上字1314號、111年度台上字第737號民事判決。

其不負損害賠償責任。所謂受僱人，並非限於僱傭契約所稱受有報酬之受僱人，凡客觀上被他人使用爲之服務勞務而受其監督者均係受僱人[10]。例如，甲雖非貨運公司之受僱司機，然受貨運公司委任運送貨物，其於運送貨物期間，受貨運公司指揮監督與調派，甲在運送公司貨物期間，駕駛自用貨車撞傷路人，貨運公司與甲負連帶負損害賠償責任。

（三）律師與當事人間委任關係

律師雖受當事人委任，代理爲程序行爲，然兩者間屬於委任關係，律師就訴訟、非訟程序之進行，具有高度之判斷餘地，當事人因欠缺法律知識，難以指揮、監督律師之行爲，且律師以保障人權、實現社會正義及促進民主法治爲使命，律師應基於前開使命，本於自律自治之精神，誠正信實執行職務，維護社會公義及改善法律制度（律師法第1條）。準此，律師不僅是爲當事人服務，亦有在野法曹的公益角色，是律師爲侵權行爲時，該當事人並非僱用人，律師亦非當事人之受僱人[11]。

二、執行職務範圍

（一）以受僱人之客觀行爲作判斷

執行職務範圍，除執行所受命令或受委託之職務本身外，倘受僱人濫用職務或利用職務上之機會及與執行職務之時間或處所有密切關係之行爲，在客觀上足認爲與其執行職務有關，而不法侵害他人之權利者，縱使係爲自己利益，亦包括在內[12]。申言之，民法第188條第1項所稱之執行職務，應以客觀說爲判斷標準，不問僱用人與受僱人之意思如何，係以行爲之外觀斷之，受僱人是否執行職務，悉依客觀事實決定。倘受僱人之行爲外觀，具有執行職務之形式，在客觀上足以認定其爲執行職務者，就受僱人濫用職務行爲、怠於執行職務行爲、

---

[10] 最高法院57年台上字第1663號民事判決。
[11] 臺灣臺北地方法院110年度訴字第4383號民事判決。
[12] 最高法院110年度台上字第2116號民事判決。

利用職務上之機會、執行職務之時間或處所有密切關係之行為，均應涵攝在執行職務範圍內[13]。舉例說明如後：1.貨運司機於上班期間，駕駛公司之車輛訪友；2.貨運司機駕駛公司之車輛至車輛修護廠，進行保養或修理；3.貨運司機於下班後，駕駛公司之車輛回家。

（二）非執行職務範圍

倘客觀上並不具備受僱人執行職務之外觀，或係受僱人個人之犯罪行為而與執行職務無關者，不適用民法第188條第1項規定[14]。例如，擔任餐廳之服務生，其職務在於服務至餐廳之消費者，縱使在上班期間或在餐廳內殺害他人，不論是否為消費者，受僱人個人之殺人犯罪行為而與執行職務無關者，且衡諸常情，該犯罪行為之發生，顯非僱用人所得預期之職務監督範圍，故不適用民法第188條第1項規定，僱用人與行為人無須負連帶損害賠償責任。

三、選任受僱人及監督其職務之執行

（一）應盡選任與監督之注意義務

僱用人之責任，在於選任受僱人及監督其職務之執行，未盡相當注意為依據。是僱用人於證明其選任受僱人及監督其職務之執行，已盡相當之注意，或縱加以相當之注意而仍不免發生損害者，即可認定僱用人之監督並未疏懈，或雖加以相當之監督，然不免發生損害，僱用人自不負賠償責任。準此，僱用人之責任屬中間責任，非為自己行為負責，而是為他人行為負責。

（二）應預防受僱人執行業務發生危害

僱用人對於受僱人執行業務本負有監督之責，此項責任，並不因受僱人在被選任前，已否得主管機關之准許而有差異。因主管機關之准許，係僅就其技術以為認定，而其人之詳慎或疏忽，仍屬僱用人之監督範圍，僱用人未盡監督之責，任由性情疏忽之受僱人執行業務，是顯有過失，由此過失而生之侵權行為，自不能免責。法律上所謂僱

---

[13] 最高法院90年度台上字第1991號民事判決。
[14] 最高法院100年度台上字第609號民事判決。

用主必須注意之趣旨，係預防受僱人執行業務發生危害之意，故注意範圍，除受僱人之技術是否純熟外，亦須就其人之性格，是否謹慎精細加以注意[15]。例如，客運或貨運公司除應僱用有專業證照與技術之司機外，為避免司機酒駕或逾時工作，發生危險駕駛之情事，應制定工作規則規範，並建置專人與設施負責指揮、監督，以預防受僱司機執行業務時，發生危害他人之事由。

（三）客觀上有效與具體之監督

　　所謂盡監督行為，係指僱用人應有積極、具體、有效之監督措施，並非僅要求一般性、抽象性之宣示性規範。而採取必要之監督措施，係指該監督措施，客觀上足認為必要之措施，而為足以有效與具體措施。倘僅採取一般性、抽象性之注意、警告措施，則未盡監督行為。例如，僱用人與受僱人簽訂聘僱契約書，固有約定受雇人不得將前僱用人之機密資料洩漏或使用與僱用人或於工作中使用。然此僅為一般性、抽象性之宣示性規範，並非積極、具體及有效之監督行為。僱用人應有後續實質管理動作，以盡合理之監督管理責任。

四、衡平責任

　　僱用人能舉證而免除與受僱人之連帶責任時，導致被害人不能受損害賠償時，為保護受害人，法院因其聲請，得斟酌僱用人與被害人之經濟狀況，令僱用人為全部或一部之損害賠償，此為僱用人之衡平責任（民法第188條第2項）。僱用人賠償損害時，對於為侵權行為之受僱人，有求償權（第3項）。僱用人應對受僱人之行為負責之故，係因保護被害人，受僱人始為實際之侵權行為人，是僱用人賠償損害時，對於為侵權行為之受僱人，有求償權。僱用人與受僱人對外雖負連帶賠償責任，然就內部關係而言，僱用人無分擔之責任。例如，貨運公司司機因執行職務發生他人損害，貨運公司與貨運司機依民法第188條第1項本文規定，應負連帶賠償責任，貨運公司賠償受害人損害後，對受僱司機有求償權。

---

[15] 最高法院94年度台上字第2128號民事判決。

五、僱用人之賠償責任範圍

賠償責任與免責	法條依據
僱用人負連帶損害賠償責任	民法第188條第1項本文
僱用人不負損害賠償責任	民法第188條第1項但書
僱用人為全部或一部之損害賠償	民法第188條第2項
僱用人之求償權	民法第188條第3項

六、法人侵權責任

　　法人之董事或其他有代表權之人為法人之代表機關，其基於權限所為之行為，實為法人本身之行為，倘有違法行為，法人自應負侵權行為責任，並與該行為人負連帶賠償責任（jointly liable）。法人董事或其他有代表權之人，包括雖未經登記為董事，然實際為該法人之負責人即有權代表法人之實質董事在內[16]。法人依民法第26條至第28條規定，其為權利之主體，有享受權利之能力；為從事目的事業之必要，有行為能力，亦有責任能力[17]。法人之侵權行為能力之要件如後（民法第28條）：（一）須為董事或其他代表權之人行為，倘為無代表權之職員所為，應適用民法第188條規定之僱用人責任；（二）須由於執行職務加害於他人。所謂職務之行為包括職務本身行為及與職務有牽連之行為；（三）須其行為具備一般侵權行為要件，故董事或其他代表權人須因故意或過失，導致他人之權利或利益受有損害，而所侵害之客體為私權（民法第184條）。舉例說明如後：（一）法人之董事及有代表權之人，因個人之犯罪行為而害及他人之權利者，其與執行職務無關者，被害人不得請求法人負連帶賠償責任；（二）法人董事及有代表權之人違反稅法逃漏稅款，致國家受有損害，因所侵害者為公權，法人自無須負侵權行為之責任。

---

[16] 最高法院101年度台抗字第861號民事裁定。
[17] 最高法院108年度台上字第2035號民事判決。

七、董事與僱用人之侵權責任比較

	董事責任	僱用人責任
侵權要件	1. 董事或其他有代表權之人 2. 具備一般侵權行為要件 3. 須因執行職務	1. 受僱人 2. 具備一般侵權行為要件 3. 須因執行職務
法條依據	民法第28條、第184條	民法第184條、第188條
性質	法人自己責任	僱用人對受僱人行為負責
效力	不得舉證免責	選任受僱人及監督其職務之執行，已盡相當之注意或縱加以相當之注意而仍不免發生損害者，僱用人不負賠償責任（民法第188條第1項但書）。
	董事與法人之關係，通說認為類似委任契約，應類推適用委任之關係。受任人因處理委任事務有過失，或因逾越權限之行為所生之損害，對於委任人應負賠償之責（民法第544條）。	僱用人賠償損害時，對於為侵權行為之受僱人，有求償權（民法第188條第3項）。

八、僱用人援引受僱人之時效抗辯（106年司律）

　　按連帶債務人中之一人消滅時效已完成者，依民法第276條第2項規定，固僅該債務人應分擔之部分，他債務人同免其責任。惟民法第188條第3項規定，僱用人賠償損害時，對於侵權行為之受僱人有求償權，僱用人與受僱人間並無應分擔部分可言。倘被害人對為侵權行為之受僱人之損害賠償請求權消滅時效業已完成，僱用人自得援用該受僱人之時效利益，拒絕全部給付，不以該受僱人已為時效抗辯為必要[18]。

九、營業名稱出借人之責任

　　民法第188條僱用人責任之規定，係為保護被害人而設，故所稱之受僱人，應從寬解釋，不以事實上有僱傭契約者為限，凡客觀上被

[18] 最高法院95年度台上字第1235號民事判決。

他人使用，爲之服勞務而受其監督者，均係受僱人。而將營業名稱借與他人使用，其內部縱僅對於未具有信用或營業資格者，借與信用或資格，或係爲達逃避僱用人責任之目的所爲之脫法行爲。然就外觀而言，其是否借與營業名義，仍具有選任之關係，且借與名義，並可中止其借用關係，無形中對該借用名義者之營業使用其名義，自有監督關係，是兩者間存有選任、服勞務及監督關係，其與僱傭相同。因之對於該借用名義者，對第三人所致之損害，借與名義者應負僱用人之責任[19]。

伍、定作人責任

一、承攬人執行承攬事項

　　所謂承攬者，係指當事人約定，一方爲他方完成一定之工作，他方俟工作完成，給付報酬之契約（民法第490條第1項）。承攬人（undertaker）因執行承攬事項，不法侵害他人之權利者，定作人（proprietor）不負損害賠償責任（民法第184條、第189條本文）。因承攬人執行承攬事項，有其獨立自主之地位，定作人對於承攬人並無監督或選任之義務，自不能課與防範承攬人執行承攬事項不法侵害他人權利之擔保責任。

二、定作人於定作或指示有過失

　　承攬人原則對於承攬人因執行承攬事項不法侵害他人之權利者，不負損害賠償責任。例外情形，係定作人於定作或指示有過失者，不在此限（民法第184條、第189條但書）。舉例說明如後：（一）定作人定作高層建築物時，該工程之開挖施工足以動搖損壞鄰地房屋，爲一般人皆知之事。故定作人委託建築師設計及交付承攬人施工時，均應注意建築師及承攬人之能力，並應注意工程之進行安全，以免加害於鄰地，倘怠於此注意，即爲定作或指示有過失[20]；

---

[19] 最高法院86年度台上字第332號民事判決。
[20] 最高法院74年度台上字第1458號民事判決。

（二）承攬人於施工期間，因其施工不慎，導致鄰地之建物倒塌，承攬人固自應負損害賠償責任。惟承攬人已於施工前告知定作人，應改變承作計畫範圍，否則將有導致鄰地下陷之危險，定作人堅持按原施工圖施作，則定作人應負損害賠償責任[21]。

三、定作過失與指示過失之區別

定作過失與指示過失，係定作人應負損害賠償之要件，倘承攬人於承攬事項有故意或過失，定作人與承攬人應依民法第185條規定負連帶賠償責任。所謂定作有過失者，係指定作之事項，具有侵害他人權利之危險性，因承攬人之執行，果然引起損害之情形。所謂指示有過失者，係指定作雖無過失，然指示工作之執行有過失之情形而言。準此，故定作過失及指示過失，係二個不同之負責態樣。

陸、動物占有人責任

一、中間責任

所謂飼主，係指動物之所有人或實際管領動物之人；飼主應防止其所飼養動物無故侵害他人之生命、身體、自由或財產（動物保護法第3條第7款、第7條）。動物加損害於他人者，由其占有人（possessor）負損害賠償責任（民法第190條第1項本文）。例外情形，依動物之種類及性質已為相當注意之管束，或縱為相當注意之管束而仍不免發生損害者，不在此限，故動物占有人負中間責任（第1項但書）。受僱人、學徒、家屬或基於其他類似之關係，受他人之指示，而對於物有管領之力者，僅該他人為占有人（民法第942條）。準此，以實際上之管領之力而言，占有人包含占有輔助人。例如，遊客不顧動物園設置之安全設施及警告，擅自進入安全設施內，遭園區之動物咬傷，動物園毋庸負責。

---

[21] 最高法院99年度台上字第1258號民事判決。

二、求償權

動物係由第三人或動物之挑動，致加損害於他人者，其占有人對於第三人或動物之占有人，有求償權。例如，甲故意破壞安全設備，導致動物逃離而咬傷遊客乙，動物園賠償後，自得向甲求償（民法第190條第2項）。占有人對於第三人或動物之占有人之求償權消滅時效，應適用15年（民法第125條）。

三、動物占有人之賠償責任範圍

賠償責任與免責	法條依據
動物占有人負損害賠償責任	民法第190條第1項本文
動物占有人不負損害賠償責任	民法第190條第1項但書
動物占有人之求償權	民法第190條第2項

柒、工作物所有人責任

一、成立要件

土地上之建築物或其他工作物所致他人權利之損害，由工作物之所有人（owner）負賠償責任（民法第191條第1項本文）。但其對於設置或保管並無欠缺，或損害非因設置或保管有欠缺，或於防止損害之發生，已盡相當之注意者，不在此限（第1項但書）。損害之發生，有應負責任之人時，賠償損害之所有人，對於該應負責者，有求償權（第2項）。例如，房屋外牆磁磚剝落之原因，係因承攬人施工不慎所致，房屋所有人得向承攬人求償。民法第191條之建築物或工作物所有人責任，係基於社會安全義務而設。民法第191條第1項本文所保護之法益，僅限於權利，並不及於權利以外之利益，係學說所稱之純粹經濟上損失或純粹財產上損害[22]。

---

[22] 最高法院105年度台上字第2320號民事判決。

二、善良管理人之注意

　　所謂相當之注意，係指善良管理人之注意。除建築物所有人能舉證證明其就建築物之設置、保管或防止損害發生，已盡善良管理人之注意，得免負侵權行為損害賠償責任者外，對於建築物缺失所造成他人之損害，即依法推定建築物所有人有過失，應負侵權行為損害賠償責任。且建築物設置及保管缺失之所有人責任，並不以其係由所有人占有中，或其欠缺為損害發生之唯一原因為必要，倘建築物之缺陷與第三人之行為相結合而發生損害之結果，而所有人不具備民法第191條第1項但書規定之免責要件者，即應負該條規定之賠償責任。縱使該第三人亦具備侵權行為要件，對被害人應負損害賠償責任，僅係建築物所有人向被害人負賠償責任後，得依民法第191條第2項規定，向該第三人為求償之問題，並非建物所有人因而免責[23]。

三、設置或保管有欠缺

　　土地上之建築物或其他工作物之設置或保管有欠缺，自不以其本體之崩壞或脫落瑕疵為限，舉凡建築物或工作物缺少通常應有之性狀或設備，以致未具備可合理期待之安全性者，均應包括在內。所謂設置有欠缺，係指土地上之建築物或其他工作物，其於建造之初即存有瑕疵而言。保管有欠缺者，係指於建造後未善為保管，致其物發生瑕疵而言[24]。例如，房屋之外牆磁磚剝落，擊中路人導致受傷，房屋所有人應負損害賠償責任。再者，設置或保管是否有欠缺，應依建築物或工作物之所在地及其種類、目的，客觀加以判斷之[25]。例如，為確保建築物或工作物安全而制定之建築法令、建築技術成規、安全檢查規則，固可供具體認定所有人是否已盡設置及保管責任之證據，然非可謂所有人於防止損害之發生，已盡相當注意義務而可免責[26]。

---

[23] 最高法院109年度台上字第1438號民事判決。
[24] 最高法院105年度台上字第170號民事判決。
[25] 最高法院105年度台上字第2320號民事判決。
[26] 最高法院105年度台上字第170號民事判決。

四、工作物之範圍

　　所謂土地上之工作物，係指以人工作成之設施，建築物係其例示項目。而建築物內部或外部之設備，如天花板、樓梯、電梯、水電配置管線設備等項目，屬建築物之成分者，為建築物之一部，應包括在內[27]。再者，因機器或設備未安裝於土地而易於移動者，並非土地上之工作物[28]。

五、國家之損害賠償責任

（一）公共設施之設置或管理

　　公共設施因設置或管理有欠缺，致人民生命、身體、人身自由或財產受損害者，國家應負損害賠償責任（國家賠償法第3條第1項）。例如，公共道路因下雨塌陷，導致行經之車輛或路人受傷，倘係該道路設置或管理有欠缺，國家應負損害賠償責任。前項設施委託民間團體或個人管理時，因管理欠缺致人民生命、身體、人身自由或財產受損害者，國家應負損害賠償責任（第2項）。例如，政府機關將公園交由民間團體管理，因公園之遊樂設施管理有欠缺，導致有兒童受傷，自應由委託之政府機關負損害賠償責任。

（二）開放自然公物與其設施

　　前二項情形，其於開放之山域、水域等自然公物，經管理機關、受委託管理之民間團體或個人已就使用該公物為適當之警告或標示，而人民仍從事冒險或具危險性活動，國家不負損害賠償責任（國家賠償法第3條第3項）。例如，管理機關就開放之河流，提供國人作休閒活動之用途，因該河流不穩定，常使遊客發生意外，管理機關雖就使用該河流為禁止涉水之警告標示，仍有遊客從事涉水之冒險或具危險性活動，導致發生意外，管理機關不負損害賠償責任。第1項及第2項情形，其於開放之山域、水域等自然公物內之設施，經管理機關、受委託管理之民間團體或個人已就使用該設施為適當之警告或標

---

[27] 最高法院95年度台上字第310號民事判決。
[28] 最高法院107年度台上字第1611號民事判決。

示，而人民仍從事冒險或具危險性活動，得減輕或免除國家應負之損害賠償責任（第4項）。例如，管理機關就開放山域之觀景台，有禁止倚靠欄杆之標示，人民仍有倚靠欄杆之危險性活動，得減輕或免除管理機關應負之損害賠償責任。

（三）國家之求償權

第1項、第2項及第4項情形，就損害原因有應負責任之人時，賠償義務機關對之有求償權（國家賠償法第3條第5項）。例如，就公共設施之設置或管理，有工程機構負責維護，該工程機構維護不當者，導致使用者發生受傷之情事，經賠償義務機關經賠償後，國家對該工程機構有求償權。

（四）無過失主義

工作物為公共設施者，該公共設施因設置或管理有欠缺，致人民生命、身體、人身自由或財產受損害者，國家應負損害賠償責任，係採無過失主義。係以公共設施之設置或管理有欠缺，並因此欠缺致人民受有損害為其構成要件，非以管理或設置機關有過失為必要。且其與民法第191條第2項相同，就損害原因有應負責任之人時，賠償義務機關對之有求償權。

六、工作物所有人之賠償責任範圍

賠償責任與免責	法條依據
工作物所有人負損害賠償責任。	民法第191條第1項本文
工作物所有人已盡相當注意義務，不負損害賠償責任。	民法第191條第1項但書
工作物所有人之求償權。	民法第191條第2項

捌、商品製造人責任

一、要件

(一)中間責任

為保護消費者之利益,商品製造人(manufacturer)因其商品之通常使用或消費,致他人所有損害,應負賠償責任(民法第191條之1第1項本文)[29]。商品之生產、製造或加工、設計,倘與其說明書或廣告內容不符者,視為有欠缺(第3項)。商品製造人得舉證證明其對於商品之生產、製造或加工、設計並無欠缺或其損害非因該項欠缺所致或於防止損害之發生,已盡相當之注意者,始可不負損害賠償責任,故商品製造人之責任係中間責任(第1項但書)。

(二)商品製造人與商品輸入業者

所謂商品製造人,係指商品之生產、製造、加工業者。其在商品上附加標章或其他文字、符號,足以表彰係其自己所生產、製造、加工者,視為商品製造人,是商品製造人不包含商品經銷商(民法第191條之1第2項)。商品輸入業者(importer),應與商品製造人負同一之責任,均為中間責任(第4項)。商品輸入業者,包括自外國輸入商品至我國之出口商及我國之進口商。

二、商品之通常使用或消費

所謂商品之通常使用或消費,係指應依該商品之一般用途或正常效用,按一般交易觀念之使用方式、通常使用者或消費者之認識及相關情狀為判斷。例如,甲安裝鋰鐵電池模組後,由乙公司員工充電使用,而鋰鐵電池須充電,始有電力供電動車使用,其通常使用方式為充電。而起火處之電動車,以鋰鐵電池模組充電,屬通常使用。因鋰鐵電過充引燃起火,致生火災,使乙公司受損害,甲應依民法第191條之1第1項本文規定,負商品製造人之賠償責任[30]。

---

[29] 最高法院97年度台上字第975號民事判決。
[30] 最高法院110年度台上字第183號民事判決。

三、商品製造人之賠償責任範圍

賠償責任與免責	法條依據
商品製造人負損害賠償責任。	民法第191條之1第1項本文
商品製造人已盡相當之注意者，不負損害賠償責任。	民法第191條之1第1項但書
商品有欠缺之認定。	民法第191條之1第3項

四、消費者保護法

（一）商品或服務

1. 可合理期待之安全性

　　為保護消費者權益，促進國民消費生活安全，提昇國民消費生活品質，特制定本法（消費者保護法第1條第1項）。有關消費者之保護，依本法之規定，本法未規定者，適用其他法律（第2項）。從事設計、生產、製造商品或提供服務之企業經營者，於提供商品流通進入市場，或提供服務時，應確保該商品或服務，符合當時科技或專業水準可合理期待之安全性（消費者保護法第7條第1項）。商品或服務是否符合當時科技或專業水準可合理期待之安全性，應就下列情事認定之：(1)商品或服務之標示說明；(2)商品或服務可期待之合理使用或接受；(3)商品或服務流通進入市場或提供之時期（消費者保護法施行細則第5條）。商品或服務具有危害消費者生命、身體、健康、財產之可能者，應於明顯處為警告標示及緊急處理危險之方法（消費者保護法第7條第2項）。例如，金屬容器不可放入微波爐加熱以免產生危險，企業經營者應於微波爐上加註警示，避免消費者誤用或非以通常方式使用微波爐。

2. 無過失責任

　　企業經營者違反前二項規定，致生損害於消費者或第三人時，應負連帶賠償責任（消費者保護法第7條第3項本文）。所謂第三人，係指製造者可預見因商品或服務不具安全性而受侵害之人[31]。例外情

---

[31] 最高法院88年度台上字第2842號民事裁定。

形，企業經營者能證明其無過失者，法院得減輕其賠償責任（第3項但書）。例如，甲購買之電磁爐欠缺可合理期待之安全性，故於操作時電磁爐爆炸，除造成甲及乙受傷外，亦傷及無辜路人丙，甲與乙為消費者，丙為第三人。

（二）消費者保護法為特別法

有關消費者之保護，依消費者保護法本法之規定，消費者保護法為特別法，優先適用其他法律。例如，就房屋買賣而言，倘房屋於流通進入市場時其構造及使用之建材與建築術成規，或當時科技或專業水準不符，有安全或衛生上之危險，致危害購屋或房屋使用者之生命、身體、健康、財產而生損害，被害人即得依消費者保護法第7條規定，對企業經營者請求賠償損害[32]。

（三）民法與消費者保護法之比較

		民法		消費者保護法	
責任主體	所謂商品製造人，係指商品之生產、製造、加工業者。其在商品上附加標章或其他文字、符號，足以表彰係其自己所生產、製造、加工者，視為商品製造人。	民法第191條之1第2項	從事設計、生產、製造商品或提供服務之企業經營者，於提供商品流通進入市場，或提供服務時，應確保該商品或服務，符合當時科技或專業水準可合理期待之安全性。	消費者保護法第7條第1項	
	商品輸入業者，應與商品製造人負同一之責任。	民法第191條之1第4項	輸入商品或服務之企業經營者，視為該商品之設計、生產、製造者或服務之提供者，負本法第7條之製造者責任。	消費者保護法第9條	
			改裝、分裝商品或變更服務內容者，視為第7條之企業經營者。	消費者保護法第8條第2項	

---

[32] 最高法院98年度台上字第2273號、98年度台上字第1729號民事判決。

	民法		消費者保護法	
請求權主體	商品通常使用人或消費之人。	民法第191條之1第1項	消費者或第三人。	消費者保護法第7條第3項本文
責任性質	推定過失。	民法第191條之1第1項本文	無過失。	消費者保護法第7條、第9條
			推定過失。	消費者保護法第8條本文
免責要件	對於商品之生產、製造或加工、設計並無欠缺或其損害非因該項欠缺所致或於防止損害之發生,已盡相當之注意者。	民法第191條之1第1項但書	企業經營者能證明其無過失者,法院得減輕其賠償責任。	消費者保護法第7條第3項但書
			企業對於損害之防免已盡相當之注意,或縱加以相當之注意而仍不免發生損害者,不在此限。	消費者保護法第8條但書
保護法益	權利、利益。	民法第191條	生命、身體、健康、財產。	消費者保護法第7條

(四) 商品本身瑕疵損害

　　消費者購買商品或服務,其身體健康不應受到危害,故應要求商品或服務安全性。消費者保護法稱危險而不稱瑕疵,係為避免與民法之瑕疵混淆。消費者保護法第7條第1項之商品或服務欠缺安全性,係指商品於流通進入市場時或服務於提供時,不符合當時科技或專業水準可合理期待之安全性而言。消費者保護法第7條之商品責任規範目的,在於保障消費者之健康與安全,請求之賠償範圍為消費者因健康與安全受侵害而生之損害,並不包括商品本身瑕疵之損害。準此,商品本身之瑕疵損害,應依民法瑕疵擔保或債務不履行規定保護,而不在消費者保護法規定之保護範圍[33]。

---

[33] 最高法院106年度台上字第1號民事判決。

玖、動力車輛駕駛人責任（99、108年司法人員四等）

一、要件

　　汽車、機車或其他非依軌道行駛之動力車輛，在使用中加損害於他人者，駕駛人（driver）應賠償因此所生之損害（民法第191條之2本文）。動力車輛駕駛人應負中間責任，被害人無須舉證證明，動力車輛駕駛人有故意或過失，被害人得請求其所受損害。但行為人得證明其於防止損害之發生，已盡相當之注意者，免除損害賠償責任（但書）。民法第191條之2規定之立法理由，緣係因近代交通發達，動力車輛肇事致損害他人之身體或財產之情形，日漸增多，為保障被害人之安全，並減輕其舉證責任，係令動力車輛駕駛人負擔此侵權行為責任。詳言之，車輛駕駛人在利用動力車輛擴大其生活範圍，享受動力車輛所提供之利益同時，對週遭之他人而言，亦帶來一定比率的危險性，因在某種程度上，僅車輛駕駛人得以控制此危險，故基於分配正義之理念，將肇因於動力車輛使用中所造成之他人損害，以過失推定方式，合理分配損害之負擔[34]。例如，甲駕駛車輛發生車禍，造成行人乙之損害，乙請求甲負損害賠償責任時，毋庸證明甲有故意或過失，係採過失推定原則。

二、過失推定原則

　　民法第184條之一般侵權行為雖應由受害人就不法性、可責性及因果關係為舉證。然同法第191條之2規定，係將主觀要件之舉證責任倒置，轉由加害人就其無故意、過失負舉證責任。例如，兩車均為行駛中非依軌道行駛之動力車輛，被害人請求損害賠償時，關於其受有損害，係由對方車輛於行進中所造成，且兩者間有因果關係，仍應由其負舉證責任，僅無須證明對方有故意或過失而已[35]。

---

[34] 最高法院108年度台上字第2459號民事判決。
[35] 最高法院108年度台上字第2459號民事判決。

三、動力車輛駕駛人之賠償責任範圍

賠償責任與免責	法條依據
動力車輛駕駛人負損害賠償責任。	民法第191條之2本文
動力車輛駕駛人已盡相當之注意者，不負損害賠償責任。	民法第191條之2但書
舉證責任倒置，採過失推定原則。	民法第191條之2

拾、經營一定事業或從事其他工作或活動之人責任

一、要件

　　由於企業發達及科技進步，所伴生而來之危險，自應由從事該危險來源者，對危險所生之損害賠償負賠償責任。是經營一定事業（business）或從事其他工作或活動之人，其工作或活動之性質或其使用之工具或方法有生損害於他人之危險者，對他人之損害應負賠償責任（民法第191條之3本文）。例如，醫療行為並非從事製造危險來源之危險事業或活動者，亦非以從事危險事業或活動而獲取利益為主要目的[36]。例外情形，行為人得證明，被害人之損害非由於其工作或活動或其使用之工具或方法所致，或於防止損害之發生已盡相當之注意者，免除損害賠償之責任（但書）。

二、經營一定事業或從事其他工作或活動之人

　　民法第191條之3之立法理由，說明從事危險事業或活動者為製造危險來源，僅從事危險業或活動者於某種程度，可控制危險，且從事危險事業或活動者，因危險事業或活動而獲取利益，就此危險所生之損害負賠償之責，符合公平正義之要求。為使被害人獲得周密之保護，凡經營一定事業或從事其他工作或活動之人，對於因其工作或活動之性質或其他使用之工具或方法有生損害於他人之危險，對於他人之損害應負賠償責任。例如，工廠排放廢水或廢氣，筒裝瓦斯廠裝填

---

[36] 最高法院96年度台上字第450號民事判決。

瓦斯、爆竹廠製造爆竹、舉行賽車活動、使用炸藥開礦、開山或燃放焰火。所謂本條所指經營一定事業或從事其他工作或活動之人，其工作或活動之性質或其使用之工具或方法有生損害於他人之危險者，並不限立法理由所列舉之例示，亦不以被害人為經濟上之弱勢為必要[37]。

三、賠償責任之範圍

賠償責任與免責	法條依據
危險製造人負損害賠償責任。	民法第191條之3本文
危險製造人已盡相當之注意者，不負損害賠償責任。	民法第191條之3但書
舉證責任倒置，採過失推定原則。	民法第191條之3

拾壹、例題研析

一、例題20研析 —— 公務員侵權行為

（一）土地法為特別法

　　地政機關之公務員甲，因過失而錯誤，造成土地所有權人乙之面積有短少，致乙受有損害，乙依據土地法第68條第1項規定，乙應先向地政機關請求賠償，不得向公務員甲請求賠償（民法第186條第1項）。土地法第68條第1項為國家賠償之特別法，應優先適用。

（二）國家賠償責任

1. 公務員執行職務行使公權力

　　本法所稱公務員者，謂依法令從事於公務之人員（國家賠償法第2條第1項）。公務員於執行職務行使公權力時，因故意或過失不法侵害人民自由或權利者，原則上人民得依國家賠償法第2條第2項規定，對該公務員所屬機關請求損害賠償。例外情形，如國家賠償法第13條規定。

---

[37] 最高法院107年度台上字第2202號民事判決。

2. 有審判或追訴職務之公務員

　　對於有審判或追訴職務之公務員，因執行職務侵害人民自由或權利，而欲請求該公務員所屬之機關賠償損害時，國家賠償法第13條有特別規定，須該公務員就參與審判或追訴案件犯職務上之罪，經判決有罪確定者，始得為之，自不能僅依國家賠償法第2條第2項規定，請求該有審判或追訴職務之公務員所隸屬機關賠償其所受損害[38]。準此，地方法院法官丁判決丙敗訴，丙不服上訴，經高等法院廢棄該判決，固改判丙勝訴確定在案，惟丁法官未因參與該民事事件審判而犯職務上之罪，經判決有罪確定，是丙不得向法院或丁法官請求損害賠償。

二、例題21研析——共同侵權行為人

（一）附帶民事訴訟之對象

　　刑事訴訟法第487條第1項規定：因犯罪而受損害之人，其於刑事訴訟程序得附帶提起民事訴訟，對於被告及依民法負賠償責任之人，請求回復其損害。本條項所定附帶民事訴訟之對象，除刑事被告外，並及於依民法負損害賠償責任之人，附帶民事訴訟之原告所主張之共同加害人，必以在刑事訴訟程序中經認定係共同侵權行為之人，或依民法第187條第1項、第188條第1項等規定，應負連帶損害賠償責任之人，始得謂為依民法負賠償責任之人。準此，因犯罪而受損害之人，其於刑事訴訟程序附帶提起民事訴訟，對於被告請求回復之損害，以被訴犯罪事實所生之損害為限，被害人自得於刑事訴訟程序中對之提起附帶民事訴訟[39]。

（二）裁定移送民事庭

　　題示之甲、乙為同案之刑事被告，為被害人丙所主張之共同加害人，即係共同侵權行為人，依民法第185條第1項規定，應負連帶損

---

[38] 最高法院75年度台再字第115號民事判決。

[39] 最高法院108年度台抗字第753號、104年度台抗字第555號、99年度台抗字第480號民事裁定；最高法院71年台附字第5號、73年台附字第66號刑事判決。

害賠償責任，被害人丙已於刑事訴訟程序中對甲、乙提起附帶民事訴訟，乙雖未經刑事庭為有罪判決，惟刑事判決之犯罪事實已認定甲、乙同為犯罪行為人，刑事庭自得將丙對甲、乙所提起之附帶民事訴訟一併裁定移送民事庭。

三、例題22研析——幫助詐欺之民事責任

因故意或過失，不法侵害他人之權利者，負損害賠償責任。數人共同不法侵害他人之權利者，連帶負損害賠償責任。幫助人視為共同行為人，應連帶負損害賠償責任（民法第184條第1項前段、第185條第1項前段、第2項）。衡諸社會通念，金融機構所核發之支票本與存查之印章，係商業交易與個人理財之重要工具，其關係個人財產與交易信用之表徵，倘交與不相關之第三人使用，有被供作財產犯罪用途之可能，支票本與其印鑑章，則成為幫助犯罪之工具，此應為一般人得預見自明。依題意所示，甲提供A公司之支票本與印章與乙，乙持支票向丙以借款之名，行詐騙新臺幣（下同）100萬元之實。甲提供支票之行為，顯為幫助乙詐騙丙100萬元之行為，甲、乙共同侵害丙之100萬元所有權。準此，甲幫助乙詐騙丙100萬元，甲與乙為共同侵權行為人，丙依據共同侵權行為之法律關係，得請求甲、乙連帶賠償100萬元。

四、例題23研析——法定代理人責任

按因故意或過失，不法侵害他人之權利者，負損害賠償責任。無行為能力人或限制行為能力人，不法侵害他人之權利者，以行為時有識別能力為限，與其法定代理人連帶負損害賠償責任。父母為其未成年子女之法定代理人，民法第184條第1項前段、第187條第1項前段、第1086條第1項分別定有明文。準此，有識別能力之未成年人甲騎乘機車因過失撞及路人乙，致乙受傷，被害人乙請求甲、甲之父丙及甲之母丁三人連帶負損害賠償責任，自屬有據[40]。

---

[40] 最高法院75年度台上字第82號、98年度台上字第811號民事判決。

五、例題24研析——僱用人責任（97年司法人員四等）

　　民法第188條第1項規定，僱用人應與有不法侵害行爲之受僱人負連帶賠償責任，以受僱人因執行職務所爲之行爲爲要件。所謂執行職務，雖不以受指示執行之職務爲限，然至少在外觀上，受僱人之行爲依社會之一般概念，屬於執行職務者。甲固爲乙公司之受僱人，惟甲騎機車至工作地點之期間，發生肇事而撞傷丙，並非執行乙公司指示之職務，亦非於上班時間發生，非屬執行職務之行爲，是乙公司不負連帶賠償責任[41]。

六、例題25研析——僱用人責任

　　民法第188條之僱用人責任規定，係爲保護被害人而設，故所稱之受僱人，應從寬解釋，不以事實上有僱傭契約者爲限，凡客觀上被他人使用，爲之服勞務而受其監督者，均係受僱人。準此，乙爲獨資商號A之實際負責人乙，甲從事載運商號貨物之大貨車駕駛業務，丙爲獨資商號名義負責人。自登記外觀而言，丙係獨資商號A之登記負責人，甲於事故當時係爲獨資商號A執行業務，甲駕駛外觀上印有獨資商號A名義之大貨車執行載送貨物業務，因過失撞傷丁，致丁受有損害，丙與乙均應負民法第188條第1項僱用人之責任[42]。

七、例題26研析——承攬人責任

　　受僱人因執行職務，不法侵害他人之權利者，由僱用人與行爲人連帶負損害賠償責任（民法第188條第1項本文）。承攬人因執行承攬事項，不法侵害他人之權利者，定作人不負損害賠償責任（民法第189條本文）。如題意所示，甲爲乙承攬建造建築物，甲之受僱人丙負責鷹架之安置，因未做好防護設施，導致建築鷹架倒塌，擊傷路過之丁，造成丁爲此支出醫療費用。準此，受僱人丙，不法侵丁之身體

---

[41] 司法院(71)廳民1字第0802號函，發文日期1982年11月5日，民事法律問題研究彙編，2輯，頁32。

[42] 臺灣高等法院暨所屬法院105年法律座談會民事類提案第5號。

權與健康權，由承攬人甲與受僱人丙連帶負損害賠償責任。

拾貳、實務見解

民法第188條第1項規定之受僱人，係客觀上被僱用人使用，爲之服勞務而受其監督之人。所謂監督者，係指對於服勞務之實施方式、時間及地點，加以指示或安排之一般監督而言。受僱人因執行職務，不法侵害他人之權利，固包括受僱人利用職務上之機會，而在客觀上足認與其執行職務有關之行爲。倘受僱人之行爲在客觀上不具備執行職務之外觀，或係受僱人個人之犯罪行爲、受他人委託，而與執行職務無關者，則不適用民法第188條第1項規定[43]。

習 題

一、說明共同侵權行為之要件與效果。

　　提示：民法第185條。

二、公務員侵權責任之要件與效果。

　　提示：民法第186條。

三、法定代理人侵權責任之要件與效果。

　　提示：民法第187條。

四、受僱人侵權責任之要件與效果。

　　提示：民法第188條。

五、定作人侵權責任之要件與效果。

　　提示：民法第189條。

六、動物占有人侵權責任之要件與效果。

　　提示：民法第190條。

七、工作物所有人侵權責任之要件與效果。

　　提示：民法第191條。

---

[43] 最高法院110年度台上字第3262號民事判決。

八、商品製造人侵權責任之要件與效果。

　　提示：民法第191條之1。

九、動力車輛駕駛侵權責任之要件與效果。

　　提示：民法第191條之2。

十、經營一定事業或從事其他工作或活動之人侵權責任之要件與效果。

　　提示：民法第191條之3。

十一、說明特殊侵權行為之類型。

　　　提示：民法第185條至第191條之3。

第八節

侵權行為之效力

關鍵詞：定期金、人格權、專屬性、折舊率、殯葬費、勞動能
力、精神慰撫金、間接受害人、廢止請求權、請求權競
合、損害賠償之債、財產上損害賠償、霍夫曼式計算
法、非財產上損害賠償、增加生活上之需要

例題27

甲年紀老邁而不能自行維持生活，其配偶已過世多年，由其乙子及丙女扶養之，乙與丙之經濟能力相等，因丁之過失而駕駛車輛肇事，導致其乙子死亡。試問甲對加害人丁有何權利得以主張？依據為何？

例題28

甲為A房屋之所有人及實際使用人，因過失未對A房屋之電線為必要之更換或維護，致電器設備造成電線短路，發生火災，延燒至乙所有B房屋。乙依民法第184條第1項前段與第196條請求丙賠償因火災燒燬房屋之損害。試問甲抗辯稱乙因火災所受損害，應以火災時之房屋課稅現值為準，其所受損害應扣除保險金，有無理由？

例題29

校長甲於學校之親師協調會，對教師乙拍桌咆哮，並以豬頭辱罵原告，乙認為不法侵害其名譽權，致使受有非財產上之損害。試問乙依民法第184條第1項前段、第195條第1項規定，請求甲給付精神慰撫金，有無理由？

壹、損害賠償之債

侵權行為成立，被害人對於負侵權行為責任之人得請求損害賠償，被害人與加害人間發生損害賠償之債，得依據民法第193條、第195條、第196條規定，請求賠償財產上與非財產上損害賠償。損害賠償之債權人，原則上為被害人本人，係直接受害人。例外情形，係生命權被侵害時，導致被害人死亡，民法第192條與第195條規定，賦予間接受害人損害賠償請求權。

貳、損害賠償之範圍及方法（97年高考）

一、喪失或減少勞動能力或增加生活上之需要

（一）喪失或減少勞動能力

不法侵害他人之身體或健康者，對於被害人因此喪失或減少勞動能力或增加生活上之需要時，應負損害賠償責任（民法第193條第1項）。所謂喪失或減少勞動能力，係指職業上工作能力之全部或一部喪失而言。喪失或減少勞動能力之程度，法院認為必要時，得囑託機關、團體或商請外國機關、團體為鑑定或審查鑑定意見。其須說明者，由該機關或團體所指定之人為之（民事訴訟法第340條第1項）。例如，囑託教學醫院鑑定受害人喪失或減少勞動能力之程度。法院審核被害人喪失減少勞動能力之程度時，自應斟酌被害人之職業、智能、年齡、身體或健康狀態等各種因素，不能以一時一地之工作收入為準。至於個人實際所得，僅得作為勞動能力減損之參考，不得因薪資未減少，即謂其無損害[1]。例如，車床作業員因車禍受傷，需休息無法工作，其僱用人雖依然給付原本薪資。然身體右手之功能，較受傷前減退，影響其操作車床之工作能力，加害人應賠償所減少勞動能力之損害。

（二）增加生活上之需要

所謂增加生活上之需要，係因受害後必須支出之費用而言[2]。被害人就增加生活上之需要項目與費用，此為有利於己之事實，應舉證以實說（民事訴訟法第277條本文）。申言之，增加生活上之需要範圍，係被害前並無此需要，因被害後始有支付此費用之必要者，故有無增加生活上之需要，應視被害人被害以後，實際上有無增加該生活上需要而定[3]。就醫療費用而言，醫療費之賠償範圍，以醫療上所必要者為限，並應扣除健保給付部分，其包含診斷費、住院費、手術費、診斷證明書費用、醫療輔助用品費用、交通費、看護費用、復

---

[1] 最高法院94年度台上字第2128號、108年度台上字第1511號民事判決。

[2] 最高法院94年度台上字第1543號民事判決。

[3] 最高法院109年度台上字第2803號民事判決。

健費用。舉例說明如後：1.車禍殘廢須安裝義肢，始能行動者，義肢為醫療輔助用品；2.診斷證明書費用，係被害人為證明損害發生及其範圍，為實現損害賠償債權所支出之必要費用，應納為損害之一部分，請求加害人賠償[4]；3.因親屬代為照顧被害人之起居，固係基於親情，然親屬看護所付出之勞力並非不能評價為金錢，因兩者身分關係而免除被害人之支付義務，此基於身分關係之恩惠，自不能加惠於加害人；故由親屬看護時雖無現實看護費之支付，仍應認被害人受有相當於看護費之損害，得請求賠償，始符公平原則。

（三）支付定期金提供擔保

法院命加害人一次支付賠償總額，以填補被害人所受喪失或減少勞動能力之損害，應先認定被害人因喪失或減少勞動能力而不能陸續取得之金額，按其日後本可陸續取得之時期，依照霍夫曼式計算法，扣除依法定利率計算之中間利息，再以各時期之總數，作為加害人一次所應支付之賠償總額。前開損害賠償，法院雖得因當事人之聲請，定為支付定期金，然應命加害人提出擔保（民法第193條第2項）。

二、精神慰撫金

（一）侵害人格權

1. 非財產上之損害

所謂非財產上之損害，係指非得以金錢估量之損害態樣，包含精神與肉體痛苦、時間之浪費。不法侵害他人之身體、健康、名譽、自由、信用、隱私、貞操，或不法侵害其他人格法益而情節重大者，被害人雖非財產上之損害，亦得請求賠償相當之金額，此為精神慰撫金（民法第195條第1項前段）[5]。例如，甲未經同意刊登乙照片，其目的在告知閱讀大眾，乙為發布文章之工會理事長，並為文章所指之奸商，自屬肖像權之侵害。準此，乙以其肖像權遭侵害，且情節重大為

---

[4] 最高法院92年度台上字第2653號民事判決。
[5] 最高法院104年度台上字第2365號民事判決。

由，得依民法第195條第1項規定，請求甲賠償精神慰撫金[6]。

2. 慰撫金審酌因素

　　慰撫金之多寡，應斟酌雙方之身分、地位、資力與加害程度，暨其他各種情形核定相當之數額[7]。故慰撫金核給之標準固與財產上損害之計算不同，然可斟酌雙方身分資力與加害程度，暨其他各種情形核定相當之數額，即除考量原告所受之傷害程度外，尚應審酌兩造之身分地位、學識經歷、財產狀況、痛苦程度等節以定之。

3. 侵害人格權之範圍

侵害人格權	內容	法條依據
例舉規定	姓名權、身體權、健康權、名譽權、自由權、信用權、隱私權、貞操權。	民法第19條、第195條第1項前段
例示規定	其他人格法益而情節重大者，如肖像權。	民法第195條第1項前段

4. 言論自由與名譽權之保護（100年司法官）

(1) 故意或過失詆毀他人名譽

　　言論自由為人民之基本權利，有實現個人自我、促進民主發展、呈現多元意見、維護人性尊嚴等多重功能，保障言論自由乃促進多元社會正常發展，實現民主社會應有價值，不可或缺之手段。至於名譽權旨在維護個人主體性及人格之完整性，為實現人性尊嚴所必要，兩者之重要性固難分軒輊，應力求其兩者保障之平衡。故侵害名譽權而應負侵權行為損害賠償責任者，須以行為人意圖散布於眾，故意或過失詆毀他人名譽為必要，始有使他人之名譽在社會之評價受到貶損之虞。準此，在單獨談話期間，應賦予個人較大之對話空間，倘行為人基於確信之事實，申論其個人之意見，自不構成侵權行為，以免個人之言論受到過度之箝制，動輒得咎，背離民主社會之本質[8]。

---

[6] 最高法院104年度台上字第326號民事裁定。

[7] 最高法院51年台上字第223號民事判決。

[8] 最高法院99年度台上字第1664號民事判決。

(2) 合理確信之標準

言論自由為人民之基本權利，憲法第11條有明文保障，國家應給與最大限度之維護，俾其實現自我、溝通意見、追求真理及監督各種政治或社會活動之功能得以發揮。為兼顧對個人名譽、隱私及公共利益之保護，法律尚非不得對言論自由依其傳播方式為合理之限制。刑法第310條第1項及第2項誹謗罪，係保護個人法益而設，為防止妨礙他人之自由權利所必要，符合憲法第23條規定之意旨。至刑法同條第3項前段以對誹謗之事，能證明其為真實者不罰，係針對言論內容與事實相符者之保障，並藉以限定刑罰權之範圍，非謂指摘或傳述誹謗事項之行為人，必須自行證明其言論內容確屬真實，始能免於刑責。行為人雖不能證明言論內容為真實，然依其所提證據資料，認為行為人有相當理由確信其為真實者，即不能以誹謗罪之刑責相繩，亦不得以此項規定而免除檢察官或自訴人於訴訟程序中，依法應負行為人故意毀損他人名譽之舉證責任，或法院發現其為真實之義務。準此，刑法第310條第3項與憲法保障言論自由之旨趣並無牴觸[9]。

（二）基於父、母、子、女或配偶關係之身分

1. 基於一定親屬身分

不法侵害他人，基於父、母、子、女或配偶關係之身分法益而情節重大者，亦得請求精神慰撫金（民法第195條第3項）。例如，配偶一方遭他人強制性交，屬不法侵害他人，基於配偶關係之身分法益而情節重大，除被害人得依民法第195條第1項前段，向加害人請求精神慰撫金外，配偶亦得向加害人請求精神慰撫金。

2. 配偶關係之身分法益

(1) 背於善良風俗之方法加害他人

民法第184條第1項前段規定，以權利之侵害為侵權行為要件之一，非侵害既存法律體系所明認之權利，不構成侵權行為。而同法條後段規定，故意以背於善良風俗之方法加害於他人者，亦同。故侵權行為者，係指違法及不當加損害於他人之行為而言。至於侵害係何權利，要非所問。所謂違法及不當，不僅限於侵害法律明定之權利，亦

---

[9] 大法官釋字第509號解釋。

包含違反保護個人法益之法規與廣泛悖反規律社會生活之公序良俗者。通姦行為足以破壞夫妻間之共同生活，其非法律之所許。自公序良俗之觀點，不問所侵害係何權利，對於配偶之他方應構成共同侵權行為。因婚姻係以夫妻之共同生活為其目的，配偶應互相協力保持其共同生活之圓滿安全及幸福。夫妻間互守誠實與忠貞之義務，係確保其共同生活之圓滿安全及幸福之必要條件。準此，配偶因婚姻契約而互負誠實之義務，倘配偶之一方行為不誠實，破壞共同生活之圓滿安全及幸福者，即為違反因婚姻契約之義務而侵害他方之權利[10]。

(2) 婚姻係身分契約

婚姻係男女雙方以終身共同生活為目的而締結之身分契約，夫妻之一方對於婚姻關係之完整享有人格利益，故於婚姻關係中，當事人間互負有貞操、互守誠信及維持圓滿之權利與義務，此利益即民法第195條第3項所稱基於配偶關係之身分法益。是通姦及相姦行為，使被害人對完整圓滿之婚姻生活無法期待，婚姻關係之身分契約所賴以維繫之基礎，受到重大破壞，被害人之社會評價，亦因而受到損害，精神陷於嚴重痛苦之狀態，自可認定相姦及通姦行為，為干擾他人婚姻關係情節重大之行為。再者，侵害配偶權之行為，並不以配偶與他人通姦為限，倘配偶與他人存有逾越結交普通朋友等一般社交行為之不正常私情關係，且其行為已逾社會一般通念，所能容忍之範圍，足以破壞婚姻共同生活之圓滿安全及幸福，且情節重大者，被害配偶得請求配偶與第三者連帶賠償非財產上之損害（民法第184條第1項後段、第185條第1項前段、第195條第1項前段、第3項）。

（三）具有專屬性

非財產上之損害賠償請求權具有專屬性，原則上不得讓與或繼承（民法第195條第2項本文）。例外情形，係以金額賠償之請求權已依契約承諾，或已起訴者，自得讓與或繼承（第2項但書）。例如，甲不法侵害乙之身體，乙起訴請求精神慰撫金之非財產上損害賠償債權，嗣後乙死亡，丙為乙之繼承人，依民法第195條第2項但書規定，得由丙繼承之。準此，丙基於繼承關係，得請求該精神慰撫金。

---

[10] 最高法院55年台上字第2053號民事判決。

三、名譽回復之處分

　　名譽（reputation）被侵害者，並得請求回復名譽之適當處分（民法第195條第1項後段）。所謂適當之處分，係指該處分在客觀上足以回復被害人之名譽，且未逾必要之範圍者而言。關於回復之方法及範圍如何方為適當，法院應斟酌被害人之身分、地位、被害程度等情況而定[11]。對於加害人侵害名譽，因此所生之義務，非專屬於加害人一身之義務，該項義務在加害人死亡後，應由其繼承人繼承，俾被害人所受侵害之名譽，仍可獲得救濟[12]。

四、對於毀損物之損害

（一）回復原狀與金錢請求

　　不法毀損他人之物者，被害人得請求賠償其物因毀損所減少之價額（民法第196條），或者選擇回復原狀（民法第213條）。損害賠償之債，以實際上受有損害為成立要件，倘無損害，不發生賠償問題[13]。例如，車輛因車禍而毀損，受害人得請求車輛所必要之修復費用，修理材料以新品換舊品，應與折舊（民法第213條第3項）[14]。新品換舊品得依行政院所頒固定資產耐用年數表、固定資產折舊率表及依定率遞減法計算。例如，依行政院公布之固定資產耐用年數表及固定資產折舊率表，車輛為自用小客車，依固定資產耐用年數表第二類第三項規範，耐用年數為5年，再依固定資產折舊率表之定率遞減法，每年折舊率為369/1000，其最後1年之折舊額，加歷年折舊累計額，總和不得超過該資產成本原額9/10。準此，車輛修復費用之零件部分，應以扣除折舊後費用為限。

---

[11] 最高法院110年度台上字第3003號民事判決。
[12] 最高法院100年度台抗字第283號民事裁定。
[13] 最高法院109年度台上字第888號民事判決。
[14] 最高法院77年度第9次民事庭會議決議。

（二）物之賠償方法

內容	依據法條
不法毀損他人之物者，加害人將該物送修，支出修理費用。	民法第213條第1項
被害人直接向加害人請求回復原狀所需費用。	民法第213條第3項
加害人向被害人請求物因毀損，導致交易性貶值之損害賠償。	民法第215條
加害人向被害人請求物因毀損所減少之價值。。	民法第196條

參、不法侵害他人致死者（100年律師；101年高考；106年司法人員四等）

一、醫療及增加生活上需要之費用或殯葬費

不法侵害他人致死者，對於支出醫療及增加生活上需要之費用或殯葬費之人，應負損害賠償責任（民法第192條第1項）。民法對於因被害人之死亡，而賦予間接被害人之損害賠償請求權。直接被害人於損害之發生或擴大與有過失時，依公平原則，間接被害人請求賠償時，應適用民法第217條過失相抵規定[15]。損害賠償之金額，應以實際支出及必要之醫療費、增加生活上需要費用、殯葬費者為限。舉例說明如後：（一）全民健保所支付之醫療費用，被害人不得請求；（二）支付之殯葬費，倘請求權人有提出相關文件，核其所支付費用，為喪葬禮俗所必要者，加害應負損害賠償責任。殯葬費之賠償範圍，得參考法務部犯罪被害補償事件殯葬費項目金額參考表，就其實際支出之檢附單據，認定必要及合理費用，並可斟酌被害人當地之習俗、被害人之身分、地位及經濟能力酌定之[16]。如骨灰罈、靈骨搭位、告別儀式、墓地購買費、墓園工程費治喪之必要費用等項目，均屬殯葬費。治喪之必要費用包含：花及小花圈、停柩室毯燈幔、配香燭紙、靈位牌、壽衣、壽材、道士、唸經、靈車、扛夫、麻衣等[17]。

---

[15] 最高法院105年度台上字第136號民事判決。

[16] 最高法院92年度台上字第1135號民事判決。

[17] 最高法院91年度台上字第1407號民事判決。

二、法定扶養義務

（一）法定扶養義務之計算

被害人對於第三人負有法定扶養義務者，加害人對於該第三人應負損害賠償責任（民法第192條第2項）[18]。扶養之程度，應按受扶養權利者之需要，其與負扶養義務者之經濟能力及身分定之（民法第1119條）。直系血親相互間，互負扶養之義務；負扶養義務者有數人時，直系血親卑親屬爲第一順序扶養義務人；夫妻互負扶養之義務，其負扶養義務之順序與直系血親卑親屬同，其受扶養權利之順序與直系血親尊親屬同，民法第1114條第1款、第1115條第1項第1款、第1116條之1分別定有明文。被害人得以行政院主計處所公布之各縣市平均每人每月消費支出金額作爲計算扶養費用之基準。準此，加害人與被害人之法定扶養義務人，依據人數比例分擔扶養費。

（二）支付定期金與提供擔保

扶養費用之賠償方法及數額，原則上應以被害人生前扶養之情形爲準，賠償扶養費之金額可請求定期或一次支付，如爲一次支付者，應扣除中間之法定利息即年息5%，實務上採霍夫曼式計算法計算（民法第203條）。倘爲定期金之支付，法院因當事人之聲請，應命加害人提出擔保（民法第192條第3項）。被害人應扶養期間，得依內政部公布之臺灣地區簡易生命表，核計被害人之生命餘命，作爲計算基準。舉例說明如後：1.被害人死亡時爲40歲，其尚有生命餘命40年，加害人應賠償扶養費之金額，以40年作爲計算基準；2.被害人於1992年因車禍過世，其生命餘命爲13年，以臺北市區平均每人每年消費支出新臺幣（下同）30萬元，按霍夫曼式計算法扣除中間利息後，金額爲275萬元[19]。

三、精神慰撫金

被害人之父、母、子、女及配偶，雖非財產上之損害，亦得請求

---

[18] 最高法院94年度台上字第983號、94年度台上字第1301號民事判決。
[19] 最高法院98年度台上字第1587號民事判決。

賠償相當之金額（民法第194條）。慰撫金係以精神上所受無形之痛苦為準，並非如財產損失之有價額可以計算，究竟何謂相當金額，自應審酌兩造之社會地位、經濟情況，暨被害人之父、母、子、女、配偶所受痛苦之程度等情事，決定其數額[20]。例如，加害人殺害他人之配偶，被害人之父、母、子、女或配偶，均得各自向加害人請求精神慰撫金。

肆、賠償範圍之分析

侵害客體	損害賠償性質	法條依據
生命權侵害	財產損害賠償	民法第192條：殯喪費、扶養費。
	非財產損害賠償	民法第194條：特定身分人。
人格權侵害	財產損害賠償	民法第193條：減喪勞動能力、增加生活需要。
	非財產損害賠償	民法第19條、第195條：特別人格權。
物之毀損	財產損害賠償	民法第196條：價額賠償。
債務不履行	財產損害賠償	債務履行之利益。
	非財產損害賠償	民法第227條之1：債務人因債務不履行，致債權人之人格權受侵害者，準用第192條至第195條及第197條。

伍、侵權行為之損害賠償請求權時效（98年司法人員三等；103、107年司法人員四等）

一、請求權時效之計算

消滅時效，侵權行為所生之損害賠償請求權，自請求權人知有損害及賠償義務人時起，2年間不行使而消滅（民法第197條第1項）。加害人持續為侵權行為者，被害人之損害賠償請求權陸續發生，其請求權消滅時效期間，應分別自其陸續發生時起算。申言之，各不法侵害行為及損害係現實各自獨立存在，並可相互區別，被害人之損害

---

[20] 最高法院51年台上字第223號、76年台上字第1908號民事判決。

賠償請求權，亦隨各損害不斷漸次發生，自應就各不斷發生之獨立行為所生之損害，分別以被害人已否知悉，而各自論斷其時效之起算時點[21]。自有侵權行為時起，逾10年者，則損害賠償請求權罹於時效（第2項）[22]。例如，以日、星期、月或年定期間者，其始日不算入（民法第120條第2項）。期間不以星期、月或年之始日起算者，以最後之星期、月或年與起算日相當日之前1日，為期間之末日。但以月或年定期間，於最後之月，無相當日者，以其月之末日，為期間之末日（民法第121條第2項）。加害人分別於2021年1月1日與2022年1月1日，傷害被害人之身體權與健康權，被害人之損害賠償請求權，知有損害及賠償義務人時起，分別自於2021年1月2日與2022年1月2日起算，各算至2023年1月1日與2024年1月1日，因2年間不行使而消滅。

二、請求權競合

侵權行為發生之同時，常有加害人因之受有利益而構成不當得利之行為，被害人有損害賠償請求權與不當得利返還請求權競合之情形。是損害賠償之義務人，因侵權行為受利益，致被害人受損害者，縱使損害賠償請求權之時效已完成，被害人亦得依關於不當得利之規定（民法第197條第2項）。例如，加害人竊取被害人之金錢，被害人得分別向加害人主張侵害金錢所有權之損害賠償請求權、返還金錢之不當得利請求權。準此，受害人依民法第197條第2項規定向義務人請求損害賠償者，除義務人係負侵權行為損害賠償之債務人外，另須具備不當得利之要件，並適用其法律效果，應符合義務人受有利益、被害人受有損害、損益間須有因果關係存在、無法律上之原因為必要。加害人返還其所受之利益於被害人，該請求權之時效為15年（民法第125條）[23]。

---

[21] 最高法院94年度台上字第148號民事判決。

[22] 最高法院107年度台上字第267號民事判決。

[23] 最高法院98年度台上字第434號民事判決。

陸、惡意之抗辯

一、廢止請求權

因侵權行爲對於被害人取得債權者，被害人對該債權之廢止請求權，雖因時效而消滅，仍得拒絕履行（民法第198條）。因被詐欺或被脅迫而爲意思表示者，表意人得撤銷其意思表示（民法第92條第1項前段）。所謂詐欺者（fraud），係指詐欺人故意欺罔被詐欺人，使其陷於錯誤，並因之而爲意思表示之行爲。所謂脅迫，係指使人發生恐怖而爲意思表示之行爲。當事人主張其意思表示係因被詐欺或脅迫而爲之者，應就其被詐欺或被脅迫之事實，負舉證之責任[24]。例如，甲主張簽發支票，係受乙之詐欺或脅迫所爲，爲乙所否認，自應由甲就其被詐欺或被脅迫之事實，暨其所爲意思表示與該詐欺或脅迫事實間有因果關係，負舉證責任。

二、被詐欺或脅迫而為負擔債務

因被詐欺或脅迫而爲負擔債務之意思表示，其爲侵權行爲之被害人，被害人有如後之救濟方式：（一）撤銷不自由意思表示之除斥期間，應於發見詐欺或脅迫終止後，1年內爲之。但自意思表示後，經過10年，不得撤銷（民法第93條）。被害人得於民法第93條所定期間內，撤銷其負擔債務之意思表示，使其債務歸於消滅；（二）因侵權行爲所生之損害賠償請求權，自請求權人知有損害及賠償義務人時起，2年間不行使而消滅，自有侵權行爲時起，逾10年者亦同（民法第197條第1項）。被害人於民法第197條第1項所定之時效未完成前，本於侵權行爲之損害賠償請求權，請求廢止加害人之債權；（三）被害人之撤銷權，因經過除斥期間而消滅，且對於債權之廢止請求權消滅時效業已完成，得依民法第198條規定，拒絕履行債務。

---

[24] 最高法院95年度台上字第2948號民事判決。

柒、例題研析

一、例題27研析──侵害生命權之損害賠償（106年司法人員四等）

（一）請求權基礎

生命權受侵害時，間接受害人之損害請求權有三種類型：1.間接受害人所之支出醫療費用、增加生活上需要費用及殯葬費，係實際支出及必要者，加害人應負損害賠償責任（民法第192條第1項）；2.被害人對於第三人負有法定扶養義務者，加害人對於該第三人亦應負損害賠償責任（第2項）。其賠償方法及數額，原則上應以被害人生前扶養之情形爲準，賠償扶養費之金額可請求定期或一次支付；3.被害人之父、母、子、女及配偶，雖非財產上之損害，得請求賠償相當之金額（民法第194條）。

（二）損害賠償之範圍

如例題27所示，甲得請求其支出之醫療費用、增加生活上需要費用及殯葬費，甲因其子乙之死亡，亦得向丁請求精神慰撫金。甲喪偶年老而不能維持生活（民法第1117條第2項），由其乙子及丙女扶養之（民法第1115條第1項第1款）。乙與丙之經濟能力相等，而負扶養義務者有數人而其親等同一時，應各依其經濟能力，分擔義務（第3項）。準此，甲得向丁請求賠償1/2之扶養費。

二、例題28研析──不法毀損他人之物之損害賠償

不法毀損他人之物者，被害人得請求賠償其物因毀損所減少之價額（民法第196條）。房屋遭燒燬所減少之價額，應以火災前之建物成本價格爲基準。火災前之建物成本價格，應以火災時之房屋價值爲準，並非重建成本。而保險制度在於保護被保險人，非爲減輕損害事故加害人之責任。保險給付請求權之發生，係以定有支付保險費之保險契約爲基礎，其與因侵權行爲所生之損害賠償請求權，並非出於同一原因。後者之損害賠償請求權，不因受領前者之保險給付而喪失，兩者除有保險法第53條關於代位行使之關係外，並不生損益相抵問

題。是被害人依據侵權行為之法律關係對加害人請求損害賠償，不因受領保險給付而喪失。依題意所示，甲為A房屋之所有人及實際使用人，因過失未對A房屋之電線為必要之更換或維護，致電器設備造成電線短路，發生火災，延燒至乙所有B房屋。乙依民法第184條第1項前段與第196條規定，請求甲賠償因火災燒燬房屋之損害，應以火災前之建物成本價格為基準，不扣除其因受損害所取得之保險金。

三、例題29研析── 侵害名譽權之損害賠償

　　民法名譽權之侵害非與刑法之誹謗罪相同，名譽有無受損害，應以社會上對個人評價是否貶損作為判斷之依據，倘其行為足以使他人在社會之評價受到貶損，不論其為故意或過失，均可構成侵權行為，其行為不以廣佈於社會為必要，僅使第三人知悉其事，即足當之。將足以毀損他人名譽之事表白於特定人，其人之社會評價，不免因而受有貶損，縱使未至公然侮辱之程度，亦無散布之意圖，仍應認為有侵害名譽權[25]。如題意所示，甲於公開場合，以不當語言指責乙，侵害乙之名譽權，甲應負非財產之損害賠償責任。職是，乙依據侵權行為法律關係，請求甲賠償精神慰撫金，應屬正當。

捌、實務見解

一、決定扶養方法與扶養費給付

　　扶養之程度，應按受扶養權利者之需要，與負扶養義務者之經濟能力及身分定之（民法第1119條）。扶養之方法，由當事人協議定之；不能協議時，由親屬會議定之（民法第1120條本文）。但扶養費之給付，當事人不能協議時，由法院定之（但書）。扶養之程度及方法，當事人得因情事之變更，請求變更之（民法第1121條）。應依法應經親屬會議處理之事項，而有下列情形之一者，得由有召集權人或利害關係人聲請法院處理之：（一）無前條規定之親屬或親屬不足法定人數；（二）親屬會議不能或難以召開；（三）親屬會議經召開而

---

[25] 最高法院90年台上字第646號民事判決。

不為或不能決議（民法第1132條）。第1129條所定有召集權之人，對於親屬會議之決議有不服者，得於3個月內向法院聲訴（民法第1137條）[26]。

二、扶養費之給付為家事非訟事件

民法第1119條規定之定扶養之程度，應參酌受扶養權利者之需要，是扶養程度因個別扶養權利人之需要而有所不同。對於一定親屬間之扶養方法，究採扶養義務人領養扶養權利人，或由扶養義務人給與一定金錢或生活資料與扶養權利人，或依其他之扶養方法為之？應由當事人協議定之，以切合實際上之需要，並維持親屬間之和諧；倘當事人就是否以扶養費之給付，作為扶養之方法不能協議者，仍應回歸依該條民法第1120條本文規定，由親屬會議定之，或依民法第1132條、第1137條規定為之。倘當事人已協議以扶養費之給付為扶養之方法，而僅對扶養費給付金額之高低，不能達成協議時，始可依民法第1120條但書規定，逕向管轄法院聲請以家事非訟事件程序裁判之[27]。準此，扶養義務之內容，不以維持扶養權利人食衣住行等一般日常生活開銷所需費用為限，尚應包括扶養權利人因年齡、身體等特殊狀況所必須支出之費用[28]。

---

[26] 民法第1129條規定：應開親屬會議時，由當事人、法定代理人或其他利害關係人召集之。

[27] 最高法院100年度台上字第2150號民事判決。

[28] 最高法院110年度台上字第2478號民事判決。

習 題

一、不法侵害他人之身體或健康者，應負損害賠償責任範圍。

　　提示：民法第193條、第195條。

二、不法毀損他人之物者，被害人得請求賠償賠償責任範圍。

　　提示：民法第196條、第213條。

三、說明精神慰撫金之請求權人。

　　提示：民法第195條。

四、不法侵害他人致死者，應負損害賠償責任範圍。

　　提示：民法第192條第1項、第194條。

五、說明名譽被侵害者得請求之民事救濟。

　　提示：民法第195條。

六、說明侵權行為所生之損害賠償請求權之消滅時效期間。

　　提示：民法第197條。

七、說明廢止請求權。

　　提示：客觀上足認為必要之措施，而為足以有效與具體措施民
　　　　　法第198條。

八、說明侵權行為之效力。

　　提示：民法第192條至第196條、第213條至第218條之1。

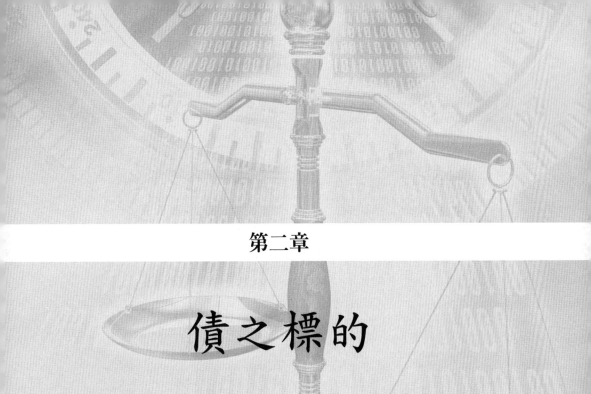

第二章

債之標的

第一節

概　論

關鍵詞：給付、作為、不作為、既判力

例題30

> 　　甲以主債務人乙、連帶保證人丙為被告，依消費借貸、連帶保證法律關係請求乙、丙連帶給付甲新臺幣200萬元確定（下稱前訴訟）。嗣經甲對丙聲請強制執行，丙即以連帶保證契約訂立有無效之事由，起訴確認甲、丙間連帶保證關係不存在（下稱後訴訟）。試問法院得否以後訴訟之訴訟標的為前訴訟確定判決效力所及，依民事訴訟法第249條第1項第7款規定，裁定駁回丙所提後訴訟？

壹、債之標的之定義

一、債之要素

（一）債之主體及標的

　　債之要素有二：債之主體及標的。債之主體有債權人及債務人。所謂債之標的、債之客體或債之內容，係指構成債權內容之債務人之行為，此行為稱之給付。債權人基於債之關係，得向債務人請求給付（民法第199條第1項）。給付內容，不以有財產價格者為限（第2項）。給付之內容包括作為及不作為（第3項）。前者，如給付一定之財產；後者，如競業禁止之約定[1]。債權行為係法律行為，債之標的應合法有效。

（二）債之標的應合法有效

1. 債之標的合法

　　法律為行為違反強制或禁止規定者，無效（民法第71條本文）。法律行為，有背於公共秩序或善良風俗者，無效（民法第72條）。法律行為，係乘他人之急迫、輕率或無經驗等主觀情事，使其為財產上之給付或為給付之約定，依當時客觀情形顯失公平者，法院得因利害關係人之聲請，撤銷其法律行為或減輕其給付。聲請撤銷，應於法律行為後1年內為之（民法第74條）。準此，債之標的，不得

---

[1] 最高法院102年度台上字第189號民事判決。

違反強制規定與禁止規定、違背公序良俗，且非暴利行為。

2. 債之標的可能

　　法律行為之標的須有實現之可能，標的物為自始而客觀不能，其法律行為無效。例如，已滅失之特定車輛出售與第三人，買賣契約無效；反之，簽訂買賣契約後，特定車輛因地震而滅失者，嗣後之不能，不影響買賣契約之成立生效（民法第225條、第226條）。所謂客觀不能，係指任何人均無法履行者。相對於主觀不能，係因債務人本身之主觀因素，導致其無法履行。例如，債務人出售他人之房地，因其無法取得該房地所有權，導致無法履行買賣契約之義務，此屬主觀不能，不影響買賣契約之效力。

3. 債之標的確定或可得確定

　　法律行為之標的，須於法律行為成立時確定或可得確定者，始有生效。例如，當事人就標的物及其價金互相同意時，買賣契約即為成立（民法第345條第2項）。買賣之標的物應確定或可得確定，當事人僅約定買賣土地100坪時，而無法確定土地之地號，或土地座落位置，導致無從履行，故買賣契約無效。

（三）給付之内容

	作為	不作為
性質	積極行為	消極行為
類型	1. 給與財產 2. 單純作為	1. 容忍行為 2. 單純不作為
混合給付	兼具作為與不作為	兼具作為與不作為

二、債之標的類型

類型	内容
種類之債	以種類中之一定數量指示給付
貨幣之債	本國貨幣與外國貨物
利息之債	以給付利息為標的
選擇之債	數宗給付得選定其一以為給付
損害賠償之債	以損害賠償為標的

貳、例題30研析

一、給付請求權之訴訟標的之法律關係

按債權人基於債之關係，得向債務人請求給付，民法第199條第1項定有明文。確定判決之既判力，僅以主文爲限而不及於理由。確定判決之主文，倘係就給付請求權之訴訟標的之法律關係爲裁判，並不及於爲其前提之基本權利。雖此非屬訴訟標的之基本權利，其存在與否，因與爲訴訟標的之法律關係有影響，而於判決理由中與以判斷，亦不能認爲此項判斷有既判力。是以原告於其提起給付之訴獲勝訴判決確定，雖在理由內已肯定其基本權利，而當事人再行提起確認其基本權利不存在之訴時，並不違反一事不再理之原則[2]。

二、既判力之範圍

原告之訴，有當事人就已繫屬於不同審判權法院之事件更行起訴、起訴違背第253條、第263條第2項規定，或其訴訟標的爲確定判決效力所及。法院應以裁定駁回之。但其情形可以補正者，審判長應定期間先命補正（民事訴訟法第249條第1項第7款）。當事人不得就已起訴之事件，於訴訟繫屬中，更行起訴（民事訴訟法第253條）。於本案經終局判決後將訴撤回者，不得復提起同一之訴（民事訴訟法第263條第2項）。如例題30題示情形，前訴訟法院係認甲之給付請求權存在，判命丙給付甲200萬元，後訴訟係丙請求確認甲、丙間保證契約關係不存在，前訴訟判決之既判力自不及於後訴訟，法院自不得依民事訴訟法第249條第1項第7款後段規定，駁回丙所提後訴訟[3]。

參、實務見解

債務人遲延者，債權人得請求其賠償因遲延而生之損害。債權人基於債之關係，得向債務人請求給付，民法第231條第1項與第199

---

[2] 最高法院103年度台上字第514號民事判決。
[3] 臺灣高等法院暨所屬法院106年法律座談會民事類提案第23號。

條第1項定有明文。所謂給付，係指債務人依債務本旨應為之一定行為，乃以提供特定之利益於債權人為目的。債務人遲延給付者，債權人得依同法第231條第1項規定請求其賠償因遲延而生之損害[4]。

習　題

一、說明債之標的之定義。

　　提示：民法第199條。

二、債之標的之類型。

　　提示：種類之債、貨幣之債、利息之債、選擇之債、損害賠償之債。

---

[4] 最高法院104年度台上字第1097號民事判決。

第二節

種類之債

關鍵詞：催告、不特定物、中等品質、特定給付物

例題31

　　甲與乙簽訂大豆採購契約，約定來自國外以貨櫃裝載之大豆到貨時，甲通知乙後10日內應至臺中港倉庫領取。甲於2022年10月2日通知乙前來領取，乙依甲之通知於2022年10月11日領取時，發現該批大豆有瑕疵，遂退貨與甲，並即時依民法第364條第1項規定，即時請求甲另行交付無瑕疵之大豆，但未約定何時交付。甲嗣於2022年11月1日始交付無瑕疵之大豆與乙。試問：（一）甲應否自2022年10月11日起，負給付遲延損害賠償責任？（二）倘本件契約有約定大豆之品質時或甲人故意不告知大豆之瑕疵，甲不交付約定品質之大豆，乙得否請求損害賠償？

壹、種類之債之定義

一、不特定物為給付標的之債

　　所謂種類之債，係指以不特定物為給付標的之債，其以種類中一定數量指示給付物之債。倘未特定前，並無給付不能之問題，因同種類之物，不至於全部滅失。給付物僅以種類指示者，依法律行為之性質或當事人之意思不能定其品質時，債務人應給以中等品質之物（民法第200條第1項）。例如，建築工程合約書就房屋門窗之規格、型式及材質等項目，均未詳載，依據種類之債之給付，自應符合中等品質之要求而具備相當之耐受度，以達房屋足以遮風蔽雨供人日常起居之用途。

二、特定之方法

（一）特定給付物

　　債務人交付其物之必要行為完結後，或經債權人之同意指定其應交付之物時，其物即為特定給付物，成為特定物之債（民法第200條

第2項）[1]。種類之債之特定方法有二：交付其物之必要行為完結與債權人之同意指定。準此，種類之債一經特定，債之關係僅存於該特定物，倘該特定物滅失時，即發生給付不能之問題（民法第225條、第226條、第266條）。

（二）交付其物之必要行為完結

必要行為完結類型	內容
赴償債務	以債權人住所地為清償地。
往取債務	以債務人住所地為清償地。
送赴債務	以債權人與債務人之住所地以外之處所，作為清償地。

貳、例題31研析

一、債務人另行交付無瑕疵之物

按給付無確定期限者，債務人於債權人得請求給付時，經其催告而未為給付，自受催告時起，負遲延責任；買賣之物，僅指定種類者，如其物有瑕疵，買受人得不解除契約或請求減少價金，而即時請求另行交付無瑕疵之物，民法第229條第2項前段、第364條第1項定有明文。觀諸民法第200條第1項及第2項規定，出賣人交付之種類物不符約定或法定中等品質時，並未履行其給付義務，不生特定之效果，買受人仍得即時請求交付符合種類之標的物。而種類物買受人對出賣人主張民法第364條第1項規定，即時請求交付無瑕疵標的物之權利，性質上為種類物買受人對出賣人請求另行交付無瑕疵之物之債權請求權（民法第199條）。倘種類物買受人對出賣人行使民法第364條第1項之請求權，即屬踐行民法第229條第2項前段之催告，出賣人仍不交付無瑕疵標的物，倘未證明自己並無可歸責事由，自受催告時起，負遲延責任，買受人得請求遲延之損害賠償。本件契約僅約定大豆貨到時，由甲通知乙後10日內前來領取，並未約定確定之清償期限，屬於

---

[1] 最高法院101年度台上字第1719號民事判決。

民法第229條第2項前段之給付無確定期限之情形。準此,當乙於2022年10月11日依民法第364條第1項規定,即時請求甲另行交付無瑕疵之大豆時,即屬踐行民法第229條第2項前段所稱之催告,甲於斯時起即負給付遲延損害賠償責任[2]。

二、物之瑕疵擔保效力

買賣因物有瑕疵,而出賣人依第354條至第358條規定,應負擔保之責者,買受人得解除其契約或請求減少其價金。但依情形,解除契約顯失公平者,買受人僅得請求減少價金(民法第359條)。買賣之物,缺少出賣人所保證之品質者,買受人得不解除契約或請求減少價金,而請求不履行之損害賠償;出賣人故意不告知物之瑕疵者亦同(民法第360條)。準此,倘本件契約有約定大豆之品質時或甲故意不告知大豆之瑕疵,出賣人甲不交付約定品質之大豆,買受人乙得請求不履行之損害賠償。

參、實務見解

按從事設計、生產、製造商品或提供服務之企業經營者,於提供商品流通進入市場,或提供服務時,應確保該商品或服務,符合當時科技或專業水準可合理期待之安全性,消費者保護法第7條第1項定有明文。出買人與建物買受人簽訂之房屋買賣契約,未就客廳、臥室、1樓大廳等處玻璃約定品質,依民法第200條第1項及消費者保護法第7條第1項規定,被上訴人使用之玻璃僅須具有興建當時一般大樓普遍使用之中等品質,並符合當時科技及專業水準可合理期待之安全性,即符債之本旨[3]。

---

[2] 臺灣高等法院暨所屬法院101年法律座談會民事類提案第6號。
[3] 最高法院107年度台上字第518號民事判決。

習　題

一、說明種類之債之定義。

　　提示：民法第200條第1項。

二、說明種類之債特定方法。

　　提示：民法第200條第2項。

第三節

貨幣之債

關鍵詞：市價、本國貨幣、外國貨幣、通用貨幣

例題32

　　債權人持以外國通用貨幣定給付額之執行名義，聲請強制執行，經執行法院對債務人之財產為查封及拍定。試問：（一）執行法院於製作分配表分配時，應否將新臺幣之拍定金額換算為該外國貨幣分配與債權人？（二）以何時之匯率為標準？

壹、貨幣之債之定義

一、特種通用貨幣給付

　　所謂貨幣之債或金錢之債，係指以貨幣為給付標的之債。貨幣之債為典型之種類之債，其種類有本國貨幣之債及外國貨幣之債。所謂本國貨幣之債，係指以本國發行之貨幣為標的者。例如，我國發行之貨幣為新臺幣。以特種通用貨幣之給付為債之標的者，倘其貨幣至給付期喪失通用效力時，應給以他種通用貨幣（民法第201條）。

二、外國通用貨幣給付

　　以外國通用貨幣定給付額者，債務人得按給付時，給付地之市價，以中華民國通用貨幣給付之。例外情形，係訂明應以外國通用貨幣為給付者，不在此限（民法第202條）。準此，以外國通用貨幣定給付額者，債務人得以中華民國通用貨幣為給付，除非明定以外國通用貨幣為給付者。例如，債務人依民法第201條、第202條及臺灣地區與大陸地區人民關係條例第38條第1項規定，得於給付時，按照人民幣兌換新臺幣之匯率以新臺幣給付。倘為債權人請求給付，依債之本旨，僅得請求債務人以外國通用貨幣給付之。債務人給付時，得選擇以外國通用貨幣或中華民國通用貨幣給付。當事人明定應以美元為給付者，而債務人亦無不能給付美元之情形，債務人不得按給付時之外匯匯率，以新臺幣給付與債權人。

三、貨幣之債類型

	本國貨幣之債	外國貨幣之債
給付標的	本國發行之貨幣	外國發行之貨幣
法條依據	民法第201條	民法第202條
性質	1. 特種貨幣之債 2. 他種貨幣	1. 法定任意之債 2. 給付地為實際之給付處所

貳、例題32研析

一、中華民國通用貨幣給付

以給付一定金額之國內流通貨幣或外國流通貨幣為標的之債，為金額貨幣之債，當事人所著重者，為一定金額之通貨為給付標的，故債務人所支付者，倘為法定貨幣，不問種類如何，債權人均不得拒絕。且拍賣機關係代替債務人拍賣債務人之財產，除非債務人已明白表示不同意以中華民國通用貨幣給付外，執行法院自可代替債務人立於出賣人之地位，按給付時，給付地之市價，以中華民國通用貨幣，分配與債權人。

二、匯率計算標準

應以債權人實際領取分配款之日計算匯率，因民法第202條規定，應按給付時，給付地之市價，以中華民國通用貨幣給付之，故應以債權人實際領得分配款之日為標準[1]。再者，執行當事人約定之利息、違約金或法定利息（民法第203條；辦理強制執行事件應行注意事項第16點第3項），應計算至全部拍定價金或執行金額交付與執行法院之日止，即以該日視為清償日。倘係債權人承受者，則以承受日為清償日[2]。

---

[1]　臺灣高等法院暨所屬法院93年法律座談會民事執行類提案第13號。

[2]　林洲富，實用強制執行法精義，五南圖書出版股份有限公司，2022年1月，16版1刷，頁299。

參、實務見解

　　當事人之一方受領之給付為外國通用貨幣時，除該為債務人之當事人依民法第202條前段規定，得按給付時給付地之市價，以我國通用貨幣給付外，債權人無換幣給付請求權，債權人請求給付，須依債之本旨。準此，債權人請求給付債務給付時，僅得請求債務下給付外國通用貨幣。當事人明定應以外國通用貨幣給付者，而債務人亦無不能給付外國通用貨幣，債務人不得按給付時之外匯匯率，以新臺幣給付與債權人。未明定應以外國通用貨幣給付者，債務人得選擇給付我國通用貨幣或外國通用貨幣[3]。

習　題

一、說明貨幣之債之定義。

　　提示：所謂貨幣之債，係指以貨幣為給付標的之債。

二、說明貨幣之債之類型。

　　提示：貨幣之債為典型之種類之債，其類型有本國貨幣之債及外國貨幣之債。

---

[3] 最高法院 109年度台上字第2494號、110年度台上字第1830號民事判決。

第四節

利息之債

關鍵詞：原本、複利、主債權、從債權、約定利息、法定利息、
最高利率、巧取利益、法定孳息、基本權之利息之債、
支分權之利息之債

例題33

　　乙向甲借款新臺幣（下同）10萬元，約定借款清償期間為2年，年息30%，甲先扣除利息3萬元。試問甲得否依約定向乙請求給付約定利息？乙應如何給付該借款本金與利息？

壹、利息之債之定義

一、約定利息及法定利息

（一）定義

　　所謂利息之債，係指以利息為其給付標的之債，其為法定孳息之一種，以金錢或其他代替物為給付。原本債權為主債權，利息債權為從債權，而利息之類型有約定利息及法定利息。應付利息之債務，其利率未經約定，除法律另有規定外，其法定利率為年息5%（民法第203條）。例如，票據債務利息，其法定利率為年息6%，就票據債權，應優先適用（票據法第28條、第97條）。

（二）法定利息類型

類型	內容	法條依據
遲延利息：金錢債務	金錢債務：遲延之債務，以支付金錢為標的者，債權人得請求依法定利率計算之遲延利息。	民法第233條第1項本文
墊款利息：為他人墊支費用	管理人為本人支出必要或有益之費用，得請求本人償還其費用及自支出時起之利息。	民法第176條第1項
	連帶債務人中之一人，因清償、代物清償、提存、抵銷或混同，致他債務人同免責任者，得向他債務人請求償還各自分擔之部分，並自免責時起之利息。	民法第281條第1項
	受任人因處理委任事務，支出之必要費用，委任人應償還之，並付自支出時起之利息。	民法第546條第1項
擬制利息：為自己利益，使用他人之金錢	第540條至第542條關於委任之規定，其於無因管理準用之。	民法第173條第2項
	受任人為自己之利益，使用應交付於委任人之金錢或使用應為委任人利益而使用之金錢者，應自使用之日起，支付利息。	民法第542條

二、複利之限制與例外

原則上禁止複利，利息不得滾入原本再生利息。例外規定：
（一）當事人以書面約定，利息遲付逾1年後，經催告而不償還時，
債權人得將遲付之利息滾入原本者，依其約定（民法第207條第1
項）。例如，當事人未以書面約定得將遲付之利息滾入原本，故利息
不得滾入原本再生利息。貸與人依消費借貸契約固應給付借用人給付
約定利息元，惟該部分利息不得再生利息（民法第474條第1項）；
（二）商業上另有習慣者，適用該習慣（第2項）[1]。例如，銀行或郵
局活期儲蓄存款係每6個月計算複利一次，利息滾入原本成為原本之
一部。

三、最高利率限制

約定利率逾年息12%者，經1年後，債務人得隨時清償原本。但
須於1個月前預告債權人（民法第204條第1項）。該清償之權利，不
得以契約除去或限制之，以保護債務人，此為強制規定，違反者無
效，債務人不受拘束（第2項）[2]。民法第205條就最高利率有限制，
故約定利率逾年息16%者，債權人對於超過部分之利息，無請求權，
為不完全債務。倘債務人給付超過部分之利息，經債權人受領後，並
非不當得利，不得請求返還。

四、巧取利益之禁止

為防止債權人迴避禁止規範，債權人除應受法定最高利率之限制
外，不得以折扣或其他方法，巧取利益，此為強制規定，違反者無效
（民法第206條）[3]。消費借貸為要物契約，因金錢或其他代替物之交
付而生效力，故利息先扣之消費借貸，其貸與之本金額，應以利息預

---

[1] 最高法院106年度台上字第2079號民事判決。
[2] 最高法院110年度台上字第1099號民事判決。
[3] 最高法院103年度台上字第1403號民事判決。

扣後實際交付借用人之金額爲準[4]。例如，當事人約定之借款金額雖爲新臺幣（下同）10萬元，然貸與人僅交付8萬元與借款人，預扣2萬元，借款人僅需歸還8萬元本金。

五、基本權與支分權之利息之債

利息之債，依其法律性質可分基本權之利息之債與支分權之利息之債。申言之：（一）所謂基本權之利息之債，係指未達清償期之利息之債，此利息之債爲從屬原本債權之從權利，其與原本債權同其命運，具有附屬性；（二）所謂支分權之利息之債，係指已達清償期之利息之債，此利息之債具有獨立性，可與原本債權分離而處分，其消滅時效與原本債權個別起算（民法第126條）。

六、利息之債類型

依法律性質區分	基本權之利息之債	未屆清償期，其與本金間有從屬性
	支分權之利息之債	已屆清償期，具有獨立性
依發生原因區分	當事人約定	約定利息不得逾年息16%（民法第205條）
	法律規定	法定利息5%（民法第203條）
依計算方式區分	利息不加入原本生息	單利（民法第207條第1項本文）
	利息加入原本生息	複利（民法第207條第1項但書、第2項）

貳、例題33研析

債權人不得以折扣或其他方法，巧取利益（民法第206條）。乙向甲借款新臺幣（下同）10萬元，甲先扣除利息3萬元，乙實收7萬元，僅能按原本7萬元計算利息。約定利率逾年息12%者，經1年後，債務人得隨時清償原本。但須1個月前預告債權人（民法第204條第1項）。本件約定借款清償期間2年，年息30%，乙得定於1個月前通知甲欲清償借款，並於1年後清償原本一部或全部。約定利率逾年息

---

[4] 最高法院88年度台上字第1346號民事判決。

16%者，債權人對於超過部分之利息，無請求權（民法第205條）。準此，乙固得拒絕給付超過年息16%之利息部分，然乙依約給付利息，經甲受領後，不得請求返還。

參、實務見解

寄託物爲代替物時，如約定寄託物之所有權移轉於受寄人，並由受寄人以種類、品質、數量相同之物返還者，爲消費寄託。自受寄人受領該物時起，準用關於消費借貸之規定（民法第602條第1項）。金融機構與存款戶間之定期存款契約，屬消費寄託性質，定期存款之期限非當然係消費寄託契約之期限，倘當事人間約定定期存款期限屆至時，自動轉爲活期存款者，自應依其約定，係因金融機構返還金錢之前，享有運用金錢之利益，因而在定期存款期限屆至後、返還存款前同意計付活期存款利息與存款戶，此經當事人特別約明，自無民法第203條法定利率之適用，且金融機構亦同意在返還存款前排除遲延責任之豁免[5]。

習　題

一、所謂利息之債之定義。
　　提示：民法第203條。
二、說明最高利率限制之規定。
　　提示：民法第204條。
三、說明債務人之提前還本權。
　　提示：民法第205條。
四、說明巧取利益之禁止。
　　提示：民法第206條。
五、說明複利之禁止與准許。
　　提示：民法第207條。

---

[5] 最高法院110年度台上字第2326號民事判決。

第五節

選擇之債

關鍵詞：選擇權、形成權、選擇權人、數宗給付、單純之債

例題34

> 甲主張其將所有之自用小轎車一輛，向乙保險公司投保綜合損失險，保險金額為新臺幣（下同）75萬元；保險期間自2021年8月27日起至2022年8月27日止。甲駕駛該轎車於2021年12月28日，在新北市與丙駕駛之卡車相撞，以致小轎車全毀。甲當即將出險事由通知乙公司派員到場處理，並請求給付保險金。乙公司以甲已與丙和解為由，拒絕理賠。甲嗣於2022年8月8日通知上訴人於5日內理賠，未見置理。2022年1月6日再度函知於3日內修理，乙公司仍與拒絕。甲依修理廠估價之金額62萬元請求給付保險金。乙公司以甲於車禍發生後，已與加害之對方丙成立和解，將轎車受損害之賠償請求權拋棄。乙公司自得拒絕理賠。況如認乙公司應負理賠責任，依保險契約基本條款第18條之約定，被保險汽車遇有毀損或滅失時，乙公司得自由選擇加以修理，或對於該項毀損或滅失之數額償付現款。其有選擇理賠方式之權，選擇以修理轎車為賠償方法。試問甲與乙公司之主張，何者有理由？

例題35

> 甲有坐落臺北市士林區公寓1棟，計有四層18間套房，乙向甲承租1間套房，租賃契約約定由甲決定，每月房租均為新臺幣1萬元，甲雖應於2022年7月1日決定何套房出租與乙，然甲逾期未決定。試問乙欲搬入該公寓之某套房居住，應如何主張？

壹、選擇之債之定義

所謂選擇之債，係指於數宗給付中，得選定其一為給付標的之債[1]。例如，當事人約定就機車1部或電腦1部，任選其一以為給付。

---

[1] 最高法院100年度台上字第1579號民事判決。

選擇之債之選擇權，原則上屬於債務人。但法律另有規定或契約另有訂定者，不在此限（民法第208條）[2]。債權人或債務人有選擇權者，應向他方當事人以意思表示爲之（民法第209條第1項）。由第三人爲選擇者，應向債權人及債務人以意思表示爲之，對話或非對話均可（第2項）。例如，當事人約定就鋼筆或英文字典，任選其一以爲給付，債務人以口頭向債權人表示，選定鋼筆爲特定給付。倘而係因停止條件成就，就數宗給付特定其中一宗以爲給付者，即非選擇之債[3]。

貳、選擇權行使

一、方式與效力

選擇權行使，無論以明示或默示意思表示爲之，均無不可，一經行使，債務人應履行債之內容，即告確定，其餘各宗債務內容隨之失其效力，而足以變更現存法律狀態，選擇權爲形成權，一經行使，選擇之債則變爲單純之債[4]。選擇之效力，溯及於債之發生時（民法第212條）。再者，選擇之債與種類之債不同，選擇之債其數宗給付相互間，具有不同內容而有個別之特性，爲當事人所重視，故須經選定而後特定。其與種類之債以給付同種類，同品質、同數量之物爲標的者，兩者有所不同。

二、選擇權之行使期間與移轉

爲避免有選擇權人遲未行使選擇權，導致債之關係無從特定，民法規定補救方法有三：（一）選擇權定有之行使期間，倘於該期間內不行使時，其選擇權移屬於他方當事人（民法第210條第1項）。例如，當事人約定就大致同價值之桌上電腦1部或筆記型電腦1部，債務人得於10日內，任選其一以爲給付，因債務人逾期未選擇，債權人

---

[2] 最高法院107年度台上字第353號民事判決。
[3] 最高法院100年度台上字第1579號民事判決。
[4] 最高法院108年度台上字第997號民事判決。

即可選定桌上電腦1部，爲特定給付之標的；（二）選擇權未定有行使期間者，債權至清償期時，無選擇權之當事人，得定相當期限催告他方當事人行使其選擇權，倘他方當事人不於所定期限內行使選擇權者，其選擇權移屬於爲催告之當事人（第2項）[5]。例如，當事人約定就球鞋1雙或皮鞋1雙，任選其一以爲給付，因未約定行使選擇權期間，債權人催告債務人應於10日內，選定，債務人逾期未選擇，選擇權即歸債權人；（三）由第三人爲選擇者，倘第三人不能或不欲選擇時，選擇權屬於債務人（第3項）。例如，父親選定數種子女之生日禮物，由母親爲子女任選一種，因母親不想選擇，則應由父親選定。

三、選擇之債之給付不能

民法第211條本文規定給付不能之情形，即因不可歸責於債務人之事由，致給付不能者之情形，導致數宗給付中，有自始不能或嗣後不能給付者，債之關係僅存在於餘存之給付。例如，數宗給付之一宗，因地震而滅失，滅失之一宗已無法選擇。例外情形，其不能之事由，應由無選擇權之當事人負責者，有選擇權之人，得選擇給付不能之一宗而免給付義務（民法第225條），或者請求損害賠償（民法第226條）。例如，當事人約定就限定版球鞋1雙或皮鞋1雙，任選其一以爲給付，因債權人之原因，導致無法取得該限定版球鞋1雙，債務人得選擇該限定版球鞋1雙爲給付，而免除給付義務。

四、區別選擇之債與種類之債

選擇之債	種類之債
數宗給付中得擇一給付	一定種類中之一定數量給付
數宗給付為各別之物	給付物為同種類之物
須經選擇始可確定	就一定種類之物，確定一定數量
選擇特定有溯及效力	種類特定無溯及效力
有給付不能之問題	無給付不能之問題

---

[5] 最高法院110年度台上字第3043號民事判決。

參、例題研析

一、例題34解析——選擇權人之選擇

乙保險公司之汽車保險單背面印有汽車保險基本條款，該條款第18條之內容為：被保險汽車遇有毀損或滅失時，乙公司得自由選擇加以修理，或對於該項毀損或滅失之數額償付現款。係約定因保險事故毀損之轎車，保險人乙公司有權選擇修理或償付因毀損所減少之價額，為其理賠之方式。按選擇之債，經有選擇權人之選擇，成為單純之債。依民法第212條規定，其選擇之效力，並溯及於債之發生時。故選擇之債一經選擇，即視為自始為單純之債。甲與乙訂立之保險契約有前開內容之約定時，乙公司選擇以修理轎車為賠償方法，甲不得請求給付修理費用[6]。

二、例題35解析——選擇權之移轉

就數宗給付中得選定其一者，其選擇權屬於債務人（民法第208條本文）。債權人或債務人有選擇權者，應向他方當事人以意思表示為之（民法第209條第1項）。選擇權定有行使期間者，如於該期間內不行使時，其選擇權移屬於他方當事人（民法第210條第1項）。如題意所示，甲有坐落臺北市士林區公寓1棟，計有四層18間套房，乙向甲承租1間套房，由甲決定何套房出租，甲逾期未決定，其選擇權移屬於乙，乙得選擇其所承租之套房。

肆、實務見解

被告有選擇權之選擇之債，而被告不履行給付時，原告即有必要將不同內容之聲明，即數宗給付，地位同一，並無先後關係之分，以選擇合併之訴方式起訴，否則難以保障被告之選擇權。倘法院認原告請求有理由者，應依其聲明就全部給付請求為選擇關係之判決，而於判決確定後或強制執行時，被告仍得就數宗給付中，選擇其一對原告

---

[6] 最高法院70年度台上字第4155號民事判決。

為給付。此與訴之選擇合併，係原告以單一之聲明，主張二以上之訴訟標的，請求法院擇一訴訟標的為其勝訴判決之性質有別[7]。

習 題

一、選擇之債之定義。

　　提示：所謂選擇之債，係指於數宗給付中，得選定其一為給付
　　　　　標的之債。

二、說明選擇權之行使方式。

　　提示：民法第208條、第209條、第210條。

三、選擇之債之給付不能之效果。

　　提示：民法第211條。

---

[7] 最高法院107年度台上字第353號民事判決。

第六節

損害賠償之債

關鍵詞：市價、代理人、使用人、債之本旨、回復原狀、損益相抵、過失相抵、債務不履行、歸責原因、責任原因、原因事實、賠償義務人、讓與請求權

例題36

甲乙各駕駛自用轎車，行至某地時，由於乙之過失，致甲之車引擎蓋及車門受損，甲因其車向丙保險公司投有保險，乃將該車開往丙指定之修理廠修復，丙於給付修理廠修理費後，起訴向乙求償所支出之修理費。試問乙抗辯甲之車本可由其指乙修復，甲逕將該車送修理廠修復，其可拒付修理費，乙之抗辯有無理由？

例題37

甲向乙詐稱如投資某金融商品新臺幣（下同）100萬元，每月可獲得紅利5萬元，致乙陷於錯誤而與甲訂立投資契約並交付100萬元與甲，詎甲於給付2個月紅利，共計10萬元以後，即不再給付，乙始知受騙。乙於發現被詐欺時起1年內，撤銷被詐欺所為訂立投資契約之債權行為及交付100萬元之物權行為之意思表示後，依民法第184條第1項前段規定，訴請甲賠償100萬元。試問乙因甲之詐欺行為所受之損害為90萬元或100萬元？理由為何？

例題38

乙乘坐甲所駕駛汽車時，因甲車與丙所駕駛之汽車相撞，導致乙受有傷害，甲、丙對本次車禍之發生均有過失，甲、丙之過失責任各50%。試問乙如何向甲及丙請求損害賠償？依據為何？

例題39

借用人借用他人之汽機車駕駛時，因借用人與第三人之過失致汽機車所有人即出借人之車輛受損，出借人向第三人或所承保之保險公司代位向第三人請求賠償時。試問第三人得否抗辯借用人為出借人之使用人，而應有民法第217條第3項規定之適用？

例題40

　　甲竊取乙公司所有之電纜一批，並將電纜切成小段，欲取出內部之銅線出售，其於銷贓前遭警查獲，警方乃將已切成小段之電纜線發還乙公司，嗣乙公司訴請甲賠償重新購買電纜線之損害新臺幣100萬元。試問甲依民法第218條之1請求讓與上開小段電纜線之所有權，並為同時履行之抗辯，甲之抗辯是否有理由？

壹、損害賠償之債之定義

一、債務不履行與侵權行為之債

　　所謂損害賠償之債，係指損害賠償為標的之債。債務不履行之債與侵權行為之債，均為損害賠償之債。債務人應依債之本旨提出給付，經過債權人之受領，始符合債務人已確實履行債務；倘因可歸責於債務人之事由，而未依債之本旨以為給付，即為債務不履行。侵權行為損害賠償制度之功能，在於解決因不法或違法行為而造成之損害，應由何者負賠償責任，並界定賠償之範圍。損害除可分財產上之損害與非財產上之損害外，亦有積極損害及消極損害之區分。

二、損害賠償之債之成立

　　損害賠償之債之成立要件有三：（一）損害之發生，無損害即無賠償可言。故損害賠償之債，以實際上受有損害為成立要件，倘無損害，即不發生賠償問題；被害人實際上有否受損害，應視其財產總額有無減少而定[1]；（二）具有歸責原因或責任原因，可分主觀之歸責原因與客觀之歸責原因。所謂主觀之歸責原因，原則上係指賠償義務人具有故意或過失，例外情形，無過失亦應負責。就客觀之歸責原因以觀，在侵權行為係權利或利益之侵害，在債務不履行為義務之違反；（三）損害發生之原因事實與損害間，具有相當因果關係。

---

[1] 最高法院92年度台上字第566號民事判決。

貳、損害賠償之方法

	法律效果	法條依據
回復原狀	應回復他方損害發生前之原狀	民法第213條第1項
金錢賠償	回復原狀之費用或賠償價值	民法第213條第2項、第3項、第214條、第215條

一、回復原狀

損害賠償之方法，以回復原狀爲原則，以金錢賠償爲例外。即負損害賠償責任者，除法律另有規定或契約另有訂定外，應回復他方損害發生前之原狀。例如，被害人之股票遭盜賣時，其股票之權利因而喪失，侵害其權利者即構成侵權行爲，依民法第213條第1項規定，原則上應回復被害人損害發生前之原狀，即返還股票及其配息、配股[2]。法律規定金錢賠償者：（一）民法第192條第1項之支出醫療、增加生活上需要費用或殯葬費；（二）民法第192條第2項之被害人對於第三人負有法定扶養義務；（三）民法第193條之喪失或減少勞動能力，或增加生活上需要；（四）民法第194條之不法侵害他人致死者，而被害人一定親屬之精神慰撫金；（五）民法第195條之非財產上損害賠償；（六）民法第196條之毀損他人之物，所減少之價額。

二、回復原狀費用以必要者為限

回復原狀之費用，既以必要者爲限，倘損害賠償之方法，係以新品更換舊品，使物之整體價值增加，被害人因而受有利益時，本諸禁止得利之原則，自應從其得請求賠償金額中扣除[3]。再者，爲合乎實際需求及使被害人之保障更周全，債權人得請求支付回復原狀所必要之費用，以代回復原狀（民法第213條第1項、第3項）。因回復原狀而應給付金錢者，自損害發生時起，加給利息（第2項）。例如，偷

---

[2]　最高法院102年度台上字第1580號民事判決。

[3]　最高法院110年度台上字第158號民事判決。

竊他人之金錢，因回復原狀而應給付金錢者，自偷竊發生時起，加給
法定利息年息5%（民法第203條）。

三、金錢賠償

（一）相當期限催告後逾期不回復

應回復原狀者，如經債權人定相當期限催告後，逾期不為回復
時，債權人得請求以金錢賠償其損害（民法第214條）。因損害賠償
之目的，在於填補所生之損害，其應回復原狀者，並非原來狀態，而
係應有狀態，應將損害事故發生後之變動情況考慮在內，故請求金錢
賠償，其有市價者，應以請求或起訴時之市價為準。例如，被害人定
10日期限催告車禍之肇事者，修復被害人之車輛，加害人未於期限內
修復，被害人得自行修復，請求修復費用之金錢賠償。

（二）不能回復原狀或回復顯有重大困難者

不能回復原狀或回復顯有重大困難者，應以金錢賠償其損害
（民法第215條）。所謂金錢賠償，係指價值賠償而言。其有市價
者，應以請求時或起訴時之市價為準[4]。例如，甲之機車因火災嚴重
損害，已達回復原狀重大困難之程度，火災係由乙引起，甲得請求乙
賠償機車燒燬前之市價，以金錢給付之。

參、損害賠償之範圍

一、約定損害賠償範圍

所謂約定損害賠償範圍，係指當事人以契約約定違約之損害賠償
範圍。例如，當事人所約定之違約金，分為損害賠償預定性違約金與
懲罰性違約金，前者以預定債務不履行之損害賠償為目的，後者以強
制債務之履行為目的。倘屬損害賠償總額預定性質者，係作為債務人
於債務不履行時，其損害賠償預定或推定之總額，目的在填補債權人
因其債權未依契約本旨實現所受之損害。而關於損害賠償之範圍，民

---

[4]　最高法院109年度台上字第2798號民事判決。

法係採完全賠償主義，除法律另有規定或契約別有約定，應以填補債權人所受損害及所失利益為限（民法第216條第1項）[5]。

二、法定損害賠償範圍

法定損害賠償範圍，除法律另有規定或契約另有訂定外，應以填補債權人所受損害及所失利益為限（民法第216條第1項）。申言之：（一）所受損害屬積極損害，導致既存利益減少；（二）所失利益屬消極之損害，應增加之利益而不增加。即依通常情形，或依已定之計畫、設備或其他特別情事，可得預期之利益，視為所失利益。所失利益，固不以現實有此具體利益為限，惟該可得預期之利益（第2項），亦非指僅有取得利益之希望或可能為已足，尚須依通常情形，或依已定之計畫、設備或其他特別情事，具有客觀之確定性，始足當之[6]。例如，以駕駛計程車為營業者，該司機與其他車輛發生車禍，除得請求車輛受損之積極損害外，倘依據通常情形每日得新臺幣（下同）2,000元之純利，因受傷無法工作者，該每日2,000元為可得預期之利益，其屬消極之損害。

肆、賠償金額之減免（98年高考；99年司法人員四等；99年司法人員三等；100年律師）

一、損益相抵

（一）基於同一原因事實

所謂損益相抵或損益同銷，係指損害賠償之債權人基於同一原因事實受有損害並受有利益者，其請求之賠償金額，應扣除所受之利益（民法第216條之1）。所謂因同一侵害原因事實，係指受利益與同一侵害事實之損害，具有相當因果關係而言，此因果關係是一種法律評價，非自然意義下之條件關係，其判斷基準，須符合法律規範意旨，

---

[5] 最高法院110年度台上字第2381號民事判決。
[6] 最高法院110年度台上字第1064號民事判決。

且利益與損害須具備一致性[7]。例如，出賣人固因短付買受人私有單獨使用面積10坪，惟其現有共同使用部分之面積，建物登記簿謄本之記載，則為20坪，其較原配置圖所載增加10坪，此均屬買受人所有，除買受人實際與以使用外，倘未來欲轉售房屋，得併入主建物之面積合併計算價金。基於當事人所訂之買賣契約，出賣人實際所給付與買受人之標的物，雖使買受人受有私有單獨使用面積短少之損害，然同時並使買受人受有共同使用部分增加之利益，自應就買受人所請求之賠償金額扣除其所受之利益。

（二）內部就損害與利益以確定損害賠償範圍方法

　　損益相抵係被害人內部就損害與利益折算以確定損害賠償範圍之方法，其與債之抵銷尚屬有間。故於適用損益相抵時，法院就被害人所受利益縱有所判斷，僅屬認定損害賠償請求權範圍之理由或依據，該利益部分自無既判力之可言[8]。再者，同一事實，一方使債權人受有損害，一方亦使債權人受有利益者，應於所受之損害內，扣抵所受之利益，必其損益相抵之結果尚有損害，始應由債務人負賠償責任[9]。例如，甲雖侵入乙地砍斷其上樹木，然對乙地施肥，種植蔬菜，乙向甲請求賠償砍斷樹木之損害時，甲得扣除乙地施肥與種植蔬菜之利益。

1. 扶養請求權無法損益相抵

　　父母對子女之扶養請求權與未成年子女對父母之扶養請求權各自獨立，父母請求子女扶養，非以其曾扶養子女為前提。況損益相抵原則旨在避免債權人受不當之利益，未成年子女遭不法侵害致死，其父母因而得免支出扶養費，依社會通常之觀念亦不能認係受有利益，故父母請求加害人賠償損害時，自無須扣除其對於被害人至有謀生能力時止所需支出之扶養費[10]。

---

[7]　最高法院110年度台上字第268號民事判決。
[8]　最高法院105年度台上字第632號民事判決。
[9]　最高法院109年度台上字第3268號民事判決。
[10]　最高法院92年度第5次民事庭會議決議。

2. 保險金無法損益相抵

　　被保險人因保險人應負保險責任之損失發生，而對於第三人有損失賠償請求權者，保險人得於給付賠償金額後，代位行使被保險人對於第三人之請求權；但其所請求之數額，以不逾賠償金額為限（保險法第53條第1項）。保險制度在於保護被保險人，非為減輕損害事故加害人之責任。保險給付請求權之發生，係以定有支付保險費之保險契約為基礎，與因侵權行為所生之損害賠償請求權，並非出於同一原因。後者之損害賠償請求權，殊不因受領前者之保險給付而喪失，兩者除有保險法第53條關於代位行使之關係外，並不生損益相抵問題[11]。

二、過失相抵

（一）被害人與有過失

　　損害之發生或擴大，被害人與有過失者，法院得減輕賠償金額，或免除之（民法第217條第1項）。所謂被害人與有過失，必須其行為與加害人之行為，為損害之共同原因，而其過失行為並為有助成損害之發生或擴大之行為者，始屬相當[12]。例如，甲與乙駕駛車輛發生車禍，甲、乙各負60%、40%之責任，乙受有損害新臺幣（下同）10萬元，其向甲請求損害賠償時，應適用過失相抵，乙僅得請求6萬元。再者，法院就與有過失責任比例之認定，雖有裁量之權限，然應斟酌雙方原因力之強弱與過失之輕重以定之[13]。

（二）債務人不知重大之損害原因

　　重大之損害原因，為債務人所不及知，而被害人不預促其注意或怠於避免或減少損害者，為與有過失（民法第217條第2項）。所謂與有過失，係指被害人倘能盡善良管理人之注意，即得避免其損害之發生或擴大，其竟不注意，致有損害發生或擴大之情形而言。例如，甲

---

[11] 最高法院103年度台上字第1121號民事判決。
[12] 最高法院107年度台上字第1854號民事判決。
[13] 最高法院110年度台上字第107號民事判決。

發生車禍，拒絕就醫，導致病情惡化，甲就其受傷加重之發生，與有過失。

（三）代理人或使用人與有過失

1. 代理人或使用人之範圍

　　被害人之代理人或使用人與有過失者，準用過失相抵（民法第217條第3項）。所謂代理人，係指意定代理人與法定代理人。所謂使用人，係指為債務人服勞務或輔助履行債務者。舉例說明如後：(1)所謂旅遊營業人者，係指提供旅客旅遊服務為營業而收取旅遊費用之人（民法第514條之1第1項）。前項旅遊服務，係指安排旅程及提供交通、膳宿、導遊或其他有關之服務（第2項）。準此，旅遊契約係存在於旅客與旅遊營業人間，旅遊營業人未經旅客同意，將該旅行業務轉讓與他旅行社，則他旅行社所為，僅立於輔助旅遊營業人履行債務之地位，契約當事人仍旅遊營業人；(2)承攬契約著重在完成一定之工作，除當事人間有約定不得轉由第三人完成工作外，承攬人得將所承攬之工作轉給次承攬人來完成，此為次承攬契約（民法第490條第1項）。次承攬契約為獨立的契約，其法律關係僅存於承攬人與次承攬人間，故次承攬人與原定作人不生權利義務關係，原定作人不得向次承攬人請求完成工作，次承攬人亦不得向原定作人請求給付報酬。準此，次承攬人為承攬人之履行輔助人。

2. 加害人與被害人間損害分配之客觀公平性

　　被害人應承擔其使用人之過失，係由被害人承擔使用該他人過失之危險，在於謀求加害人與被害人間損害分配之客觀公平性。是在一般共同侵權行為，被害人得對加害人請求全部之損害賠償，而由加害人承擔無法向其他加害人求償之危險，是為原則。以過失相抵之方式，使被害人承擔其使用人之與有過失，即無法向被使用人求償之危險，係屬例外，並依民法第217條第3項準用同條第1項規定，被害人應承擔其使用人之與有過失，以消滅其對加害人之請求權[14]。例如，自用小客車之乘客就司機因駕駛過失導致車禍，有過失相抵之準用，乘客向侵權行為人請求新臺幣（下同）10萬元之損害賠償時，應扣

---

[14] 最高法院110年度台上字第2213號民事裁定。

除司機應負之過失責任2萬元。代理人包括意定及法定代理人。至於雙方互毆乃雙方互為侵權行為，其與雙方行為為損害之共同原因者有別，並無民法第217條過失相抵原則之適用[15]。

三、義務人生計關係之酌減

損害非因故意或重大過失所致者，如其賠償致賠償義務人之生計有重大影響時，法院得減輕其賠償金額（民法第218條）[16]。所謂生計有重大影響者，係指義務人賠償受害人之金額後，將導致其難以維持生活或無法生活。換言之，損害係因侵權行為人之故意或重大過失所致者，縱使侵權行為人因賠償致其生計有重大影響，不得減輕其賠償金額。例如，甲無權占用乙所有土地，致乙受有無法使用土地之損害，係因故意或重大過失侵權行為所致，無從依民法第218條規定減輕其賠償金額[17]。

四、賠償金額減免之類型

類型	賠償金額	法條依據
損益相抵	扣除債權人所受利益。	民法第216條之1
過失相抵	依據過失責任比例，扣抵請求之賠償金額。	民法第217條
義務人生計關係酌減	非因故意或重大過失時，得減輕債務人賠償金額。	民法第218條

伍、讓與請求權

一、物或權利之喪失或損害

關於物或權利之喪失或損害，負賠償責任之人，得向損害賠償請求權人，請求讓與基於其物之所有權或基於其權利對於第三人之請求

---

[15] 最高法院68年台上字第967號民事判決。
[16] 最高法院109年度台上字第1992號民事裁定。
[17] 最高法院110年度台上字第3239號民事判決。

權（民法第218條之1第1項）。例如，受寄人因過失致寄託人所寄託之物，遭第三人竊取，受寄人對於寄託人負賠償責任，受寄人得向寄託人請求讓與基於物之所有權對於第三人之請求權。

二、同時履行抗辯權

（一）未為對待給付前得拒絕自己給付

因契約互負債務者，於他方當事人未為對待給付前，得拒絕自己之給付。但自己有先為給付之義務者，不在此限（民法264條第1項）。例如，當事人間之商品買賣契約，未約定出賣人是否先交付標的物或買受人先交付價金，是出賣人請求買受人給付價金時，買受人得以出賣人未交付標的物錢，而拒絕給付價金。

（二）他方當事人已為部分給付

他方當事人已為部分之給付時，依其情形，如拒絕自己之給付有違背誠實及信用方法者，不得拒絕自己之給付（民法第264條第2項）。所謂部分給付，包含一部給付或瑕疵給付。例如，甲之機臺於2020年1月間即已交付乙使用迄今數年，縱有乙所稱操作不順，然該瑕疵所生價值影響，其與乙拒絕給付之價金餘額新臺幣（下同）600萬元，並不相當，乙僅因該瑕疵未修補，即拒絕剩餘價金600萬元債務之履行，是乙之拒絕給付誠實及信用方法情事[18]。

（三）賠償義務人之權利讓與請求權

關於物或權利之喪失或損害，負賠償責任之人，得向損害賠償請求權人，請求讓與基於其物之所有權或基於其權利對於第三人之請求權（民法第218條之1第1項）。當事人得準用第264條規定之同時履行抗辯權，損害賠償請求權人在未獲得全部賠償前，得拒絕將讓與請求權之標的，讓與賠償義務人（第2項）[19]。例如，受寄人因過失致寄託人所寄託之物，遭第三人竊取，受寄人對於寄託人負賠償責任，受寄人得向寄託人請求讓與基於物之所有權對於第三人之請求權。受

---

[18] 最高法院109年度台上字第2636號民事判決。
[19] 最高法院102年度台上字第906號民事判決。

寄人未全部賠償寄託人損害賠償前，寄託人得拒絕將讓與請求權之標的，讓與受寄人。

（二）同時履行抗辯權與留置權

	同時履行抗辯權	留置權
性質	相對權。	絕對權為物權。
標的	依據債之本旨。	債務人之動產。
發生	基於雙務契約。	所擔保之債權，其發生與債權人占有之債務人動產，具有牽連關係。
消滅	不因債務人提供相當擔保而消滅。	債務人或留置物所有人為債務之清償，已提出相當之擔保者，債權人之留置權消滅（民法第937條第1項）。

陸、例題研析

一、例題36解析——金錢賠償損害之要件

負損害賠償責任者，以回復原狀為原則，僅於法律另有規定，契約另有訂定，或經債權人對應回復原狀者，定相當期限催告後，逾期不為回復原狀時，或不能回復原狀，或回復原狀顯有重大困難者，債權人始得請求以金錢賠償其損害，此觀民法第213條至第215條規定自明。民法屬於保險法之普通法，保險法未規定者，仍有民法之適用。如題意所示，甲之車受損，未經定相當期限催告乙修理，逕行將車送修理廠修復，其與民法得請求以金錢賠償損害之規定不合。甲原不得請求乙以金錢賠償其損害，丙自無從代位甲向乙請求給付修理費。準此，乙之抗辯為有理由。

二、例題37解析——損益相抵之計算

（一）損害之範圍

損害為自然之概念，何種損害得請求賠償，係規範上之評價。被害人因加害人之侵權行為致其財產受有損害時，其損害之範圍應就其財產所受之損害額與其受侵害後財產之價值狀態，綜合衡量比較，以

決定其財產法益所受不利益之數額，不得置其受侵害後財產之價值狀態於不論，而單以其財產所受之損害額斷定之。

（二）詐欺行為所受損害

就詐欺事件以觀，被害人因加害人之詐欺行為陷於錯誤並交付金錢與加害人，倘加害人曾對被害人為給付時，應將加害人所為之給付，評價為詐欺行為之一部，而於認定被害人因加害人之詐欺行為所受之損害時，應扣除加害人給付之金額。否則在以投資為名之詐欺事件中，各被害人投資之期間不一、是否獲利及獲利之金額均有不同。倘有獲利之被害人與未獲利之被害人，均以被害人因被詐欺而交付之金額為損害之金額，對於獲利與否及獲利金額不一之被害人而言，難謂公平。題示以投資為名行詐騙情形，通常被害人眾多且繼續相當期間，其與一次性詐欺行為不同。甲所交付之紅利，以整體觀察而言，係為擴大詐欺範圍及其效果，屬詐欺行為之一部，故於計算乙之損害金額，自應扣除甲交付之紅利，以符被害人間之實質公平。準此，乙因甲之詐欺行為所受之損害，應為新臺幣90萬元[20]。

三、例題38解析──使用人之過失相抵

乙乘坐甲所駕駛汽車，甲車與丙所駕駛之汽車相撞，乙因此受有傷害，甲、丙對車禍之發生均有過失。因駕駛汽車有過失致乘客之人被他人駕駛之汽車撞傷，乘客係因藉駕駛人載送而擴大其活動範圍，駕駛人駕駛汽車，應認係乘客之使用人，應準用過失相抵（民法第217條第3項）。準此，乙請求丙賠償時，應承擔甲之過失責任50%，因與有過失之規定目的，在謀求加害人與被害人間之公平，故在裁判上法院得以職權減輕或免除之[21]。甲與丙係車禍肇事之共同行為人，乙得依據共同侵權行為之法律關係，請求甲、丙連帶負損害賠償責任（民法第185條）。

---

[20] 臺灣高等法院暨所屬法院109年法律座談會民事類提案第4號。
[21] 最高法院85年台上字第1756號民事判決。

四、例題39解析──車輛所有人應負擔借用人之過失

損失之發生或擴大,被害人與有過失者,法院得減輕賠償或免除之(民法第217條第1項)。車輛之所有人將車輛借由他人駕駛,應先行評估借用人之駕駛能力及技術,否則自難辭對自己利益即其所有車輛之維護照顧有所疏懈之責,且此等過失顯亦係助成損害發生之事實之一,所有人自應承擔借用人之過失。而保險公司係代位主張被保險人即車輛所有人之損害賠償請求權,自應負擔借用人之過失[22]。

五、例題40解析──請求讓與基於所有權

按民法第218條之1第1項規定,關於物或權利之喪失或損害,負賠償責任之人,向損害賠償請求權人,請求讓與基於其之所有權或基於其權利對於第三人請求權。上開規定係為解決損害賠償請求權人因請求賠償義務人賠償其所受損害以後,仍享有基於其物之所有權或基於其權利對於第三人之請求權,獲得雙重之利益,故賦予賠償義務人請求損害賠償請求權人讓與其對第三人之請求權之權利,以維公平原則。在讓與請求權所得請求讓與之權利,本質上即為損害賠償請求權人受損害之權利,在型態上之變更。換言之,原來權利因喪失或損害而對賠償義務人發生損害賠償請求權,另方面原來權利之型態變更為對第三人之請求權,或向有剩餘價值,此兩者在本質上原屬同一利益,均自原有之權利變更而來,如損害賠償請求權與讓與請求權標的之原有權利仍歸一人保留,顯然發生雙重利益。原有權利型態之變更,既可能為原有權利之剩餘價值,亦可能為對於第三人之請求權,故賠償義務人得請求讓與者,當包括上述兩者。如題意所示,乙公司請求甲賠償重新購買電纜線之全部費用,其所受損害已完全受填補,自無再保有上開已切成小段電纜線之權利,甲得依民法第218條之1第1項規定,請求乙公司讓與該等電纜線之所有權,並依同條第2項為同時履行抗辯[23]。

---

[22] 臺灣高等法院暨所屬法院104年法律座談會民事類提案第5號。
[23] 臺灣高等法院暨所屬法院102年法律座談會民事類提案第3號。

柒、實務見解

一、過失相抵

　　損失之發生或擴大，被害人與有過失者，法院得減輕賠償或免除之（民法第217條第1項）。強制汽車責任保險法第32條規定，保險人依本法規定所為之保險給付，視為被保險人損害賠償金額之一部分；被保險人受賠償請求時，得扣除之。是被保險人受賠償請求時，得依上開規定扣除請求權人已領取之保險給付，係損害賠償金額算定後之最終全額扣除，故在被害人與有過失之情形，應先適用民法第217條第1項規定算定賠償額後，始有依上開規定扣除保險給付之餘地。倘於請求賠償之金額中先與扣除保險給付，再為過失相抵之計算，無異減少賠償義務人所得扣除之強制汽車責任保險給付額，當非強制汽車責任保險法第32條規定之本意[24]。

二、同時履行抗辯權

　　依民法第264條第2項規定之反面解釋，他方當事人為部分之給付或瑕疵之給付者，除依情形拒絕自己給付違背誠實及信用方法者外，雙務契約之當事人仍得行使同時履行抗辯權，拒絕自己全部或部分之給付。而甲係提供土地價值，支付乙實施都更案代墊費用，以換取乙人興建之房屋，則甲分配取得爭建物之對價，即包含因參與都更案應分擔工程費用、權利變換費用及各項利息、稅捐等必要費用。衡諸民間交易習慣，營業稅多計入不動產買賣價金計算，視為買方取得不動產對價之一部，乙並開立營業稅之發票與甲，足認甲應負擔營業稅，係其取得建物對價之一部，其與乙交付房屋之給付為不可分，則在甲未為全部給付前，乙主張同時履行抗辯權，溯及免除其遲延責任，洵屬有據。準此，甲依民法第398條準用同法第348條第1項規定，請求乙交付系爭建物，為有理由。乙為同時履行抗辯，主張於甲給付營業稅之同時，始交付系爭建物與甲，亦屬有據[25]。

---

[24] 最高法院104年度台上字第1743號民事判決。
[25] 最高法院110年度台上字第2428號民事判決。

三、與有過失（110年司律）

大眾運輸工具，如營業小客車。乘客係與營業人成立運送契約，計程車司機為該運送人或運送人之受僱人，僅係基於運送人與乘客間暫時與短期之運送契約，載運乘客至其預計到達之目的地而已，司機與乘客間，不得以臨時性之運送關係，解釋為民法第224條之使用人，自無適用第217條之與有過失[26]。

習 題

一、說明損害賠償之方法。

　　提示：民法第213條與民法第215條。

二、說明損害賠償之範圍。

　　提示：有當事人約定範圍與法定範圍，如民法第216條至第218條、第233條、第240條。

三、說明損益相抵之要件。

　　提示：民法第216條之1。

四、過失相抵之要件。

　　提示：民法第217條。

五、說明因賠償義務人生計關係，而酌減損害賠償金額之要件。

　　提示：民法第218條。

六、說明讓與請求權之要件。

　　提示：民法第218條之1。

---

[26] 最高法院95年度台上字第279號民事裁定。

第三章

債之效力

概 論

關鍵詞：故意、過失、重大過失、直接故意、間接故意、通常事
變、不可抗力、責任能力、意思能力、附隨義務、誠信
原則、抽象輕過失、具體輕過失、履行輔助人、主給付
義務、從給付義務、善良管理人、有認識過失、無認識
過失

例題41

甲銀行與乙簽訂定型化信用卡契約，約定持卡人乙得向發卡之甲銀行請求信用卡之核發，而憑信用卡於特約商店以簽帳方式作為支付消費帳款之工具，由甲銀行代為處理結清消費款項，嗣後向持卡人乙請求償還。試問特約商店未盡其善良管理人之注意義務，而由非持卡人丙持該信用卡消費，乙應否負責？

例題42

甲公司舉辦員工旅遊活動，所需費用均由公司負擔，甲公司洽由以運送旅客為營業之乙交通公司為運送，該車輛因疏於保養，而於旅途中因機械故障而翻覆，致乘客員工丙受傷，因乙公司有過失。試問丙以甲公司係乙公司之僱用人，而乙公司係甲公司之履行輔助人為由，依侵權行為及債務不履行損害賠償請求權，請求甲公司賠償損害，有無理由？

壹、債之效力

一、債之對內效力

所謂債之效力（effect of obligation），係指債之關係成立後，為實現債之內容，債權人得請求債務人為給付，債務人負有為其給付之義務。債之效力之內容，可分對內效力與對外效力。所謂對內效力，係指債權人與債務人間之效力。例如，承租人依據租賃契約，請求出租人交付租賃標的。債務履行與債務不履行，分為債務履行與債務不履行。所謂債務履行，係指債務人依照債之本旨實現債務之內容。所謂債務不履行，係指債務人不依照債之本旨實現債務之內容。債務不履行之情形，有給付不能、給付拒絕、不完全給付及給付遲延四種類型。

二、債之對外效力

所謂對外效力，係指債權人對於第三人效力。對外效力之情形，法律賦予債權人代位權與撤銷權，此為保全債權之權利。再者，權利之行使，不得違反公共利益，或以損害他人為主要目的（民法第148條第1項）。行使權利，履行義務，應依誠實及信用方法（第2項）。準此，行使債權與履行債務，應依誠信原則準此，債權之行使，對內與對外均有界限。

貳、債務不履行之可歸責事由（94年司法人員四等）

債務人就債務不履行具有故意（intentional）或過失（negligent）之行為，原則上應負賠償責任（民法第220條第1項）。債務人之過失責任，依事件之特性而有輕重，倘其事件非與債務人以利益者，應從輕酌定（第2項）。舉例說明如後：1.合夥人執行合夥之事務，應與處理自己事務為同一注意。其受有報酬者，應以善良管理人之注意為之（民法第672條）；2.甲於交易之際時，已有相當之可能性，可得而知表意人乙之意思表示應屬錯誤，故甲之信賴利益即無保護之必要，對表意人乙注意義務之要求程度，可大幅降低，以符事理之平。

一、故意

何謂故意之主觀要件，民法未明文規範，一般文獻於解釋上，常依刑法有關規定說明故意之類型：（一）所謂直接故意，係指行為人對於債務不履行之事實，明知並有意使其發生（刑法第13條第1項）；（二）所謂間接故意，係指行為人預見其發生而不違反其本意（第2項）。例如，債務人明知借款清償期屆至，而直接故意不清償借款債務。

二、過失

何謂過失之主觀要件，民法未明文規範，得依刑法有關規定說明過失之類型：（一）所謂無認識過失者，係指行為人對於債務不履行

之事實,應注意能注意而不注意(刑法第14條第1項);(二)所謂有認識過失者,其雖預見其發生,而確信其不發生(第2項)。舉例說明如後:1.駕駛汽車之人,未遵守交通號誌而擅闖紅燈,導致閃避路人不及而撞傷路人,駕駛汽車之人有過失責任;2.汽車駕駛人,因可信賴其他參與交通之對方亦能遵守交通規則,且衡諸日常生活經驗及一般合理駕駛人之注意能力,已為必要之注意,並已採取適當之措施,或縱未採取適當之措施,仍無法避免交通事故之發生時,該汽車駕駛人對於信賴對方亦能遵守交通規則,是對方違規之行為,自無預防之義務,難謂該汽車駕駛人即有能注意而不注意之過失,而令負過失之責任[1]。

(一)抽象輕過失

所謂抽象輕過失,係指欠缺善良管理人之注意義務,係以交易上之一般觀念,認為具有相當之知識經驗之人,對於一定事件所應有之注意為標準。例如,買賣契約為雙務之有償契約,出賣人與買受人履行契約之義務,均應盡善良管理人之注意義務(民法第220條)。所謂善良管理人之注意義務,係指有一般具有相當知識經驗與理性負責之人,在相同之情況,是否能預見並避免或防止損害結果之發生為準,故其要件在於侵害結果之預見性及可避免性。其程度及範圍,涉及到過失之經濟分析,即以合理費用預防意外事故,而不鼓勵在安全上超過投資。準此,危害之嚴重性、被害法益之輕重及防免危害之代價,係判斷有無違反善良管理人注意因素所應考量之處[2]。

(二)具體輕過失

所謂具體輕過失,係指欠缺與處理自己事務為同一注意義務。舉例說明如後:1.甲醫師與乙病患間成立之無償醫療契約,係屬依民法第535條前段規定,負與處理自己事務之同一注意之具體輕過失責任[3];2.民法第88條之撤銷權,規範意旨即在救濟表意人主觀上之認知與客觀上事實不符,致造成意思表示錯誤之情形。至表意人有無過

---

[1] 最高法院90年度台上字第2400號刑事判決。
[2] 最高法院93年度台上字第851號民事判決。
[3] 最高法院106年度台上字第1634號民事裁定。

失，應以其主觀上是否盡其與處理自己事務同一注意之具體輕過失，作爲判斷標準。

（三）重大過失

所謂重大過失，係指全然缺乏一般人之注意義務。例如，承租人就其同居人或第三人之行爲，代負賠償責任者，以租賃物因此毀損、滅失爲前提，係以租賃物之物理上毀損滅失或功能損壞爲限。考量立法意旨，當係承租人依民法第432條規定，就租賃物負有保管義務，倘違反該義務致租賃物毀損或滅失者，本應負損害賠償之責。承租人之同居人或其他使用租賃物之第三人，經承租人之同意而得使用租賃物，就其應負責之行爲致租賃物毀損、滅失者，明定承租人應代負賠償之責，以保障出租人之權益。至該同居人或第三人之行爲，並未致租賃物毀損或滅失，僅造成交易價值之減損，屬出租人之純粹經濟上損失，不適用民法第433條規定。參諸民法第434條規定爲保護承租人，就承租人之失火責任，排除同法第432條規定之適用，以承租人之重大過失爲限，始負賠償之責，乃考量承租人多爲經濟上之弱勢而特爲保護[4]。

三、事變

（一）通常事變

所謂事變者，係指非由於債務人之故意或過失所發生之變故，事變可分爲通常事變及不可抗力。所謂通常事變，係指債務人雖盡其應盡之注意義務，仍不免發生損害。倘再與特別之注意，或許可能避免發生。舉例說明如後：1.旅客行李遭竊，倘嚴加防範，或許得避免其發生；2.運送人對於運送物之喪失、毀損或遲到，應負責任。但運送人能證明其喪失、毀損或遲到，係因不可抗力或因運送物之性質或因託運人或受貨人之過失而致者，不在此限（民法第634條）；3.旅客運送人對於旅客因運送所受之傷害及運送之遲到應負責任。但因旅客之過失，或其傷害係因不可抗力所致者，不在此限（民法第654條第1項）。

---

[4]　最高法院110年度台上字第2499號民事判決。

(二) 不可抗力

1. 定義

　　所謂不可抗力，係指不論任何人盡最大之注意義務，均無法抗拒或避免之事故。該事變之發生，由於外界之力量，而非人力所能抵抗者。舉例說明如後：(1)地震、戰爭、山崩、地震、海嘯、火山爆發、颱風、豪雨、惡劣天候或洪水所造成之意外災害；(2)個人年老臥病，非屬不可抗力之情形[5]；(3)債務人在遲延中，對於因不可抗力而生之損害，亦應負責（民法第231條第2項本文）；(4)著作交付出版人後，因不可抗力致滅失者，出版人仍負給付報酬之義務（民法第525條第1項）；(5)地上權人縱因不可抗力，妨礙其土地之使用，不得請求免除或減少租金（民法第837條）；(6)質權人於質權存續中，得以自己之責任，將質物轉質於第三人。其因轉質所受不可抗力之損失，亦應負責（民法第891條）。

2. 不可抗力與不可歸責之區別

　　不可抗力與不可歸責分屬不同概念，不可歸責於當事人之因素，未必屬於不可抗力因素，故是否屬於不可抗力因素，其與該因素係由何人造成之可歸責性判斷，係屬二事[6]。例如，甲罹患精神疾病致精神耗弱無法控制正常行為，非屬不可抗力事由[7]。而俄國攻打烏克蘭發起戰爭，其性質屬不可抗力事由。

四、歸責事由之類型與責任程度

歸責事由	責任程度
故意	最輕
重大過失	較輕
具體輕過失	輕
抽象輕過失	重

---

[5] 最高法院95年度台上字第1087號、86年度台上字第442號民事判決。
[6] 最高行政法院105年度判字第597號、104年度判字第494號行政判決。
[7] 法務部2017年9月14日法律字第10603511560號函。

歸責事由	責任程度
通常事變	較重
不可抗力	最重

五、侵權行為與契約責任

	侵權行為責任	契約責任
性質	侵權行為之損害賠償請求權。	債務不履行之損害賠償請求權。
		債務不履行為債務人侵害債權之行為，性質上雖屬侵權行為，然法律另有關於債務不履行之規定，故關於侵權行為之規定，其於債務不履行不適用之[8]。
歸責事由	以故意或過失為原則，適用抽象輕過失，以善良管理人之注意義務為原則。	債務人就其故意或過失之行為，應負責任（民法第220條第1項）。
	中間責任：盡監督或相當注意義務。 1. 法定代理人（民法第187條第2項）。 2. 僱用人（民法第188條第1項但書）。 3. 動物占有人（民法第190條第1項但書）。 4. 動物占有人（民法第190條第1項但書）。 5. 工作物所有人（民法第191條第1項但書）。 6. 商品製造人（民法第191條之1第1項但書）。 7. 動力車輛駕駛人（民法第191條之2但書）。 8. 一般危險責任（民法第191條之3但書）。	過失之責任，依事件之特性而有輕重，如其事件非與債務人以利益者，應從輕酌定（民法第220條第2項）。分為抽象輕過失、具體輕過失、重大過失。
		故意或重大過失之責任，不得預先免除（民法第222條）。
		應與處理自己事務為同一注意者，如有重大過失，仍應負責（民法第223條）。
		債務人之代理人或使用人，關於債之履行有故意或過失時，債務人應與自己之故意或過失負同一責任。但當事人另有訂定者，不在此限（民法第224條）。

---

[8] 最高法院106年度台上字第196號民事判決。

	侵權行為責任	契約責任
舉證責任	被害人或債權人應證明行為人或債務人有故意或過失，債權人始得請求損害賠償。	債權人僅須證明契約存在與損害發生，債務人應舉證證明，有不可歸責於己之事由，其為債務人免責要件。
目的	填補損害。	填補損害。
成立過程	自始為損害賠償請求權。	債務不履行轉化為損害賠償請求權。
成立基礎	加害與被害法律關係。	債務債權法律關係。
賠償範圍	民法第213條至第218條。	民法第213條至第218條。
		債務人因債務不履行，致債權人之人格權受侵害者，準用第192條至第195條及第197條規定，負損害賠償責任（民法第227條之1）。
消滅時效期間	2年或10年（民法第197條）。	原則上15年（民法第125條），例外規定短期時效。舉例說明如後： 1. 定作人之瑕疵修補請求權、修補費用償還請求權、減少報酬請求權、損害賠償請求權或契約解除權，均因瑕疵發見後1年間不行使而消滅（民法第514條第1項）。承攬人之損害賠償請求權或契約解除權，因其原因發生後，1年間不行使而消滅（第2項）。 2. 依第606條至第608規定所生之損害賠償請求權，自發見喪失或毀損之時起，6個月間不行使而消滅。自客人離去場所後，經過6個月者亦同（民法第611條）。 3. 對於承攬運送人因運送物之喪失、毀損或遲到所生之損害賠償請求權，自運送物交付或應交付之時起，1年間不行使而消滅（民法第666條）。
抵銷	因故意侵權行為而負擔之債，其債務人不得主張抵銷（民法第339條）。	二人互負債務，而其給付種類相同，並均屆清償期者，各得以其債務，與他方之債務，互為抵銷（民法第334條第1項）。

	侵權行為責任	契約責任
請求權競合說：兩請求權可併存	債務人因債務不履行所侵害之客體，有僅為債權人之債權（履行利益），有除債權人之債權外，尚及於債權人之固有利益（如物權），前者固應優先適用債務不履行之規定，而無侵權行為規定之適用；然後者因已符合侵權行為之要件，可另成立侵權行為，而與債務不履行發生競合併存之關係，債權人得合併或擇其中之法律關係主張之[9]。	理由同左。

六、法人與僱用人之契約責任

	法人與僱用人之契約責任	僱用人之契約責任
要件	1. 須有給付義務。 2. 須構成債務不履行。 3. 須有可歸責於債務人之事由。	1. 須有給付義務。 2. 須構成債務不履行。 3. 須有可歸責於債務人之事由。
性質	法人之過失責任，不得為特約免除之。	僱用人為受僱人之過失負責任，而僱用人之代理人或使用人，關於債之履行有故意或過失時，僱用人應與自己之故意或過失負同一責任（民法第224條本文）。當事人另有訂定者，減免或加重責任（但書）。

參、債務人之責任能力

　　債務人為無行為能力人或限制行為能力人者，其責任依第187條規定（民法第221條）。故意或過失責任之成立，以債務人有責任能力為前提，責任能力以意思能力為基礎。換言之，債務人是否應負債務不履行責任，應以債務人於行為時，有無識別能力決定之。準此，無行為能力人或限制行為能力人，以行為時有識別能力為限，負債務不履行之責任。例如，未成年人於行為時有識別能力，應負債務不履行之責任。倘債務人於行為時無識別能力，法院因債權人之聲請，得

---

[9]　最高法院98年度台上字第1961號民事判決。

斟酌債權人及債務人之經濟狀況，令債務人爲全部或一部之損害賠償。有行爲能力之人，在無意識或精神錯亂中所爲之行爲致債權人受損害時，法院因債權人之聲請，得斟酌當事人之經濟狀況，令債務人爲全部或一部之損害賠償（民法第187條、第221條）。

肆、債務人對其代理人或使用人之責任

　　債務人之代理人或使用人，關於債之履行（perform obligation）有故意或過失時，債務人應與自己之故意或過失負同一責任。但當事人另有訂定者，不在此限（民法第224條）。所謂使用人，係指債務人對該輔助債務履行之第三人行爲，得加以監督或指揮者爲限[10]。民法第224條規範意旨，在使債務人就代理人及使用人之故意或過失，亦應負其責任，俾確保交易安全[11]。例如，甲旅行社與旅客乙簽訂旅遊契約，甲未經乙之同意，將該旅行業務轉讓與丙旅行社，丙旅行社係立於輔助甲履行債務之地位，旅遊契約當事人係甲與乙。丙旅行社就契約義務之履行有過失，屬可歸責甲之事由，乙自得請求甲債務不履行之損害賠償[12]。

伍、例題研析

一、例題41解析——債務人對履行輔助人之責任

　　定型化信用卡契約，其交易型態係約定持卡人得向發卡銀行請求信用卡之核發，核發後憑卡於特約商店以簽帳方式作爲支付消費帳款之工具，由發卡銀行代爲處理結清該消費借款，嗣後向持卡人請求償還，其契約之性質，係委任及消費借貸關係之混合契約，發卡銀行之主給付義務，係爲持卡人處理消費款項之清償事務及提供特約商店供簽帳消費之服務。準此，特約商店係發卡銀行之履行輔助人。債務人之代理人或使用人，關於債之履行有故意或過失時，債務人應與自己

---

[10] 最高法院90年度台上字第978號民事判決。
[11] 最高法院110年度台上字第2400號民事判決。
[12] 最高法院103年度台上字第803號民事判決。

之故意或過失，負同一責任。倘特約商店就簽帳消費過程，未盡其善良管理人之注意義務，任由非持卡人持信用卡消費，應認為發卡銀行未盡其善良管理人之注意義務。甲銀行與乙簽訂定型化信用卡契約，甲之特約商店未盡其善良管理人之注意義務，任由非持卡人丙持信用卡消費，自應認為發卡銀行甲未盡其善良管理人之注意義務，甲銀行自不得依據信用卡契約，向持卡人乙請求償還消費款。

二、例題42解析——受僱人為僱用人之履行輔助人

（一）僱用人責任

受僱人因執行職務，不法侵害他人之權利者，由僱用人與行為人連帶負損害賠償責任（民法第188條第1項本文）。但選任受僱人及監督其職務之執行，已盡相當之注意或縱加以相當之注意而仍不免發生損害者，僱用人不負賠償責任（第1項但書）。所謂受僱人，僅要客觀上受僱用人之選任、監督而為其服勞務之人即是，不問是否訂有僱傭契約、勞務種類如何、期間長短、均有其適用。乙公司經由甲公司選任，監督並聽從甲之指示從事該次旅客運送，自為甲公司之受僱人。如無同條但書之情形，甲公司自應就乙公司之侵權行為，連帶負損害賠償責任。

（二）履行輔助人之過失

所謂旅行契約，係指旅行業者提供有關旅行給付之全部於旅客，而由旅客支付報酬之契約，故旅行中食宿及交通之提供，倘由旅行業者洽由他人給付者，除旅客已直接與該他人發生契約行為外，該他人即為旅行業者之履行輔助人，如有故意或過失不法侵害旅客之行為，旅行業者應負損害賠償責任[13]。甲公司雖非旅行業者，然辦理旅行活動，提供有關旅行給付與參加之員工，該活動一切之食宿、交通行程均由其安排、接洽，費用固均由其負擔，參加之員工毋庸支付報酬與甲公司，惟無礙甲與乙間成立旅行契約。乙公司係為甲公司從事該次旅遊中之旅客運送，自屬為甲公司完成旅遊活動之履行輔助人，

---

[13] 最高法院80年台上字第792號民事判決。

是因履行輔助人之過失,致丙受損害,依民法第220條第1項、第224條規定,甲公司應負債務不履行之損害賠償責任[14]。

陸、實務見解

一、主給付義務

當事人間債之關係類型,係以主給付義務定之,該等義務為債之關係固有與必備之要素,用以確定及規範債之關係類型。而針對當事人間債之關係或契約之定性,應依當事人陳述之原因事實,並綜觀其所訂立契約之內容及特徵,將契約所約定之事項或待決之法律關係,置入典型契約之法規,比對是否與法規範構成要件之連結對象相符,以確定其實質上屬何類型契約或法律關係,俾選擇適用適當之法規,以解決當事人之紛爭。

二、從給付義務（101年律師）

當事人間債之關係,建立在給付義務,除主給付義務外,有從給付義務及附隨義務,均有促使債權人之主給付利益獲得最大可能滿足之功能。準此,債務人違反從給付義務或附隨義務,債權人因而受有損害者,必債權人所受損害與債務人違反該義務間有因果關係,始足成立[15]。所謂從給付義務,係指在為準備、確定、支持及完全履行主給付義務,基於法律明文或當事人約定,或基於誠信原則及補充契約解釋,而補充主給付義務。

三、附隨義務（101年律師）

所謂附隨義務,係隨債之關係發展過程,基於期待可能性,以誠信原則為發展依據,依個別情況促使債權人之給付利益獲得最大可能滿足,此為輔助功能,或為維護他方當事人生命或財產上利益,此

---

[14] 臺灣高等法院暨所屬法院87年法律座談會民事類提案第4號。
[15] 最高法院109年度台上字第3148號民事判決。

為保護功能。申言之，契約關係在發展過程中，債務人除應負契約
所約定之義務外，依其情事，為達成給付結果或契約目的所必要，以
確保債權人之契約目的或契約利益，得以圓滿實現或滿足；或為保護
當事人之生命、身體、健康、所有權或其他財產法益遭受侵害，尚可
發生附隨義務，如協力、告知、通知、保護、保管、照顧、忠實、守
密等義務。此項屬於契約所未約定之義務，如有機體般隨債之關係之
發展，基於誠信原則或契約漏洞之填補而漸次所產生。準此，契約之
附隨義務為履行給付義務或保護當事人人身或財產上之利益，基於誠
信原則而發生，債務人未盡此項義務，債權人除得依不完全給付之規
定，行使其權利外，該附隨義務之違反，倘足以影響契約目的之達
成，使債權人無法實現其訂立契約之利益，而與違反契約主給付義務
之結果在實質上並無差異者，債權人自得依法行使契約解除權[16]。

習題

一、說明債務不履行之可歸責事由。

提示：民法第220條。

二、說明抽象輕過失定義。

提示：所謂抽象輕過失，係指欠缺善良管理人之注意義務，係
以交易上之一般觀念，認為具有相當之知識經驗之人，
對於一定事件所應有之注意為標準。

三、說明善良管理人之注意義務程度。

提示：所謂善良管理人之注意義務，係指有一般具有相當知識
經驗與理性負責之人，在相同之情況，是否能預見並避
免或防止損害結果之發生為準，故其要件在於侵害結果
之預見性及可避免性。

[16] 最高法院104年度台上字第799號民事判決。

四、說明具體輕過失之注意義務程度。

　　提示：所謂具體輕過失，係指欠缺與處理自己事務為同一注意
　　　　　義務。

五、說明重大過失之注意義務程度。

　　提示：所謂重大過失，係指全然缺乏一般人之注意義務。

六、說明不可抗力之要件。

　　提示：所謂不可抗力，係指不論任何人盡最大之注意義務，均
　　　　　無法抗拒或避免之事故。該事變之發生，由於外界之力
　　　　　量，而非人力所能抵抗者。

七、說明債務人之責任能力要件。

　　提示：債務人是否應負債務不履行責任，應以債務人於行為
　　　　　時，有無識別能力決定之。

八、說明債務人對其代理人或使用人之責任要件。

　　提示：民法第224條。

九、說明債務人履行債務，應負何種責任。

　　提示：民法第220條至第224條。

第二節

給 付

關鍵詞：原債權、形成之訴、給付不能、嗣後不能、自始不能、
不可歸責、瑕疵給付、加害給付、給付遲延、遲延利
息、代償請求權、不完全給付、可歸責事由、情事變更
原則

例題43

　　甲向乙買受土地一筆，雙方約定甲應於民國2022年1月1日交付買賣價金新臺幣（下同）888萬元，乙並應同時辦理土地所有權移轉登記，嗣清償期屆至時，甲僅給付666萬元，其餘222萬元經乙催告仍未給付，乙遂拒絕辦理土地所有權移轉登記，並訴請甲給付200萬元及自催告期間屆滿翌日起之法定遲延利息，甲於訴訟中合法行使同時履行抗辯權。試問甲提出同時履行之抗辯後，其遲延責任是否因而溯及免除？

例題44

　　甲男與乙女為夫妻，甲向A蛋糕店訂購生日蛋糕，約定於乙之生日10月11日，送至甲與乙之住所，期間屆至後，A蛋糕店未將訂購之蛋糕如期送交，甲僅能於當日另行購買價格較高之生日蛋糕，為乙女慶生。試問A蛋糕店願意隔日補送生日蛋糕，甲是否可拒絕之？

例題45

　　甲與乙簽訂房地買賣契約，甲出售臺北市信義區之房地與乙，乙應交付買賣價金新臺幣3,000萬元，甲依約應於2022年2月1日交屋，甲竟故意遲延交屋。試問甲是否得解除該買賣契約或請求損害賠償，理由為何？

例題46

　　甲與乙簽訂工程契約，由甲負責承作大樓新建工程，乙給付報酬與甲，因施工期間，颱風來襲造成全國有多處河川橋梁倒塌，政府主管機關加強對河川管理，全面禁止開採河川砂石，造成國內砂

石價格異常波動，導致承攬人甲施工成本驟增，甲與乙簽訂之工程契約，無法預見上開情形。試問甲主張有情事變更原則之適用，請求定作人乙增加報酬給付，是否有理由？

壹、給付不能

　　債務不履行之類型，分為給付不能、不完全給付及給付遲延。所謂給付不能（impossibility of performance），係指債務人不能依債務本旨而為給付。給付不能係指嗣後永久不能，一時不能是給付遲延之問題。倘為自始不能者屬標的不能，其契約為無效（民法第246條第1項）。自始不能涉及債之關係是否成立，並非債務不履行。金錢債權並無給付不能之觀念，債務人無力償還金錢債權，屬執行之問題。給付不能因是否可歸責於債務人者，其有不同之效力。

一、不可歸責於債務人事由

（一）免給付義務

　　因不可歸責於債務人之事由，致給付不能者，債務人免給付義務（民法第225條第1項）。因不可歸責於雙方當事人之事由，致一方之給付全部不能者，他方免為對待給付之義務；如僅一部不能者，應按其比例減少對待給付（民法第266條第1項）。舉例說明如後：1.買賣之標的物因地震而滅失，出賣人可免除給付義務；2.共有人協議分管共有物，倘共有人分管之特定部分因不可歸責於雙方當事人之事由致不能為使用收益，且已不能回復者，依民法第225條第1項、第266條第1項規定，各共有人即免其提供共有物特定部分與他共有人使用之義務，分管契約當然從此歸於消滅[1]。

---

[1]　最高法院110年度台上字第858號民事判決。

（二）代償請求權之發生

1. 債務人對第三人有損害賠償請求權

債務人因給付不能之事由，對第三人有損害賠償請求權者，債權人得向債務人請求讓與其損害賠償請求權，或交付其所受領之賠償物（民法第225條第2項）[2]。例如，買受人向出賣人買受之某筆土地，在未辦妥所有權移轉登記前，經政府依法徵收，其補償地價由出賣人領取完畢，縱該土地早已交付，惟民法第373條所指之利益，係指物之收益而言，並不包括買賣標的物滅失或被徵收之代替利益，即損害賠償或補償地價在內，且買受人自始並未取得所有權，而出賣人在辦畢所有權移轉登記前，仍為土地所有人，在權利歸屬上，其補償地價本應歸由出賣人取得，故出賣人本於土地所有人之地位領取補償地價，不成立不當得利。買受人得類推適用民法第225條第2項規定，請求出賣人讓與該補償地價[3]。

2. 消滅時效期間

民法第225條第2項代償請求權之行使，應以債務人仍應給付原來債務標的為前提，倘債權人原債權請求權已罹於時效而消滅，債務人本得為時效抗辯，拒絕給付，即不生代償請求權及時效期間應重新起算之情事[4]。例如，買賣標的有保險，因地震而滅失，對保險人所取得之損害賠償請求權，債權人可請求債務人讓與。代位請求權為新發生之債權，並非原債權之繼續，故其消滅時效，應從新起算。

二、可歸責於債務人事由

（一）給付全部不能

1. 請求賠償損害

因可歸責於債務人之事由，致給付不能者，債權人得請求賠償損害，不得請求履行原有債務（民法第226條第1項）[5]。例如，不動產

---

[2] 最高法院97年度台上字第819號、105年度台上字第2111號民事判決。

[3] 最高法院81年度第19次民事庭會議決議。

[4] 最高法院107年度台再字第2號民事判決。

[5] 最高法院100年度台上字第367號民事判決、108年度台上大字第1652號民事裁定。

買賣契約成立後，出賣人爲二重買賣，並將不動產之所有權移轉於後買受人者，移轉物所有權於原買受人之義務，成爲不能給付，原買受人對於出賣人得請求賠償損害。

2. 原債權之延長

民法第226條第1項給付不能之規定請求賠償損害，該損害賠償之債，性質上爲原債權之延長，其請求權之消滅時效，應自原債權之請求權可行使時起算[6]。例如，不動產買賣契約成立後，出賣人應於1月1日將不動產之所有權移轉於買受人。因出賣人爲二重買賣，並將不動產之所有權於2022年2月1日後移轉於買受人者，導致原買受人移轉該所有權之義務，成爲不能給付，原買受人對於出賣人得請求賠償損害之時效，自2022年1月2日起算。

3. 解除契約

債權人於有第226條第1項之情形時，得解除其契約（民法第256條）。解除權之行使，不妨礙損害賠償之請求（民法第260條）。準此，因可歸責於債務人之事由，致給付全部不能者，債權人得解除契約，並行使損害賠償請求權。例如，買賣契約因可歸責於出賣之事由，致給付不能者，買受人得解除契約，並請求不履行買賣契約之損害賠償。

（二）給付一部不能

倘給付一部不能者，而其他部分之履行，而於債權人無利益時，債權人得拒絕該部之給付，請求全部不履行之損害賠償（民法第226條第2項）。例如，買賣契約明定出賣人應移轉2筆土地與買受人作爲建築基地，出賣人將其中之1筆土地移轉登記爲第三人，不僅導致該筆土地給付不能，出賣人縱使將另1筆土地爲移轉登記，因基地面積不足，亦無法興建房屋，因可歸責於出賣人之事由，致給付一部不能者，倘其他部分之履行，於買受人無利益時，買受人得拒絕該部分之給付，請求全部不履行之損害賠償。債權人於有第226條第2項之情形時，得解除其契約（民法第256條）。準此，因可歸責於債務人之事由，致給付一部不能者，債權人得行使損害賠償請求權與解除契約。

---

[6] 最高法院104年度台上字第357號民事判決。

（三）請求對待給付

當事人之一方因可歸責於他方之事由，致不能給付者，得請求對待給付（民法第267條本文）。但其因免給付義務所得之利益或應得之利益，均應由其所得請求之對待給付中扣除之（但書）。例如，甲承攬之混凝土工程有龜裂之瑕疵，乙得請求減少報酬，自無乙主張甲未修補瑕疵，因免給付義務而得利之情事[7]。

三、給付不能之效力

類型	內容	法條依據
不可歸責於債務人	契約有效，債務人免給付義務，不負債務不履行之損害賠償責任。	民法第225條第1項
債權人之代償請求權	契約有效，債務人因給付不能之事由，對第三人有損害賠償請求權者，債權人得向債務人請求讓與其損害賠償請求權，或交付其所受領之賠償物。	民法第225條第2項
可歸責於債務人	給付全部不能，得請求損害賠償，債權人得請求履行利益。	民法第226條第1項
	給付一部不能，得請求損害賠償，債權人得請求履行利益。	民法第226條第2項
	債權人於有第226條之情形時，得解除其契約。解除權之行使，不妨礙損害賠償之請求，債權人得請求履行利益。	民法第256條、第260條
契約標的不能給付	以自始客觀不能之給付為契約標的者，其契約原則為無效。	民法第246條第1項本文
	其不能情形可以除去，而當事人訂約時並預期於不能之情形除去後為給付者，其契約仍為有效。	民法第246條第1項但書
	附停止條件或始期之契約，條件成就或期限屆至前，不能之情形已除去者，其契約為有效。	民法第246條第2項

---

[7] 最高法院109年度台上字第2941號民事裁定。

類型	內容	法條依據
訂約過失	契約因以自始客觀不能之給付為標的而無效者，當事人於訂約時知其不能或可得而知者，對於非因過失而信契約為有效致受損害之他方當事人，損害賠償責任。	民法第247條第1項
	自始客觀給付一部不能，或依選擇而定之數宗給付中有一宗自始客觀給付不能者，負損害賠償責任。	民法第247條第2項
	2年請求權時效。	民法第247條第3項
不可歸責當事人	免為對待給付之義務。	民法第266條第1項前段
	一部不能者，按比例減少對待給付。	民法第266條第1項後段
	不當得利請求權。	民法第266條第2項
可歸責當事人一方	可歸責於債權人，債務人得請求對待給付，其為履行利益。	民法第225條第1項、第267條本文
	扣除因免給付義務所得之利益或應得之利益。	民法第267條但書
可歸責於雙方	契約有效，得請求履行利益。	民法第226條、第217條

三、請求權之消滅時效

因可歸責於債務人之事由，致給付不能者，債權人得請求賠償損害（民法第226條第1項）。標的物因可歸責於債務人之事由，致給付不能者，債權人得依民法第226條第1項規定請求賠償損害，該項損害賠償之債，性質上為原債權之延長，屬於原債權之變形，其與原債權具有同一性，其請求權之消滅時效，應自原債權之請求權可行使時起算。所謂請求權可行使時，係指權利人得行使請求權之狀態，其行使請求權無法律上之障礙，不包括事實上之障礙在內。例如，借名登記之契約，其成立側重於借名者與出名者間之信任關係，性質與委任關係類似，應類推適用民法第550條規定，除契約另有訂定或因契約事務之性質不能消滅者，因當事人一方死亡而消滅。此際借名者或其繼承人自可依借名契約消滅後之借名標的物返還請求權請求出名者或其繼承人返還該標的物，如該標的物因可歸責於債務人之事由，致給付

不能者，借名人得依民法第226條第1項之規定請求賠償損害，該損害賠償之債與原債權具有同一性，其請求權之消滅時效，應自原債權之請求權可行使時起算[8]。

貳、不完全給付

一、定義

所謂不完全給付（incomplete performance），係指債務人不依債之本旨所為之給付。不完全給付之類型，可分瑕疵給付及加害給付（民法第227條）[9]。申言之：（一）瑕疵給付僅發生原來債務不履行之損害，其情形能補正者，債權人可依遲延之法則行使其權利；倘不能補正，依給付不能之法則行使權利。例如，出賣人售出之空調系統故障，買受人得於保固期間請其修復；（二）加害給付除發生原來債務不履行之損害外，亦發生超過履行利益之損害。債務人之給付，不僅有瑕疵存在，而瑕疵導致債權人受有其他損害。例如，出賣人交付有暴衝瑕疵之車輛與買受人，導致發生車禍。準此，瑕疵給付及加害給付之損害賠償權利要件及其賠償之範圍，均不相同[10]。

二、效力（104、106年司法人員四等）

（一）給付遲延或給付不能

因可歸責於債務人之事由，致為不完全給付者，債權人得依關於給付遲延或給付不能之規定行使其權利（民法第227條第1項）。契約成立生效後，債務人除負有主給付義務與從給付義務外，尚有附隨義務。所謂附隨義務，乃為履行給付義務或保護債權人之人身或財產上利益，其於契約發展過程基於誠信原則而生之義務，包括協力及告知等義務，以輔助實現債權人之給付利益。例如，就名種犬買賣契約

---

[8] 最高法院104年度台上字第1399號民事判決。

[9] 最高法院101年度台上字第1159號民事判決；臺灣高等法院暨所屬法院110年法律座談會民事類提案第1號。

[10] 最高法院110年度台上字第901號民事判決。

而言，當事人縱未於契約約定，出賣人負有交付血統證明書之義務。然依據誠信原則，出買人有交付該證明書之附隨義務，以保證犬類之正統血統。再者，債務人未盡附隨義務，應負民法第227條第1項不完全給付債務不履行之責任[11]。換言之：1.得補正者準用給付遲延之規定，債權人得請求補正，倘債務人不補正，債權人得依據情形請求遲延賠償或替補賠償；2.不得補正者準用給付不能，債權人得返還所受領之給付，請求全部不履行之損害賠償。債權人依據如附表所示，行使權利。

類型	內容	法條依據
得補正者	依據給付遲延請求補正。	民法第227條第1項
	債務人不與補正，依給付不能規定行使權利。	民法第227條第1項
不得補正者	債權人依給付不能規定行使權利。	民法第227條第1項
其他損害	債權人得請求賠償。	民法第227條第2項

（二）履行利益之損害賠償責任

　　債務人因債務不履行，依民法第227條、第226條第1項規定，對於債權人負損害賠償責任，係採取完全賠償之原則，且屬履行利益之損害賠償責任。因損害賠償之目的，在於填補債權人因而所生之損害，其應回復者，並非原有狀態，而係應有狀態，應將損害事故發生後之變動狀況，考慮在內[12]。

（三）加害給付（108年司律）

　　因不完全給付而生其他損害者，債權人並得請求賠償（民法第227條第2項）。此為加害給付之類型，債務人除應負債務不履行之損害外，債權人得請求該履行利益以外之損害賠償。舉例說明如後：1.醫師因醫療過失，導致病患發生其他疾病；2.因可歸責於承攬人之事由，致工作發生瑕疵者，定作人得依民法第495條第1項規定，對承

---

[11] 最高法院110年度台上字第2728號民事判決。
[12] 最高法院106年度台上字第342號民事判決。

攬人同時或獨立行使修補費用償還請求權與損害賠償請求權，該項損害賠償請求權為債務不履行責任，屬不完全給付之性質。定作人就承攬人所為之瑕疵結果損害，得依民法第227條第2項規定，逕行請求損害賠償，無須先為定相當期限催告修補瑕疵之必要[13]。

參、給付遲延

一、給付有確定期限者

所謂給付遲延（default），係指債務已屆履行期，而有給付可能，因可歸責於債務人之事由而未給付者（民法第229條、第230條）。債務履行期，可分給付有確定期限者與給付無確定期限者。給付有確定期限者，債務人自期限屆滿時起，負遲延責任（民法第229條第1項）。準此，債務有給付期限，債務人自應屆期履行，不待債權人催告，此為期限代人催告。例如，當事人約定債務人應於2022年1月1日清償借款，債務人屆期未清償，債務人自翌日起負給付遲延責任。

二、給付無確定期限者

給付無確定期限者，債務人於債權人得請求給付時，經其催告而未為給付，自受催告時起，負遲延責任。其經債權人起訴而送達訴狀，或依督促程序送達支付命令，或為其他相類之行為者，與催告有同一之效力（民法第229條第2項）[14]。所謂催告，係指債權人向債務人請求給付之意思表示，其方法並無限制，對話或非對話均可。所謂無確定期限，指未定期限及定有期限而其屆至之時期不確定，前者稱不定期債務，後者稱不確定期限之債務[15]。催告定有期限者，債務人自期限屆滿時起，負遲延責任（第3項）。例如，甲向乙借款新臺幣10萬元，未約定清償日，乙以書面催告甲於文到10日內清償完畢，甲於逾期起負給付遲延責任。

---

[13] 最高法院110年度台上字第2525號民事判決。
[14] 最高法院102年度台上字第2166號民事判決。
[15] 最高法院110年度台上字第2147號民事判決。

三、效力

（一）給付遲延之阻卻成立事由

　　遲延因可歸責債務人之事由而生者，始由債務人負責，否則屬不可歸責於債務人之事由，致未爲給付者，債務人不負遲延責任（民法第230條）。債務人之給付兼需債權人之行爲始能完成者，倘因債權人不爲協力，即應負受領遲延之責，債務人於此受領遲延狀態終了前，未能完成給付，係因不可歸責於自己之事由所致，依民法第230條規定，自不負給付遲延責任。所謂給付兼需債權人之行爲者，係指債權人於受領行爲以外，兼需爲協力之其他事實或法律行爲，債務人始克完成其給付之情形。例如，買賣當事人約定在某地點交付買賣標的物，買受人未依約前來，出賣人無法完成給付之情形，自不負給付遲延責任。

（二）遲延賠償

　　債務人遲延者，債權人得請求其賠償因遲延而生之損害（民法第231條第1項）。在債務遲延中，對於因不可抗力（force majeure）而生之損害，亦應負責，即債務人之責任加重（第2項本文）。例如，給付遲延中而發生地震，導致買賣標的滅失，債務人應負給付不能之責任。例外情形，債務人得證明縱不遲延給付，而仍不免發生損害者，則毋庸負遲延賠償（第2項但書）。

（三）替補賠償

　　遲延後之給付，而於債權人無利益者，債權人得拒絕其給付，並得請求賠償因不履行而生之損害（民法第232條）[16]。得以賠償代替原來給付，此爲替代賠償，金錢債權並無所謂之替補賠償。例如，婚禮公司未依約交付結婚禮服，導致新人以較高之代價租用禮服，婚禮公司於新人之婚禮結束後，始送交結婚禮服與新人，該結婚禮服對新人無利益者，新人即債權人得拒絕其給付，並得請求賠償因不履行而生之損害，其爲增加租用禮服之費用。

---

[16] 最高法院103年度台上字第1200號民事判決。

（四）遲延利息

遲延之債務，以支付金錢爲標的者，債權人得請求依法定利率計算之遲延利息。但約定利率較高者，仍從其約定利率（民法第233條第1項）。遲延利息之本質屬於法定損害賠償，可據爲金錢債權遲延受償所可能發生損害之賠償標準[17]。例如，就給付借款事件而言，倘當事人未約定借款利率，得自清償期屆滿後，請求年息5%之遲延利息。對於利息，無須支付遲延利息（第2項）。倘債權人證明有其他損害者，並得請求賠償（第3項）。

（五）解除契約

契約當事人之一方遲延給付者，他方當事人得定相當期限催告其履行，倘於期限內不履行時，得解除其契約（民法第254條）。依契約之性質或當事人之意思表示，非於一定時期，爲給付不能達其契約之目的，而契約當事人之一方不按照時期給付者，他方當事人得不爲前條之催告，解除其契約（民法第255條）。解除權之行使，不妨礙損害賠償之請求（民法第260條）。

（六）對債務人之效力

類型	內容	法條依據
遲延賠償	債權人得請求其賠償因遲延而生之損害。	民法第231條第1項
	債務人在遲延中，對於因不可抗力而生之損害，其應負責。	民法第231條第2項本文
	債務人證明縱不遲延給付，而仍不免發生損害者，即不負責。	民法第231條第2項但書
替補賠償	債權人無利益者，債權人得拒絕其給付，並得請求賠償因不履行而生之損害。	民法第232條
金錢債權	支付約定利息與法定利息。	民法第233條第1項
	對於利息，無須支付遲延利息。	民法第233條第2項
	債權人證明有其他損害者，並得請求賠償。	民法第233條第3項

---

[17] 最高法院110年度台抗字第1033號民事裁定。

類型	內容	法條依據
解除契約	非定期行為，他方當事人得定相當期限催告其履行。	民法第254條
	定期行為，他方當事人得不為催告，解除其契約。	民法第255條
損害賠償	解除權之行使，不妨礙損害賠償之請求。	民法第260條

肆、債務不履行而侵害人格權

一、損害賠償責任

債務人因債務不履行，致債權人之人格權（personality）受侵害者，準用第192條至第195條及第197條規定，負損害賠償責任（民法第227條之1）。例如，醫師不履行醫療契約之義務，導致病患之健康受損或死亡而侵害債務人之人格權時，得準用民法第192條之侵害生命權之損害賠償、第193條之侵害身體與健康之財產上損害賠償、第194條之被害人親屬非財產上損害賠償、第195條之侵害人格權之非財產上損害賠償、第197條之2年或10年之時效規定，請求債務不履行之損害賠償。

二、民法第227條與第227條之1

債權人依民法第227條不完全給付規定請求債務人賠償損害，其與依同法第227條之1規定請求債務人賠償人格權受侵害之損害，係不同之法律關係，其請求權各自獨立，且其消滅時效各有規定。前者之請求權，應適用民法第125條之15年時效規定。後者之請求權，依民法第227條之1規定，應準用民法第197條之2年或10年時效規定[18]。

---

[18] 最高法院97年度台上字第280號民事判決。

伍、債務不履行之效力

類型	不可歸責於債務人	可歸責於債務人事由	不可歸責於雙方當事人
給付不能	民法第225條第1項規定：債務人免給付義務。	民法第226條第1項規定：債權人得請求賠償損害。	民法第266條第1項規定：因不可歸責於雙方當事人之事由，致一方之給付全部不能者，他方免為對待給付之義務；如僅一部不能者，應按其比例減少對待給付。
	民法第225條第2項規定：給付一部不能者，若其他部分之履行，而於債權人無利益時，債權人得拒絕該部之給付，請求全部不履行之損害賠償。	民法第226條第2項規定：給付一部不能者，若其他部分之履行，於債權人無利益時，債權人得拒絕該部之給付，請求全部不履行之損害賠償。	
	民法第267條規定：得請求債權人對待給付。但其因免給付義務所得之利益或應得之利益，均應由其所得請求之對待給付中扣除之。	民法第256條規定：債權人於有第226條之情形時，得解除其契約。	民法第266條第2項規定：已為全部或一部之對待給付者，得依關於不當得利之規定，請求返還。
		民法第267條規定：得請求債務人對待給付。但其因免給付義務所得之利益或應得利益，均應由其所得請求之對待給付中扣除之。	
不完全給付		民法第227條第1項規定：債權人得依關於給付遲延或給付不能之規定行使其權利。	
		民法第227條第2項規定：因不完全給付而生前項以外之損害者，債權人並得請求賠償。	
給付遲延	民法第230條規定：因不可歸責於債務人之事由，致未為給付者，債務人不負遲延責任。	民法第229條第1項規定：給付有確定期限者，債務人自期限屆滿時起，負遲延責任。	
		民法第229條第2項規定：給付無確定期限者，債務人於債權人得請求給付時，經其催告而未為給付，自受催告時起，負遲延	

類型	不可歸責於債務人	可歸責於債務人事由	不可歸責於雙方當事人
		責任。其經債權人起訴而送達訴狀，或依督促程序送達支付命令，或為其他相類之行為者，與催告有同一之效力。	
		民法第229條第3項規定：催告定有期限者，債務人自期限屆滿時起負遲延責任。	
		民法第231條第1項規定：債權人得請求其賠償因遲延而生之損害。	
		民法第231條第2項本文規定：債務人在遲延中，對於因不可抗力而生之損害，亦應負責。	
		民法第231條第2項但書規定：債務人證明縱不遲延給付，而仍不免發生損害者，不在此限。	
		民法第232條規定：遲延後之給付，於債權人無利益者，債權人得拒絕其給付，並得請求賠償因不履行而生之損害。	
		民法第233條第1項規定：遲延之債務，以支付金錢為標的者，債權人得請求依法定利率計算之遲延利息。但約定利率較高者，仍從其約定利率。第2項規定：對於利息，無須支付遲延利息。第3項規定：前二項情形，債權人證明有其他損害者，並得請求賠償。	

陸、情事變更原則

一、形成之訴

契約成立後，情事變更（change of circumstances），非當時所得預料，而依其原有效果顯失公平者，當事人得聲請法院增、減其給付或變更其他原有之效果（民法第227條之2第1項）。當事人依民法第227條之2情事變更原則之規定，請求法院增加給付者，乃為形成之訴，須待法院為增加給付判決確定後，其就新增加給付之請求權，始告確定發生，在此之前其所為相關給付之請求，僅屬對於他方當事人為變更契約內容之要約，尚無因此即認其已有請求權可得行使；而當事人據此規定為增加給付之請求，即就原來給付為量之增加，並無變更原來給付所依據之權利性質，其請求權之消滅時效期間，仍依原來給付之性質定之，應自法院為該增加給付判決確定日起算，始符該形成判決所生形成力之原意[19]。非因契約所發生之債，亦得準用情事變更（第2項）。

二、情事變更原則之主張

當事人於訴訟外或訴訟上，均可主張情事變更原則。其於訴訟上主張者，不論以訴為請求，抑以抗辯權行使，均為法所許。情事變更屬客觀之事實，該事實不可歸責於當事人[20]。例如，當事人間契約明文約定，不依物價指數調整價金，就常態性之物價波動，未超過契約風險範圍而為當事人可得預見，難認屬情事變更；僅就超過常態性波動範圍之劇烈物價變動，始有情事變更原則之適用[21]。

---

[19] 最高法院101年度台上字第1045號民事判決。
[20] 最高法院105年度台上字第189號民事判決。
[21] 最高法院106年度台上字第2032號民事判決。

柒、例題研析

一、例題43研析 —— 情事變更原則

　　因契約互負債務者，其於他方當事人未為對待給付前，得拒絕自己之給付（民法第264條第1項前段）。而債務人享有同時履行抗辯權者，在未行使此抗辯權以前，仍可發生遲延責任之問題，必須行使以後始可免責[22]。是債務人得主張同時履行抗辯者，未行使其抗辯權前，固可發生遲延責任，然於其合法提出同時履行之抗辯後，其遲延責任即溯及免除。如題意所示，甲主張同時履行抗辯時，應溯及免除甲之遲延責任[23]。

二、例題44研析 —— 情事變更原則

　　遲延後之給付，而於債權人無利益者，債權人得拒絕其給付，並得請求賠償因不履行而生之損害（民法第232條）。得以賠償代替原來給付，此為替代賠償。如題意所示，甲向A蛋糕店訂購生日蛋糕，約定於乙之生日6月8日，送至甲與乙之住所，A蛋糕店未將訂購之蛋糕如期送交，甲僅能於當日另行購買價格較高之生日蛋糕，為乙女慶生。A蛋糕店雖願意隔日補送生日蛋糕，然對於甲無利益者，期得拒絕其給付，並得請求賠償因不履行而生之損害，即另行購買蛋糕之差價。

三、例題45研析 —— 契約解除之效力

　　物之出賣人，負交付其物於買受人，並使其取得該物所有權之義務（民法第348條第1項）。契約當事人之一方遲延給付者，他方當事人得定相當期限催告其履行，倘於期限內不履行時，得解除其契約（民法第254條）。解除權之行使，不妨礙損害賠償之請求（民法第260條）。如題意所示，甲與乙簽訂房地買賣契約，甲出售房地與

---

[22] 最高法院50年台上字第1550號民事判決。
[23] 最高法院107年度第8次民事庭會議決議。

乙，出賣人甲有交付買賣標的物之義務，依約應於交屋，甲故意遲延交屋，乙得定相當期限催告甲履行，倘於期限內不履行時，得解除買賣契約，並得請求損害賠償。

四、例題46研析——情事變更原則

有無情事變更法則之適用？即依原有效果是否顯失公平？其屬事實問題，事實審法院應有裁量之權。工程施工期間，因颱風襲臺，主管機關命令全面禁採河川砂石，導致國內工程砂石供需失衡，使工程砂石料價格飆漲。政府禁採河川砂石政策，非承包商投標時所能預知。政府原本准許業者於河川採取砂石，嗣後因颱風來襲造成災害，而變更其政策，禁止業者採砂石，是禁止於河川地採取砂石之政策，確非當事人簽訂工程契約時所能預知之情事，是本件工程款之給付應有情事變更之原則適用。職是，承攬人甲依據情事變更原則，請求定作人乙增加報酬給付，其於法有據[24]。

捌、實務見解

一、不動產之借名登記契約

不動產之借名登記契約終止後，而於該不動產移轉為借名人所有前，固屬出名人之責任財產，惟其就該不動產僅有登記為所有人之價值，且負移轉為借名人所有之義務。倘該登記因不可歸責於出名人之事由而消滅，出名人即免除移轉義務（民法第225條第1項）。準此，債權人對於債務人即借名人之債權，因強制執行登記為保證人即出名人所有之不動產而受償消滅，出名人固喪失登記為該不動產所有人之財產價值，惟同時免除移轉與借名人之義務，即未以其總體財產價值之減少而為清償，對借名人自無求償權，亦不得行使承受債權人對於借名人之債權[25]。

---

[24] 最高法院101年度台上字第813號民事裁定、102年度台上字第929號民事判決；臺灣臺中地方法院92年度建字第65號民事判決。

[25] 最高法院110年度台上字第2812號民事判決。

二、符合醫療水準之醫療行為

　　醫療機構及其醫事人員因執行業務致生損害於病人，以故意或過失為限，負損害賠償責任，民法第184條第1項前段、醫療法第82條分別定有明文。醫師為具專門職業技能之人，其執行醫療之際，應盡善良管理人之注意義務，就醫療個案，本於診療當時之醫學知識，審酌病人之病情、醫療行為之價值與風險及避免損害發生之成本暨醫院層級等因素，綜合判斷而為適當之醫療，始得謂符合醫療水準而無過失。至於醫療常規，為醫療處置之一般最低標準，醫師依據醫療常規所進行之醫療行為，非可皆認為已盡醫療水準之注意義務。而因醫師未能施行符合醫療水準之醫療行為，而病患嗣後發生死亡者，倘其能妥適施行符合醫療水準之醫療行為，使患者仍有生存之相當程度可能性者，即難認該過失之醫療行為與病人之死亡間無相當因果關係。再者，過失之醫療行為與病人之死亡間因果關係之存否，原則上雖應由被害人負舉證責任，惟醫師進行之醫療處置具有可歸責之重大瑕疵，導致相關醫療步驟過程及該瑕疵與病人所受損害間之因果關係，發生糾結而難以釐清之情事時，該因果關係無法解明之不利益，本於醫療專業不對等之原則，應歸由醫師負擔，依民事訴訟法第277條但書之規定，即生舉證責任轉換，由醫師舉證證明其醫療過失與病人死亡間無因果關係之效果[26]。

---

[26] 最高法院106年度台上字第227號民事判決。

習　題

一、說明債務不履行之類型。

　　提示：債務不履行之類型，分為給付不能、不完全給付及給付遲延。

二、說明給付不能之定義。

　　提示：所謂給付不能，係指債務人不能依債務本旨而為給付。

三、說明不完全給付之定義與類型。

　　提示：所謂不完全給付，係指債務人不依債之本旨所為之給付。不完全給付之類型，可分瑕疵給付及加害給付。

四、說明給付遲延之定義與效力。

　　提示：所謂給付遲延，係指債務已屆履行期，而有給付可能，但因可歸責於債務人之事由而未給付者。民法第229條至第233條。

五、說明情事變更原則之適用要件。

　　提示：民法第227條之2。

第三節

遲 延

關鍵詞：孳息、履行期、對待給付、履行期限、遲延責任、遲延利息、遲延費用、強制執行、執行名義、給付遲延、受領遲延

例題47

甲向乙承租房屋，並約定由出租人乙赴承租人甲處收取租金。試問乙得否以下列之情形，認為甲有積欠租金，對甲為終止租賃契約之意思表示？（一）乙未赴甲處所收取租金，甲催告乙收租；（二）甲將租金提存。

例題48

債權人甲持附有對待給付義務之民事確定判決為執行名義，判決主文為被告乙應於原告甲返還A物之同時，給付原告甲新臺幣100萬元，聲請執行債務人乙所有之財產，並提出運送資料、存證信函、照片等文件，主張A物已親自運送至乙實際住所處，並寄發存證信函通知乙，而乙拒絕受領。試問執行法院得否依據強制執行法第4條第3項規定，對乙開始強制執行？

壹、受領遲延之定義

一、債務人依債務本旨給付

債之遲延（default）類型，分為債務人給付遲延及債權人受領遲延。申言之：（一）所謂債務人給付遲延，係指債務已屆履行期，而有給付可能，債務人未給付；（二）所謂債權人受領遲延，係指對於履行上需要債權人協力之債務，債務人依債務本旨而提起給付，使債權人處於可受領之狀態，而債權人拒絕受領或無法受領，自提出給付時起，債權人負遲延責任（民法第234條）。舉例說明如後：（一）受僱人雖依據通常之上班時間到達公司，惟公司已結束營業，導致受僱人未能依約工作，僱用人為受領遲延；（二）倘雇主已為預示拒絕受領勞務之意思表示，即應負受領遲延之責，勞工無須補服勞務，仍

有報酬請求權[1]；（三）買受人有受領買賣標的物之義務，不爲受領時，則同時發生受領遲延與給付遲延之效果（民法第367條）。

二、債務人非依債務本旨提出給付

債務人非依債務本旨實行提出給付者，不生提出之效力，自無受領遲延可言（民法第235條本文）。債權人預示拒絕受領之意思，或給付兼需債權人之行爲者，債務人得以準備給付之事情，通知債權人，以代提出（但書）[2]。例如，執行名義有對待給付者，以債權人已爲給付或已提出給付後，始得開始強制執行；債務人非依債務本旨實行提出給付者，不生提出之效力。強制執行法第4條第3項、民法第235條前段分別定有明文。執行法院就債權人是否已爲對待給付或已提出給付，以依職權爲形式審查爲已足，對待給付內容之解釋，原則上應以執行名義所載之內容爲據[3]。

貳、受領遲延之效力（100年高考）

給付無確定期限，或債務人於清償期前得爲給付者，債權人就一時不能受領之情事，不負遲延責任（民法第236條本文）。例如，當事人對合約明示延長履行期限，而未約定最後履行期限，成爲給付無確定期限之契約，債權人就一時不能受領之情事，不負遲延責任[4]。例外情形，係債務人提出給付，由於債權人之催告，或債務人已於相當期間前預告債權人者，不適用之（但書）。

一、債務人減輕責任

在債權人遲延中，債務人僅就故意或重大過失，負其責任（民法第237條）。當事人之一方因可歸責於他方之事由，致不能給付者，

---

[1] 最高法院110年度台上字第2918號民事判決。
[2] 最高法院100年度台上字第794號民事判決。
[3] 最高法院109年度台聲字第913號民事裁定。
[4] 最高法院101年度台上字第1942號民事判決。

得請求對待給付（民法第267條本文）。在雙務契約，倘債權人適時受領給付，即不致發生給付不能之問題時，除因債務人之故意或重大過失所致者外，債務人不負責任。準此，是債權人之受領遲延中，倘非出於債務人之故意或重大過失，致不能給付者，應認係因可歸責於債權人之事由所致，債務人雖不能給付，然得依民法第267條規定，請求債權人為對待給付[5]。

二、受領遲延利息支付之停止

在債權人遲延中，債務人無須支付利息（民法第238條）。例如，承租人甲人前將租金支票與出租人乙，乙嗣後將支票全數返還甲，可認甲已提出租金給付，因乙拒絕受領，是為受領遲延，依民法第238條規定，甲於乙受領遲延中，甲無須支付遲延利息。再者，倘違約金如為損害賠償約定性質，應視為就因遲延所生之損害，業已依契約預定其賠償，不得再請求遲延利息賠償損害[6]。

三、孳息返還範圍之縮小

債務人本應返還由標的物所生之孳息或償還其價金者，而在債權人遲延中，以已收取之孳息為限，負返還責任，債務人不再負收取孳息之義務（民法第239條）。孳息可分天然孳息與法定孳息：（一）所謂天然孳息，係指果實、動物之產物及其他依物之用法所收穫之出產物（民法第69條第1項）；（二）所謂法定孳息者，係指利息、租金及其他因法律關係所得之收益（第2項）。再者，債務人雖返還孳息範圍之縮小，然債務人所負債務並不因而消滅，是債權人限期債務人履行，債務人應依債務本旨履行。

四、受領遲延費用賠償之請求

債權人遲延者，債務人得請求其賠償提出及保管給付物之必要

---

[5] 最高法院99年度台上字第1753號民事判決。
[6] 最高法院105年度台上字第537號民事判決。

費用（民法第240條）⁷。例如，買賣新鮮蔬果，需要有冷藏設備加以保存。因此費用係由債權人遲延而發生，自應由債權人負擔。債權人之受領遲延，僅爲權利之不行使，除有民法第240條之適用，債務人得請求賠償提出及保管給付物之必要費用，或當事人間另有特別約定外，自不負任何之賠償責任。

五、拋棄占有

債務人有交付不動產之義務，而於債權人遲延後，得拋棄其占有，免除保管責任（民法第241條第1項）。例如，承租人未依約於當事人約定之日期交付承租之不動產，其提前交付，其給付不符債務本旨，不生提出之效力，出租人自得拒絕受領，並無受領遲延，承租人逕以存證信函對出租人表示拋棄占有，其與民法第241條規定不合，不得據此免除其返還承租之不動產建物之義務。再者，拋棄不動產，除不能通知者，應預先通知債權人，俾於債權人有所準備（第2項）。

六、雙務契約之危險負擔

（一）給付不能

當事人之一方因可歸責於他方之事由，致不能給付者，得請求對待給付（民法第267條本文）。但其因免給付義務所得之利益或應得之利益，均應由其所得請求之對待給付中扣除之（但書）。因受領遲延係可歸責於債權人之事由，故於受領遲延期間，因不可歸責於債務人之事由，致給付不能者，債務人免給付義務（民法第225條第1項）。亦得可向債權人請求對待給付，其危險歸債權人負擔。

7　最高法院102年度台上字第1825號民事判決。

（二）危險負擔原則

類型	法律效果	法條依據
不可歸責於雙方當事人	債務人雖免給付義務，然債權人需要對待給付。債務人因給付不能之事由，對第三人有損害賠償請求權者，債權人得向債務人請求讓與其損害賠償請求權，或交付其所受領之賠償物。	民法第225條
可歸責於債務人	債權人得請求賠償損害。	民法第226條
	債權人得解除其契約，並請求損害賠償。	民法第256條、第260條
可歸責於債權人	債務人免給付義務。	民法第225條第1項
	請求債權對待給付。	民法第267條
可歸責於雙方當事人	債權人得請求賠償損害，債務人得主張與有過失。	民法第226條、第217條

七、受領遲延對債務人之法律效果

對債務人之法律效果	法條依據
請求債權人為對待給付	民法第267條、第225條第1項
債務人減輕責任	民法第237條
受領遲延利息支付之停止	民法第238條
孳息返還範圍之縮小	民法第239條
請求受領遲延費用賠償	民法第240條
拋棄不動產占有	民法第241條

參、例題研析

一、例題47研析——受領遲延之成立要件

依據租賃契約應由出租人赴承租人處收取租金，出租人未赴承租人處收租者，構成出租人受領之遲延，承租人給付租金未遲延。縱使

承租人未爲此項催告或提存租金，仍不能構成承租人之欠租責任[8]。甲向乙承租房屋，約定由出租人乙赴承租人甲處收取租金，而乙未赴甲處所收取租金，乙有受領遲延之成立要件。況甲有催告乙收租，或者將租金提存者，乙以甲欠租爲由，對甲爲終止租賃契約之意思表示，自不生終止契約之效力，當事人間之租賃關係仍繼續有效，乙占有使用房屋非無權占有，並非無法律上原因而受利益，非故意或過失侵害他人權利。

二、例題48研析——強制執行之要件

按執行名義有對待給付者，以債權人已爲給付或已提出給付後，始得開始強制執行，強制執行法第4條第3項定有明文。此項對待給付爲開始強制執行之要件，債權人依對待給付之執行名義聲請強制執行時，應證明已爲該對待給付之現實給付或提出，執行法院始得開始強制執行。執行法院就債權人之上揭證明，僅須爲形式審查即足，倘可認已合法提出，自應開始強制執行，不以該提出之給付經債務人受領爲必要[9]。如題意所示，甲就系爭A物對待給付之提出，已提出運送單、存證信函及照片等文件爲證，執行法院依形式審查，倘可認已合法提出，自應開始強制執行，不以該提出之給付經乙受領爲必要[10]。

肆、實務見解

承攬人完成之工作爲有形的結果者，原則上承攬人於完成工作後，須將完成物交付於定作人。而債務之履行需經債權人協力始得完成者，因債權人未爲協力，致債務人之履行受妨礙，債權人固應負受領遲延之責任，即民法第237條以下債務人責任減輕之規定，然其債務並不因而消滅，且債權人於受領遲延後，復再表示受領之意思，或

---

[8] 最高法院52年台上字第1324號民事判決。
[9] 最高法院104年度台抗字第855號民事裁定。
[10] 臺灣高等法院暨所屬法院107年法律座談會民執類提案第1號。

為受領給付必要之協力，並催告債務人給付時，債務人即應給付，否則應負給付遲延之責任[11]。

習　題

一、說明債務人受領遲延之要件。

　　提示：民法第234條。

二、說明受領遲延之效力。

　　提示：民法第234條至第241條。

---

[11] 最高法院104年度台上字第2384號民事判決。

第四節

保　全

關鍵詞：代位權、撤銷權、假扣押、假處分、除斥期間、無償行為、有償行為、保全債權、代位受領、有害債權

例題49

　　甲向乙買受1筆土地，甲於尚未辦理所有權移轉登記前，即將該土地出賣與丙，已屆甲應辦理所有權移轉登記與丙之清償期，甲未依約履行，丙迭經催告甲履行，甲均置之不理，該筆土地所有權仍登記於乙之名下。試問丙應如何主張權利？可否行使代位權？

例題50

　　甲為乙之債權人，乙未依約清償債務，並將其所有A土地以贈與為登記原因移轉登記與丙，並辦畢所有權移轉登記。甲發現上情，依民法第244條第1項規定，訴請撤銷乙、丙間贈與之債權行為及移轉登記之物權行為，並依同法第242條規定，代位乙依民法第767第1項中段規定，請求丙塗銷A土地所有權移轉登記。試問甲於訴訟繫屬後，向法院聲請裁定許可為訴訟繫屬事實之登記，應否准許？

例題51

　　甲向乙購買A屋，約定1個月後辦理所有權移轉登記。詎乙於辦理所有權移轉登記前，竟與第三人丙訂立信託契約，將A屋信託登記與丙之名義。債權人甲為此起訴，以債務人乙、第三人丙間之行為，係屬有害於甲之債權，依信託法第6條第1項規定，訴請法院撤銷乙、丙間就A屋所為之信託行為及命丙塗銷A屋之信託登記。試問是否以乙因其信託行為致陷於無資力為限，法院始得撤銷？

壹、債權保全之定義

　　所謂債權保全（preservation），係債權人為確保其債權之清償，

防止債務人財產減少之制度。債務人之總財產為全體債權人之共同擔保，其總財產之增減，關係債權人之利益。準此，民法賦予債權人行使代位權及撤銷權，以維持債務人之財產狀況，確保債權人之債權滿足。民事訴訟法規定之假扣押與假處分，為債權保全之強制執行程序。

貳、代位權（91年司法人員四等；108年司律）

一、行使代位權之要件

　　所謂代位權（subrogation），係指債務人怠於行使其權利時，債權人因保全債權之必要，債務人已負遲延責任，債權人得以自己之名義，行使其權利（民法第242條本文、第243條本文）。申言之，代位權要件有三：（一）債務人怠於行使其權利，有權利不行使；（二）債權人因保全債權之必要，債權人對債務人有債權存在；（三）債務人已負遲延責任，不依債之本旨履行。換言之，代位權係債權人代行債務人之權利，代行者與被代行者間，必須有債權債務關係之存在，否則即無行使代位權之可言，並以債權人如不代位行使債務人之權利，其債權即有不能受完全滿足清償之虞，而有保全債權之必要，始得為之。契約之目的在於實現該特定物之給付，其與債務人其他財產狀況無關，故特定物債權不以債務人怠於行使權利，因而使其陷於無資力為必要。債之標的與債務人之資力有關或非特定物債權時，如金錢之債。代位權之行使，應以債務人陷於無資力或資力不足為要件[1]。

二、代位權行使之範圍

　　代位權行使之範圍，並不以保存行為為限，凡以權利之保存或實行為目的之一切審判上或審判外之行為。例如，假扣押、假處分、聲請強制執行、實行擔保權、催告、提起訴訟等事項，債權人均得代位

---

[1] 最高法院101年度台上字第1157號民事判決。

行使[2]。例外情形，係專屬於債務人本身者，債權人不得行使代位權（民法第242條但書）。舉例說明如後：（一）債務人拋棄遺產繼承權、行使對支付命令之異議權；（二）民法第242條所定代位權行使之範圍，就同法第243條但書規定而言，固可包括提起訴訟之行為在內，惟該行使代位權而提起訴訟係指債權人因主張實體法上之權利其得以自己名義代位債務人提起訴訟行為而言，如在訴訟程序進行中之行為，僅訴訟當事人或訴訟法規定之關係人始得為之者，該債務人既經提起訴訟或應訴，其當事人為債務人而非債權人，已由債務人進行之訴訟程序，債務人始得為之，是債權人對該債務人所受法院之不利判決，自無代位上訴之權。判決之拘束力，僅及於判決之當事人，非受判決之當事人，對於該判決當然不得聲明不服[3]。

三、代位行使債務人之權利

債權人代位債務人起訴，求為財產上之給付，因其代位行使之權利，原為債務人之權利，非自己之權利，其行使債權所得之利益自應歸屬於債務人。債權人雖有代位受領該第三債務人給付之權限，然係指應向債務人給付而由債權人代位受領而言，非指債權人得直接請求第三債務人對自己為給付，係債權人代位債務人起訴請求給付，聲明第三債務人應向債務人為給付，並就代位受領為適當之表明，其與代位權行使之要件及其效果之法理相符[4]。例如，甲向乙買受A電腦，丙向甲買受A電腦，丙符合行使代位權之要件，丙代位甲起訴請求給付A電腦，聲明乙應向甲給付A電腦，並代位甲受領A電腦。

四、債務人負遲延責任

債權人之行使代位權，非於債務人負遲延責任時，不得行使（民法第243條本文）。例如，甲積欠乙借款新臺幣（下同）100萬元，丙積欠甲借款100萬元，因甲無資力，兩者之借款均已屆清償

---

[2]　最高法院106年度台簡抗字第64號民事裁定。
[3]　最高法院92年度台上字第1886號民事判決。
[4]　最高法院94年度台上字第1193號民事判決。

期，債權人乙得代位債務人甲請求丙給付，請求第三債務人丙應向債務人甲爲給付，並由債權人乙代位受領。例外情形，專爲保存債務人權利之行爲，不在此限（但書）。例如，中斷時效、申報破產債權等。

五、債權人代位與債務人自行請求併存

甲起訴主張乙將某地應有部分出賣與丙，經丙將其轉賣與甲，由於丙怠於行使權利，因而代位訴求乙應將某地所有權之應有部分移轉登記與丙，並於第二審言詞辯論期日前，丙復對乙提起上開土地所有權應有部分移轉登記之訴。因債權人甲代位債物人丙對第三債物人乙提起之訴訟，其與丙自己對乙提起之訴訟，並非同一之訴。而甲前因丙怠於行使權利而已代位行使丙之權利，不因丙以後是否繼續怠於行使權利而影響甲已行使之代位權，故甲之代位起訴，不限制丙以後自己之起訴，而丙自己以後之起訴，亦不影響甲在前之代位起訴，兩訴訟判決結果，倘屬相同而爲原告勝訴之判決，甲可選擇的請求其代位訴訟之判決之執行或代位請求丙之訴訟之判決之執行，一判決經執行而達其目的時，債權人之請求權消滅，他判決不再執行。兩訴訟之判決有歧異時，甲可選擇的請求其代位訴訟之判決之執行或代位請求丙之訴訟之判決之執行，其利益均歸之於丙[5]。

六、通謀虛僞與債權人代位併存

表意人與相對人通謀而爲虛僞意思表示者，其意思表示無效（民法第87條第1項本文）。債務人欲免其財產被強制執行，而與第三人通謀而爲虛僞意思表示，將其所有不動產爲第三人設定抵押權，債權人可依侵權行爲之法則，請求第三人塗銷登記，亦可行使代位權，請求塗銷登記，兩者任其選擇行使之[6]。

---

[5] 最高法院67年度第11次民事庭庭推總會議決議。
[6] 最高法院67年度第5次民事庭庭長推總會議決議（二）。

七、代理權與代位權之區別

代理權	代位權
資格、能力、非權利	權利
以本人名義為之	以自己名義為之
訴訟或訴訟外為之	訴訟或訴訟外為之
單獨行為	單獨行為

參、撤銷權（91年司法人員四等；108年司律）

一、定義

　　所謂撤銷權（right of revocation），係指債權人於債務人所為之行為，有害其債權，為保全債權，得聲請法院撤銷債務人之行為之權利[7]。債務人之總財產為全體債權人之共同擔保，詐害債權行為之撤銷，係保障全體債權人之利益，非確保特定債權（民法第244條第3項）[8]。例如，買賣契約為特定物之債，出賣人為二重買賣時，倘出賣人未陷於無資力，先買受人不得主張撤銷後買賣契約。再者，虛偽買賣乃雙方通謀而為虛偽意思表示，依民法第87條第1項規定，其買賣當然無效，而與得撤銷之法律行為經撤銷始視為自始無效者不同，虛偽買賣雖屬意圖避免強制執行，其非民法第244條所謂債權人得聲請法院撤銷之債務人行為，債權人僅需主張無效，以保全自己之權利[9]。準此，債權人之撤銷權行使，應聲請向法院為之，其與民法第74條撤銷暴利行為之撤銷權相同，無法於訴訟外行使[10]。

---

[7] 最高法院101年度台上字第1753號民事判決。

[8] 最高法院109年度台上字第81號民事判決。

[9] 最高法院50年台上字第547號民事判決。

[10] 法律行為，係乘他人之急迫、輕率或無經驗，使其為財產上之給付或為給付之約定，依當時情形顯失公平者，法院得因利害關係人之聲請，撤銷其法律行為或減輕其給付（民法第74條第1項）。前項聲請，應於法律行為後1年內為之（第2項）。

二、保全債權人之私法債權

　　民法第244條規定之撤銷權，係為回復債務人之責任財產，以保全債權人在私法上之債權而設。例如，課徵人民稅捐之稽徵機關，係基於行政權之作用向人民課稅，納稅義務人未繳納之稅捐，屬於公權之範疇，該機關並非納稅義務人在私法上之債權人，究其本質仍與民法所規範之私法債權有其不同之處，自不得援用民法專為保全私法債權而設之規定[11]。

三、債務人行為以財產為標的

　　債務人之行為非以財產為標的，或僅有害於以給付特定物為標的之債權者，不適用前二項之規定（民法第244條第3項）。是債權人行使撤銷權之前提，必須債務人行為以財產為標的。舉例說明如後：（一）債務人結婚、收養子女、拋棄繼承等事件，係為身分行為，非以財產為標的，債權人不得撤銷；（二）侵害特定物之債，雖使得債權人之債權內容無法實現，即無法取得該標的物之權利，然應以債務人陷於無資力為限，始得行使撤銷權。再者，債權人行使撤銷權，應視債務人所為係無償或有償行為，其要件有所不同。前者不論債務人於行為時或受益人於受益時，是否明知有損害於債權人之權利，債權人均得撤銷。後者債務人於行為時或受益人於受益時，均明知有損害於債權人之權利，債權人始得撤銷。

（一）無償行為

　　債務人所為之無償行為（gratuitous act），有害及債權者，債權人得聲請法院撤銷之（民法第244條第1項）。不論債務人於行為時或受益人於受益時，是否明知有損害於債權人之權利，債權人均得撤銷之。所謂有害債權之行為，係指債務人所為行為須有害及債權，減少其清償資力，導致債權不能滿足。倘其行為雖導致其財產減少，然有資力足以清償其債務，不得聲請撤銷[12]。換言之，所謂有害於債權，

---

[11] 最高法院103年度台上字第586號民事判決。
[12] 最高法院103年度台上字第939號民事判決。

係指債務人所爲之無償或有償行爲，致於行爲時其責任財產減少，使債權不能或難於獲得清償之狀態，債務人所爲有償契約，倘非以顯不相當之對價將其財產出賣，致害及債權，僅屬債務人積極財產在形態上之變更，對於債務人總財產尙不生增減，自不得撤銷[13]。再者，民法第244條第1項撤銷詐害行爲之判決屬形成判決，具有對世效力。

1. 贈與不動產

甲爲贈與房地登記與其子時，其名下僅有1筆土地及其上1筆保存登記建物，其市價不足清償積欠乙之債款債權。甲所爲贈與登記房地之無償行爲，已有害及該借款債權，乙爲保全該債權，自得行使民法第244條第1項所定之撤銷權，並依同條第4項規定命甲回復原狀[14]。

2. 無償處分遺產

繼承權固爲具有人格法益之一身專屬權利，惟於繼承人未拋棄繼承，本於繼承與其他繼承人對於遺產全部爲公同共有時，該公同共有權已失其人格法益性質，而爲財產上之權利。準此，繼承人間之遺產分割協議，係公同共有人間就公同共有物所爲之處分行爲，倘全部遺產協議分割歸由其他繼承人取得，對未分割取得遺產之該繼承人而言，形式上係無償行爲，倘害及債權人之債權實現，債權人應得提起民法第244條第1項之撤銷訴訟[15]。

（二）有償行為（100年律師）

債務人所爲之有償行爲（non-gratuitous act），而於行爲時明知有損害於債權人之權利者，以受益人於受益時，亦知其情事者爲限，債權人得聲請法院撤銷之（民法第244條第2項）。因債務人之財產爲全體債權人之共同擔保，債權人之共同擔保減少致害及全體債權人之利益時，始得行使撤銷權。判斷是否發生有害於債權人之結果，應以債務人行爲時之狀態決之。而債務已屆清償期，債務人就既存債務爲清償者，固生減少積極財產之結果，然同時亦減少其消極財產，而於

[13] 最高法院107年度台上字第983號民事判決。
[14] 最高法院110年度台上字第1629號民事判決。
[15] 臺灣高等法院暨所屬法院106年法律座談會民事類提案第2號。

債務人之資力並無影響，不得指為民法第244條第1項或第2項之詐害行為[16]。職是，債務人及受益人均為惡意之主觀要件，債權人始得撤銷債務人所為之有償行為。

四、回復原狀

債權人聲請法院撤銷債務人之無償行為或有償行為時，得並聲請命受益人或轉得人回復原狀。例外情形，轉得人於轉得時，不知有撤銷原因者，不在此限（民法第244條第4項）。例如，債務人將其土地贈與第三人，並移轉所有權登記，有害債權人之債權，債權人得訴請撤銷該贈與行為，並請求第三人塗銷所有權登記，回復登記為債務人所有。

五、撤銷權之除斥期間

撤銷權之除斥期間為1年或10年，自債權人知有撤銷原因時起，1年間不行使，或自行為時起，經過10年而消滅（民法第245條）[17]。民法第245條所謂債權人知有撤銷原因時起之「知」，係指明知而言，並不包括可得而知之情形。是知有撤銷原因，係指知悉構成行使撤銷權要件之各事由。在無償行為，應自債權人明知有害及債權之事實時起算。倘當事人就知之時間有爭執，應由對造就債權人知悉在前之事實，負舉證責任。例如，原告主張被告間就不動產之贈與行為與移轉不動產所有權移轉之行為，原告向地政事務所申請系爭不動產登記謄本，始知悉有該等法律行為。衡諸常理，兩造間並無親友或同事關係，參照不動產登記謄本之列印時與原告起訴日，期間未逾1年之法定除斥期間，可認定原告之撤銷權有效存在。再者，債務人之法律行為經撤銷者，視為自始無效（民法第114條第1項）。

---

[16] 最高法院104年度台上字第1605號民事判決。
[17] 最高法院101年度台上字第1753號民事判決。

六、撤銷權之要件

債務人之行為	主觀要件	客觀要件
無償行為	不問債務人受益人是否明知有損害於債權人之權利。	1. 債權人曾為無償行為。 2. 債務人行為以財產為標的。 3. 債務人行為有害債權。
有償行為	1. 債務人於行為時明知有損害於債權人之權利者。 2. 受益人於受益時知悉其情事。	1. 債權人曾為有償行為。 2. 債務人行為以財產為標的。 3. 債務人行為有害債權。

肆、保全方式

	類型	法條依據
實體法	代位權。	民法第242條、第243條
	撤銷權。	民法第244條
程序法	債權人就金錢請求或得易為金錢請求之請求，欲保全強制執行者，得向法院聲請假扣押。	民事訴訟法第522條第1項
	債權人就金錢請求以外之請求，欲保全強制執行者，得向法院聲請假處分。	民事訴訟法第532條第1項

伍、例題研析

一、例題49研析──代位行使所有權移轉請求權

　　甲先向乙買受1筆土地，甲繼而將土地出賣與丙，已屆辦理所有權移轉登記與丙之期限，因甲怠於行使其對乙之所有權移轉請求權，丙得行使代位權，代位甲行使其對乙之所有權移轉請求權，使甲取得該土地所有權（民法第242條）。丙再依據其與甲之買賣契約，請求出賣人甲將土地所有權移轉登記與丙所有（民法第348條第1項）。實務上為謀求訴訟經濟，丙起訴請求時，得同時主張代位權及買賣契約之法律關係，毋庸分別起訴。

二、例題50研析——代位行使物上請求權

　　訴訟標的基於物權關係，且其權利或標的物之取得、設定、喪失或變更，依法應登記者，於事實審言詞辯論終結前，原告得聲請受訴法院以裁定許可為訴訟繫屬事實之登記，民事訴訟法第254條第5項定有明文。債務人怠於行使非專屬其本身之權利，致危害債權人之債權保全時，民法第242條規定債權人得以自己之名義行使債務人之權利，以資救濟。倘債權人所代位者為提起訴訟之行為，該訴訟之訴訟標的，仍為債務人對該請求對象即被告之實體法上權利，民法之代位權規定，僅為債權人就原屬債務人之權利，取得訴訟上當事人適格之明文，即屬法定訴訟擔當之規定，並非訴訟標的[18]。債權人請求撤銷債務人與第三人間買賣之債權行為及所有權移轉之物權行為，為有理由時，即可依民法第244條第4項規定代位債務人行使民法第767條第1項中段之物上請求權，毋須待債權人所提撤銷訴權判決勝訴確定後，債權人始得代位債務人行使民法第767條第1項中段之權利。依題旨所示，甲主張依民法第242條規定，代位乙行使民法第767條第1項中段之物上請求權，請求塗銷所有權移轉登記，其訴訟標的係乙對丙之物上請求權，核屬基於物權關係之請求，毋須待甲所提撤銷訴權判決勝訴確定後，甲即得代位乙行使該項物上請求權，且此權利之取得、設定、喪失或變更，依法應經登記。準此，是其聲請裁定許可就A地為訴訟繫屬之登記，合於民事訴訟法第254條第5項規定，應與准許[19]。

三、例題51研析——債權人撤銷信託行為

　　債務人之行為非以財產為標的，或僅有害於以給付特定物為標的之債權者，不適用前二項之規定（民法第244條第3項）。信託行為有害於委託人之債權人權利者，債權人得聲請法院撤銷之（信託法第6條第1項）。信託法第6條第1項為民法第244條第3項之特別規定。信託行為是否有害於委託人之債權人權利，應視委託人是否因該信託行

---

[18] 最高法院99年度台抗字第360號民事裁定。
[19] 臺灣高等法院暨所屬法院109年法律座談會民事類提案第22號。

為，致債權陷於清償不能或困難等狀態而定之。倘致債權陷於清償不能或困難，即屬有害於債權，債權人得聲請撤銷[20]。自信託法第6條第1項規範目的以觀，在於防止委託人藉信託行為脫免債權人對其責任財產之強制執行，特定物給付請求之債權人，為保全將來之強制執行，除合於民事訴訟法有關保全程序規定之方法外，其於委託人已將該特定標的物以信託方式移轉於受託人，該信託移轉行為有害於委託人債權人之權利，債權人仍得聲請法院撤銷之[21]。準此，信託法第6條第1項所定得行使撤銷權之債權人，包括信託委託人之特定物給付請求之債權人。題示情形，債權人甲對乙請求移轉A屋所有權登記之債權為特定債權，該特定債權因乙丙間之信託行為而陷於清償不能，無論乙是否另有其他資產，甲之特定債權既已無法實現，乙丙間之信託行為自屬有害於甲之債權，甲得依信託法第6條第1項規定聲請法院撤銷之[22]。

陸、實務見解

一、代位起訴與提起給付訴訟

債權人依民法第242條規定，代位債務人起訴請求第三債務人給付之訴訟後，債務人自己仍得對第三債務人提起給付之訴訟，倘兩訴訟判決結果均為原告勝訴之判決，債權人固可選擇請求以代位訴訟判決或代位請求債務人本人訴訟判決為執行，惟其利益均應歸之於債務人，其中一判決經執行而達其目的時，債權人之請求權消滅，其他判決不再執行[23]。

---

[20] 臺灣高等法院暨所屬法院107年法律座談會民事類提案第9號。
[21] 最高法院109年度台上字第81號民事判決。
[22] 臺灣高等法院暨所屬法院110年法律座談會民事類提案第8號。
[23] 最高法院111年度台抗字第113號民事裁定。

二、債權人行使代位權之限制

（一）對於支付命令提出異議

　　債務人怠於行使其權利時，債權人因保全債權，雖得以自己名義行使其權利（民法第242條）。惟在訴訟程序中之行為，倘依法律之規定，僅該當事人始得為之，且依其性質，並不適於由他人代位行使之訴訟行為，自不能准由該當事人之債權人代位行使。例如，提起上訴、對強制執行方法之聲明異議、對假扣押假處分裁定提起抗告、攻擊防禦方法之提出等事項。依民事訴訟法第516條第1項規定，僅債務人得對於支付命令提出異議，倘債務人於法定期間內提出異議，依同法第519條第1項規定，其支付命令即失其效力，以債權人支付命令之聲請，視為起訴或聲請調解。換言之，支付命令之雙方當事人自債務人提出異議時起，即進入訴訟或調解程序，而成為訴訟或調解程序之當事人，倘該異議得由債務人之其他債權人代位行使，該代位行使異議權之債權人亦不因此而成為該訴訟程序之當事人，該訴訟程序仍應以債務人本人為當事人，該債權人即無從以自己之名義行使債務人之權利，此與前揭行使代位權之規定顯然不合，債權人並不能因此項異議而達成其保全債權之目的甚明，是債務人對於支付命令之異議權，依其性質，其與前揭之上訴、抗告權相類，一旦行使，即足以使原已可確定之法律關係，再度歸於不確定之狀態，仍由原來之當事人繼續進行訴訟，自不適於由當事人以外之第三人代位行使，此與債權人得以自己之名義提起訴訟，代位行使債務人實體法上之請求權者迥然不同[24]。

（二）提起再審之訴

　　訴訟程序中之行為，僅訴訟當事人或訴訟法規定之關係人始得為之，在訴訟程序上唯有債務人方得進行之行為，自非他債權人所得代位行使。所謂再審之訴，係對於已確定而不利於己之終局判決，聲明不服，請求法院再開或續行前訴訟程序更為審判之特別救濟方法，提起該訴之當事人必以原確定判決之當事人或其繼受人為限，非各當

---

[24] 最高法院99年度台抗字第589號民事裁定。

事人或繼受人之債權人所得代位提起。就兩造確定判決有法律上利害
關係之第三人，亦僅於前訴訟程序中已為參加者，始得以參加人地位
輔助一造，即以原當事人名義提起再審之訴（民事訴訟法第58條第3
項）。準此，債權人不得代位債務人提起再審之訴[25]。

習 題

一、說明債權人代位權之定義與行使代位權之要件。

　　提示：民法第242條至第243條。

二、說明債權人行使撤銷權之要件、效果及除斥期間。

　　提示：民法第244條至第245條。

---

[25] 最高法院101年度台抗字第745號民事裁定。

第五節

契約之一般效力

關鍵詞：混合契約、有名契約、私法自治、契約自由、契約一般
效力、契約特殊效力

例題52

土地所有權人甲提供坐落臺北市松山區之土地，而由乙建築股份有限公司出資合作建屋，甲與乙公司為此簽訂合建契約。試問當事人間之合建契約性質為何？甲與乙之權利及義務為何？

壹、契約效力之定義

契約係法律行為，故契約之標的須合法、確定及可能，契約始能生效。契約（contract）為債之發生原因，契約成立後在法律上所發生之效果，稱為契約效力，分為契約一般效力與契約特殊效力。契約一般效力，適用債之效力之一般規定。契約之特殊效力，包含締約過失責任、契約標的、附合契約、契約確保、契約解除、契約終止、雙務契約效力及涉他契約效力。

貳、混合契約

所謂混合契約，係指以二個以上有名契約應有之內容合併為其內容之單一契約，當事人負有數個不同類型權利義務，應分別適用各該權利義務所屬契約之類型之法律規定，以判斷其效力。例如，經銷契約非我國成文法典規定有名契約，基於私法自治及契約自由原則，允許當事人得自行決定契約之類型及內容，所形成之權利義務關係，如何適用法律，應以該契約約定之具體內容為判斷基礎。

一、經銷契約

經銷商於經銷契約關係存續期間，一方面與供應商就個別商品交易之標的及條件，逐筆締結買賣契約；另一方面在特定區域，為供應商辦理行銷推廣、拓展通路之事務，是經銷商契約為具有買賣及代辦商性質之繼續性混合契約。倘當事人就交易標的物之瑕疵、價金交付滋生糾葛，應類推適用民法關於買賣之規定；至於終止權之行使，因

經銷契約為繼續性契約，應類推適用民法關於代辦商之規定[1]。

二、靈骨塔位買賣契約

（一）混合契約

　　現今殯葬設施骨灰（骸）存放之塔位買賣及轉讓交易頻繁，雖亦有以建物及土地應有部分之移轉為塔位之轉讓，惟社會實務上多以簽立轉讓建物內塔位設施永久使用權之債權契約方式為之，而依目前一般之經濟社會感情，靈骨塔位使用權已成為流行之投資商品，具有高度之融通性與交換價值，其應為一方支付對價，得使用他方提供之塔位放置靈骨之權利，且他方允為保管靈骨、提供誦經、祭祀勞務，兼有租賃、寄託、僱傭之債權性質[2]。

（二）永久使用權之交易型態

　　出租人於租賃物交付後，承租人占有中，縱將其所有權讓與第三人，其租賃契約，對於受讓人仍繼續存在（民法第425條第1項）。因靈骨塔塔位之交易型態不止一端，以單純買受塔位永久使用權之交易型態而言，係一方支付對價，使用他方提供之塔位以放置靈骨供後代子孫祭拜，他方並提供保管靈骨及其他約定服務之契約。以他方有償提供塔位與一方使用之部分觀之，具有租賃之性質，惟必塔位已特定並點交與買受人占有，具備使第三人知悉該狀態之公示作用，始得類推適用民法第425條第1項規定[3]。

參、例題52研析

　　土地所有權人提供土地由建築公司出資合作建屋，其契約之性質如何，應依契約內容而決定之，不能一概而論。就目前實務常見之法律關係而言，可分互易契約、買賣與承攬之混合契約、承攬契約、合

---

[1] 最高法院106年度台上字第706號民事判決。
[2] 司法院第27期司法業務研究會；臺灣高等法院臺南分院97年度重上字第60號、105年度上易字第117號民事判決。
[3] 臺灣高等法院暨所屬法院106年法律座談會民事類提案第7號。

夥契約。就都市更新或危老建物之重建情形以觀,土地所有權人提供土地由建築公司出資合作建屋,是一種可行之方式。

一、互易契約

當事人雙方約定互相移轉金錢以外之財產權者,準用關於買賣之規定(民法第398條)。當事人之一方,約定移轉前條所定之財產權,並應交付金錢者,其金錢部分,準用關於買賣價金之規定。合建契約當事人約定,俟房屋建竣後,始將應分歸地主之房屋與分歸建築公司之基地,互易所有權者,其屬互易契約。

二、買賣與承攬之混合契約

所謂買賣者,係指當事人約定一方移轉財產權於他方,他方支付價金之契約(民法第345條第1項)。當事人就標的物及其價金互相同意時,買賣契約即為成立(第2項)。合建契約規定建築公司向地主承攬完成一定之工作,建築公司向地主承攬完成一定之工作,而將地主應給與之報酬,充作買受分歸建築公司之房屋部分基地之價款,屬買賣與承攬之混合契約。

三、承攬契約

所謂承攬者,係指當事人約定,一方為他方完成一定之工作,他方俟工作完成,給付報酬之契約(民法第490條第1項)。約定由承攬人供給材料者,其材料之價額,推定為報酬之一部(第2項)。合建契約訂明各就分得房屋以自己名義領取建造執照,就地主分得部分而言,係建築商自備材料為地主完成一定之工作。就地主將建築商分得房屋部分移轉基地所有權而言,係地主給付報酬,就地主分得部分而言,認該房屋之原始所有人為地主,地主與建築公司就此部分之關係為承攬契約[4]。

---

[4] 司法院第1期司法業務研究會,民事法律專題研究(1),頁101至103。

四、合夥契約

　　所謂合夥者，係指二人以上互約出資以經營共同事業之契約（民法第667條第1項）。前項出資，得爲金錢或其他財產權，或以勞務、信用或其他利益代之（第2項）。金錢以外之出資，應估定價額爲其出資額。未經估定者，以他合夥人之平均出資額視爲其出資額（第3項）。合建契約規定建築公司出資在地主提供之土地上建屋，由雙方共同將其出售分配金錢，屬當事人互約出資，一方出材料及勞力，另一方出土地以經營共同事業，建屋完成後共同出售分配金[5]。

肆、實務見解

　　合建契約之性質，應依各契約約定，倘建商自始即以爲自己完成建築後，以部分興建完成之房屋與地主交換部分土地，其爲互易契約，建商爲全部建物之原始取得人。倘建商就地主分配之房屋自始係以爲地主所有之意思而代爲建築，以完成地主應分配房屋之建築工作爲目的，其完成該建築工作所得報酬作爲向地主購買建商應分配房屋基地之價金，此類合建契約性質上屬承攬與買賣之混合契約，地主分配之建物，以地主爲原始取得人，建商應分配之建物，歸屬建商原始取得[6]。

---

[5] 司法院第1期司法業務研究會，民事法律專題研究(1)，頁101至103。
[6] 最高法院94年度台上字第1078號民事判決。

習 題

一、說明契約之效力。

　　提示：契約成立後在法律上所發生之效果，稱為契約效力，分
　　　　　為契約一般效力與契約特殊效力。

二、說明混合契約之定義。

　　提示：所謂混合契約，係指以二個以上有名契約應有之內容合
　　　　　併為其內容之單一契約，當事人負有數個不同類型權利
　　　　　義務，應分別適用各該權利義務所屬契約之類型之法律
　　　　　規定，以判斷其效力。

第六節

契約之特殊效力

關鍵詞：商品、服務、期限、定金、消費者、違約金、準違約
金、契約標的、停止條件、締約過失、附合契約、契約
解除、契約終止、雙務契約、單務契約、涉他契約、信
賴利益、競業禁止、危險負擔、誠信原則、互惠原則、
證約定金、補償關係、對價關係、定型化契約、不安抗
辯權、懲罰性違約金、同時履行抗辯權、第三人負擔契
約、利益第三人契約、不真正利益第三人契約、損害賠
償預定性違約金

例題53

　　甲向乙銀行提出信用卡之使用申請，乙銀行審核甲之財產、收入、職業等信用狀況後，決定准與甲申請及其額度，並約定甲之妻丙為附卡之使用人，正卡及附卡使用人就彼此間之消費款，應互負連帶清償責任。試問甲未依據信用卡使用契約，屆期清償消費款，乙銀行請求甲與丙負連帶清償責任，有無理由？

例題54

　　當事人就金錢借貸之契約，約定逾期清償時「按每萬元每月計收新臺幣參佰元」或「按每百元每日壹角」計算之違約金。試問此項違約金債權之請求權時效為多少年？理由為何？

例題55

　　甲向乙購買房屋，未能按期給付價金，乙依買賣契約之約定，沒收甲已付之價款新臺幣（下同）300萬元作為違約金，並合法解除契約。甲主張該違約金額過高，應酌減為50萬元，就超過之250萬元部分，乙失其受領之法律上原因，依不當得利規定，訴請乙返還，並加計自起訴狀繕本送達翌日起算之利息。法院認違約金過高時，應酌減為100萬元，經核減後之超額部分即200萬元之返還。試問利息起算日為何？理由為何？

例題56

　　契約當事人之一方遲延給付者，他方當事人得定相當期限催告其履行，如於期限內不履行時，得解除其契約，民法第254條定有明文。試問契約當事人之一方遲延給付者時，他方當事人雖催告其履行，然催告未定期限或所定期限不相當者，他方當事人是否仍得解除其契約？

例題57

甲向乙購買貨物一批,並依乙之指示將價金存入第三人丙之帳戶內,以清償某乙對丙所負之債務,惟雙方未具體約定丙有直接向甲請求給付之權。嗣因乙未依約定交付貨物,且經甲限期催告仍未履行,甲依法解除其與某乙間之買賣契約。試問甲、乙間所訂立之買賣契約,性質上是否屬於民法第269條規定之第三人利益契約?

例題58

甲向乙購買土地,乙已將土地所有權移轉登記與甲,雖並將土地交付與甲,然甲仍有尾款200萬元屆期遲未給付,經乙定相當期限催告後仍未履行。事經15年後,乙依民法第254條規定向甲表示解除買賣契約,並請求甲返還該土地,甲則以乙之價金請求權已因罹於時效為抗辯,乙不得再行使解除權。試問甲之抗辯,是否有理由?

壹、契約特殊之類型

類型	法律效果	法條依據
締約過失責任	賠償信賴利益之損害	民法第245條之1
不能給付為契約標的	契約無效	民法第246條第1項本文
	契約有效	民法第246條第1項但書、第2項
	賠償信賴利益之損害	民法第247條
附合契約	顯失公平者約定部分無效	民法第247條之1
定金	推定契約成立	民法第248條
	作為契約履行	民法第249條第1款
	契約不履行之處理	民法第249條第2款至第4款
約定違約金之性質	1. 懲罰性 2. 損害賠償預定性	民法第250條第2項

類型	法律效果	法條依據
解除契約之效力	回復原狀	民法第259條
	損害賠償	民法第260條
	雙務契約之準用	民法第261條準用第264條至第267條
終止契約之效力	損害賠償	民法第263條準用第260條
雙務契約	同時履行抗辯	民法第264條
	不安抗辯權	民法第265條
	危險負擔	民法第266條
	給付不能	民法第267條
涉他契約	第三人負擔契約	民法第268條
	利益第三人契約	民法第269條

貳、締約過失責任

一、成立要件

　　契約未成立時，當事人為準備或商議訂立契約而有下列情形之一者，對於非因過失而信契約能成立致受損害之他方當事人，負賠償責任：（一）就訂約有重要關係之事項，對他方之詢問，惡意隱匿或為不實之說明者；（二）知悉或持有他方之秘密，經他方明示應與保密，而因故意或重大過失洩漏之者；（三）其他顯然違反誠實及信用方法者（民法第245條之1第1項）。因當事人為訂立契約而進行準備或商議，即已建立特殊信賴關係，倘一方未誠實提供資訊、嚴重違反保密義務或違反進行締約時應遵守之誠信原則，致他方受損害，既非侵權行為，亦非債務不履行之範疇。準此，民法第245條之1第1項係指契約未成立，始得據以請求賠償而言。是因過失信契約能成立致受損害之當事人，並非該締約過失之賠償請求權人[1]。

---

[1] 最高法院110年度台上字第819號民事判決。

二、請求權時效

　　受有損害之一方得向負締約過失之他方請求信賴利益之賠償，該損害賠償請求權，因2年間不行使而消滅（民法第245條之1第2項）。例如，乙於2022年1月10日欲向甲買受土地興建房屋，甲未告知乙土地無法興建房屋，導致乙買受土地之契約目的不能實現，買賣契約無法成立，使乙於同年10月11日受有支出委請建築師設計之信賴利益之損害新臺幣10萬元，甲應賠償乙之信賴利益之損害，乙應於2022年10月11日起2年內行使損害賠償請求權。

參、契約之標的

一、契約標的不能

（一）契約原則無效

　　契約為法律行為之一種，是契約之標的必須合法、可能及確定。是以不能之給付為契約標的，原則上其契約為無效（民法第246條第1項本文）。所謂不能之給付，係指依社會通常觀念，債務人應為之給付，自始不能依債務本旨實現[2]。例如，在債權雙重讓與之場合，先訂立讓與契約之第一受讓人依債權讓與優先性原則，雖取得讓與之債權，然第二受讓人之讓與契約，並非受讓不存在之債權，而係經債權人處分現存在之第一受讓人債權，性質上為無權處分，依民法第118條規定，應屬效力未定，並非自始不能依債務本旨實現之債權[3]。

（二）契約例外有效

1. 預期不能情形可以除去

　　以不能之給付為契約標的，其契約固為無效，然其不能情形可以除去，而當事人訂約時，並預期於不能之情形除去後為給付者，其契約仍為有效。倘買賣應具有特定身分之土地，嗣買受人取得特定

---

[2] 最高法院109年度台上字第2490號民事判決。
[3] 最高法院105年度台上字第1834號民事判決。

身分後，始爲所有權移轉登記，買賣契約有效（民法第246條第1項但書）。舉例說明如後：(1)原住民保留地之買賣，承買人雖非原住民，惟約定由承買人指定登記與任何具有原住民身分之第三人，或具體約定登記與具有原住民身分之特定三人，並非民法第246條第1項規定，以不能之給付爲契約之標的，其契約自屬有效[4]；(2)民法適用契約自由原則，未禁止借名登記契約，是除別有規定外，應屬有效。故當事人就A土地成立借名登記契約，其內容並未違反強制、禁止規定或公序良俗，自屬有效。而依民法第71條但書、第246條第1項但書規定，出名人將土地買與第三人時，該買賣契約非以不能之給付爲契約標的，自屬有效。

2.附停止條件或始期

以不能之給付爲契約標的，其契約雖爲無效，惟附停止條件或始期之契約，而於條件成就或期限屆至前，不能之情形已除去者，其契約爲有效（民法第246條第2項）。所謂條件（condition），係指當事人以將來客觀不確定事實之成就與否，決定其法律行爲效力之發生或消滅之一種法律行爲之附款。附停止條件之法律行爲，其於條件成就時，發生效力，或稱積極要件（民法第99條第1項）。所謂期限（term），係指當事人以將來確定發生之事實爲內容，以限制法律行爲效力之發生或消滅之法律行爲之附款。始期係限制法律行爲發生效力之期限，即於期限屆至時，發生效力（民法第102條第1項）。例如，因基於外匯管制之原因，禁止私人間進行外幣買賣，甲與乙約定外匯管制之原因消滅後，甲以新臺幣30萬元爲代價，向乙購買美元100萬元，嗣後外匯管制之取消，停止條件成就，甲、乙間美元買賣契約有效。

二、信賴利益賠償

（一）要件

契約因以不能之給付爲標的而無效者，當事人於訂約時知其不能或可得而知者，對於非因過失而信契約爲有效致受損害之他方當事

[4] 最高法院102年度台上字第2189號民事判決。

人，負賠償責任（民法第247條第1項）。信賴無效契約之無過失當事人一方，得向他方請求信賴利益之損害賠償。其成立要件：1.契約以自始不能給付為標的；2.當事人一方於訂約時有故意或過失；3.當事人他方無過失。

（二）一部不能

法律行為之一部分無效者，全部均為無效（民法第111條本文）。例外情形，除去該部分亦可成立者，則其他部分，仍為有效（但書）。數宗給付中，有自始不能或嗣後不能給付者，債之關係僅存在於餘存之給付（民法第211條本文）。例外情形，其不能之事由，應由無選擇權之當事人負責者，不在此限（但書）。準此，給付一部不能，而契約就其他部分仍為有效者，或依選擇而定之數宗給付中有一宗給付不能者，就不能之部分，債權人得請求信賴利益賠償（民法第247條第2項）。

（三）範圍

締約過失依所負之賠償責任內容，應以信賴利益為限，而此信賴利益之損害賠償範圍，僅得請求包括訂約費用、準備履行所需費用或喪失訂約等費用之賠償。至於因契約履行所得之利益，不在得請求賠償之列。再者，該信賴利益之損害賠償請求權，因2年間不行使而消滅（民法第247條第3項）。

肆、附合契約

一、附合契約之定義

所謂附合契約或定型化契約，係指當事人一方為與不特定多數人訂立同類契約之用，所提出預先擬定之契約條款。定型化契約條款不限於書面，其以放映字幕、張貼、牌示、網際網路或其他方法表示者，亦屬定型化契約（消費者保護法第2條第7款）。例如，工程之契約條款，係定作人為與不特定多數廠商訂立而單方面預先擬定，或者建設公司與不特定多數買受人訂立，而單方面預先擬定之預售房屋土地之買賣契約，均屬定型化契約。

二、部分約定無效

為防止契約自由之濫用及維護交易公平，民法第247條之1規定，依照當事人一方預定用於同類契約之條款而訂定之契約，為下列各款之約定，按其情形顯失公平者，該部分約定無效，茲分述如後：（一）免除或減輕預定契約條款之當事人之責任者（第1款）；（二）加重他方當事人之責任者（第2款）；（三）使他方當事人拋棄權利或限制其行使權利者（第3款）；（四）其他於他方當事人有重大不利益者（第4款）。民法第247條之1所為按其情形顯失公平，係指依契約本質所生之主要權利義務，或按法律規定加以綜合判斷，有顯失公平之情形[5]。

（一）保證責任之範圍

法律行為之一部分無效者，全部皆為無效。但除去該部分亦可成立者，則其他部分，仍為有效（民法第111條）。修正之民法第247條之1規定，其於民法債編修正施行前訂定之契約（民法債編施行法第17條）。保證契約之成立，祇須有主債務存在，保證人對債權人表示為保證之意旨即足，至於保證責任之範圍如何、期限若干，非契約之要素。依照當事人一方預定用於同類契約之條款而訂定之保證契約，約定保證人就債權人與主債務人間所生一定債之關係範圍內之不特定債務為保證者，其保證之範圍，除訂約時已發生之債務外，尚包含將來發生之債務；倘未定有限額，就定約時已發生之主債務部分，其數額及範圍已現實具體確定，固為該保證契約效力所及，然就將來發生之債務部分，除人事保證或有反對之特約外，因完全不能預先確定其數額，竟由保證人對之負無限度之保證責任，無異加重其責任，按其情形顯失公平，僅該部分約定無效，並非契約全歸無效，此觀民法第111條但書、第247條之1、民法債編施行法第17條規定自明[6]。

（二）定期債務保證責任

就定有期限之債務為保證者，倘債權人允許主債務人延期清償

---

[5] 最高法院101年度台上字第1616號民事裁定。
[6] 最高法院107年度台上字第875號民事判決。

時，保證人除對於其延期已爲同意外，不負保證責任（民法第755條）。準此，倘保證人對於債權人延期清償之允許，不表同意，主債務延期時，保證債務消滅，保證人即不再負保證責任，以免保證人，因此而受不利之影響。金融機構與保證人以定型化契約約定，由保證人事先概括同意債權人延期清償，係使他方當事人拋棄權利或限制其行使權利者，該部分約定無效（民法第247條之1第3款）[7]。

三、消費者保護法

（一）合理審閱期間

所謂消費者，係指以消費爲目的而爲交易、使用商品或接受服務者（消費者保護法第2條第1款）。企業經營者，指以設計、生產、製造、輸入、經銷商品或提供服務爲營業者（第2款）。企業經營者在定型化契約中所用之條款，應本平等互惠之原則（消費者保護法第11條第1項）。定型化契約條款如有疑義時，應爲有利於消費者之解釋（第2項）。企業經營者與消費者訂立定型化契約前，應有30日以內之合理期間，供消費者審閱全部條款內容（消費者保護法第11條之1第1項）。違反第1項規定者，其條款不構成契約之內容。但消費者得主張該條款仍構成契約之內容（第3項）。中央主管機關得選擇特定行業，參酌定型化契約條款之重要性、涉及事項之多寡及複雜程度等事項，公告定型化契約之審閱期間（第4項）。

（二）對消費者顯失公平者

定型化契約中之條款違反誠信原則，對消費者顯失公平者，無效（消費者保護法第12條第1項）。定型化契約中之條款有下列情形之一者，推定其顯失公平：1.違反平等互惠原則者；2.條款與其所排除不與適用之任意規定之立法意旨顯相矛盾者；3.契約之主要權利或義務，因受條款之限制，致契約之目的難以達成者（第2項）。定型化契約中之定型化契約條款，全部或一部無效或不構成契約內容之一部者，除去該部分，契約亦可成立者，該契約之其他部分，仍爲有效

7　法務部2019年8月27日法律字第10803511230號函。

（消費者保護法第16條本文）。例外情形，對當事人之一方顯失公平者，該契約全部無效（但書）。準此，消費者得主張定型化契約中之條款違反誠信原則，對消費者顯失公平者，請求法院宣告無效。就商品或服務之消費者而言，消費者保護法為民法之特別法，應優先適用。

伍、契約之確保

一、定金

（一）定義

　　為確保契約之效力，法律設有兩種方法，即定金及違約金。所謂定金者（earnest money），係指契約當事人之一方，為確保契約之履行，交付於他方之金錢或其他代替物。定金契約以主契約之成立為前提，其為從契約。並以交付為成立要件，屬要物契約之性質。例如，甲向乙買受車輛一部，價金新臺幣（下同）100萬元，甲先交付10萬與乙作為買賣契約之定金。

（二）效力

1. 推定契約成立

　　訂約當事人之一方，由他方受有定金時，推定其契約成立，以定金之交付，證明契約之成立，稱為證約定金（民法第248條）。立約定金係在契約成立前交付之定金，用以擔保契約之成立[8]。支票雖非金錢，然為有價證券、金錢證券、支付證券，有其面額之價值。倘當事人間係以該面額所表彰之金錢價值，充為定金之交付，本諸契約自由之原則，應為法之所許。而當事人對於買賣契約必要之點，即價金與標的物之意思表示一致，其買賣契約即已成立[9]。縱使當事人之一方交付遠期空頭支票與他方，充作定金，即有成立買賣契約之合意，其買賣契約應視為成立。至將來支票不兌現，係另一問題，不影響定金之效力。

---

[8] 最高法院106年度台上字第480號民事判決。
[9] 最高法院109年度台上字第1638號民事判決。

2. 作爲契約履行

除當事人另有訂定外，契約履行時，定金應返還或作爲給付之一部（民法第249條第1款）。依民法第249條第1款規定，契約當事人自得就於訂約時所收受之定金，而於將來雙方依約履行後，究應另行返還或充爲給付之一部做成協議，得應記載於契約內容。例如，買賣契約於簽訂時，買賣價金爲新臺幣2,000萬元，買受人甲支付與出買人乙之200萬元係屬定金，載明於買賣契約第3條，並於第4條約定，日後定金200萬元將充爲價金之一部。

3. 契約不履行之處理

當事人不履行契約，定金應視如後情事處理之：(1)契約因可歸責於付定金當事人之事由時，致不能履行時，定金不得請求返還。（民法第249條第2款）。例如，當事人簽訂買賣契約，買受人爲此交付定金新臺幣（下同）10萬元，買受人嗣後不履行契約，定金歸出買人取得；(2)契約因可歸責於受定金當事人之事由，致不能履行時，該當事人應加倍返還其所受之定金（第3款）。倘給付可能時，僅爲遲延給付，並不適用民法第249條第3款規定[10]。例如，當事人簽訂買賣契約，買受人爲此交付定金10萬元，出賣人嗣後不能履行買賣契約，出賣人應交付20萬元與買受人；(3)契約因不可歸責於雙方當事人之事由，致不能履行時，定金應返還之（第4款）。例如，當事人簽訂買賣契約，買受人爲此交付定金10萬元，嗣後買賣標的因不可歸責於當事人而滅失，出買人應返還該定金與買受人。

二、違約金

（一）定義

所謂違約金（payment for breach of contract），係指以確保債務履行爲目的，確保契約訂立後，債務人能確實履行債務，以強化契約之效力，由當事人約定債務人於債務不履行時，應支付一定金錢之一種從契約。違約金具有間接強制履行之作用，附以債務不履行爲停止條件。違約金之類型，分爲懲罰性違約金損害賠償預定性違約金（民

---

[10] 最高法院91年度台上字第2441號民事判決。

法第250條第1項）[11]。倘約定違約時應爲金錢以外之給付者，其爲準違約金（民法第253條）。例如，違約時應給付某廠牌之汽車1輛。

（二）類型

1. 懲罰性違約金

違約金有懲罰性違約金及損害賠償預定性違約金，倘屬懲罰性違約金，債權人除得請求違約金外，並得請求履行債務，或不履行之損害賠償[12]。例如，出賣人不履行買賣契約義務時，買受人得同時向出賣人請求給付違約金與履行買賣契約之債務。準此，當事人間約定之違約金性質究屬何者？應依當事人之意思定之，倘無從依當事人之意思認定違約金之種類時，自應依民法第250條第2項規定，視爲賠償額預定性違約金[13]。

2. 損害賠償預定性違約金

損害賠償預定性違約金，係以違約金作爲不履行所生之賠償總額，請求違約金後，不得再請求其他損害賠償。違約金除當事人另有訂定外，視爲因不履行而生損害之賠償總額，係損害賠償總額之預定。債務人不履行時，請求支付違約金，無須證明損害數額（民法第250條第2項前段）。倘約定債務人不於適當時期或不依適當方法履行債務時，即須支付違約金者，債權人除得請求履行債務外，違約金視爲因不於適當時期或不依適當方法履行債務所生損害之賠償總額（第2項後段）。此約定爲債務不履行中之給付延遲及不完全給付所生損害賠償額之預約，屬賠償預定性違約金性質。賠償總額預定性之違約金，係以該違約金作爲債務人於債務不履行時之損害賠償總額之預定或推定[14]。準此，債務人違約時，債權人僅得向債務人請求損害賠償預定性違約金，不得請求履行債務或不履行之損害賠償。

---

[11] 最高法院105年度台上字第169號、109年度台上字第75號民事判決。
[12] 最高法院104年度台上字第984號民事判決。
[13] 最高法院110年度台上字第2984號民事判決。
[14] 最高法院102年度台上字第889號民事判決。

（三）違約金酌減

1. 職權或聲請

債務已爲一部履行者，倘仍依照約支付違約金，將使債務人遭受不公平之損害。是法院得比照債權人因一部履行所受之利益，減少違約金（民法第251條）[15]。倘約定之違約金額過高者，法院得減至相當之數額（民法第252條）。當事人約定之違約金過高，經法院酌減至相當之數額而爲判決確定者，就該酌減之數額以外部分，倘債權人先爲預扣，因該部分非出於債務人之自由意思而被扣款，債務人自得依不當得利法律關係請求債權人給付。此項給付請求權，應認於法院判決確定時，其請求權始告發生，並於斯時屆其清償期，始符酌減違約金所生形成力之原意[16]。法院認約定之違約金額過高，核減至相當之數額，得以職權爲之或由債務人聲請核減之[17]。

2. 審酌因素

違約金額是否相當，即須依一般客觀事實，社會經濟狀況、當事人所受損害情形，暨及債務人如能依約履行時，債權人可得享受之一切利益，以爲衡量之標準。倘所約定之額數，與實際損害顯相懸殊者，法院自得酌與核減[18]。倘債務人已任意給付違約金與債權人，得認爲債務人自願依約履行，債務人不得再行請求返還[19]。違約金係損害賠償總額預定性質者，更應衡酌債權人實際所受之積極損害及消極損害，以決定其約定之違約金是否過高[20]。例如，公司與受僱人於勞動契約約定，受僱人任職未滿1年者，應賠償公司1年之薪資，倘受僱人於滿10個月離職，公司起訴請求受僱人應賠償1年薪資之違約金，法院認約定之違約金額過高時，得以職權或由受僱人聲請核減核減至相當之數額。衡量受僱人已任職10個月，法院自得按比例酌減，命受僱人僅賠償2個月薪資之違約金。

---

[15] 最高法院109年度台上字第2411號民事判決。
[16] 最高法院102年度台上字第1330號民事判決。
[17] 最高法院79年台上字第1612號民事判決。
[18] 最高法院110年度台上字第2984號民事判決。
[19] 最高法院79年台上字第1915號民事判決。
[20] 最高法院110年度台上字第1582號民事判決。

（四）已發生之違約金非屬從權利

主權利因時效消滅者，其效力及於從權利。但法律有特別規定者，不在此限（民法第146條）。消滅時效完成，債務人僅取得為拒絕給付之抗辯權，其請求並非當然消滅，原本債權雖已罹於時效，然於債務人為時效抗辯前，其違約債權仍陸續發生，而已發生之違約金並非民法第146條所稱之從權利，其請求權與原本請求權各自獨立，消滅時效亦分別起算，原本請求雖已罹於消滅時效，已發生之違約金請求並不因而隨同消滅[21]。再者，利息、紅利、租金、贍養費、退職金及其他1年或不及1年之定期給付債權，其各期給付請求權，因5年間不行使而消滅（民法第126條）。而違約金之約定，為賠償給付遲延所生之損害，於債務人給付遲延時，債權人始得請求，並非定期給付之債務，其與民法第126條所規定之性質不同，其時效為15年[22]。

三、準違約金

關於民法第250條至第252條之違約金定，其於約定違約時，應為金錢以外之給付者準用之（民法第253條）。學說上稱準違約金契約。所謂金錢以外之給付，如物或權利之給付、為一定為之行為、對待給付之酌減，契約權利之失效。例如，甲提供土地與乙合建房屋，雙方於契約明定：倘乙方有違約情事發生，應將其所有坐落某處之房屋及土地移轉登記為甲所有，作為賠償賠償，以土地與建物為違約金之標的，係金錢以外之給付。嗣後乙確有違約之情事發生，甲根據契約訴請該房地之移轉登記，乙以違約金之約定過高而為抗辯。因約定違約給付之標的為不可分之物，倘約定之違約金確屬過高時，法院核減時，應按違約金之種類，當事人應取得權利部分之比例價格及其他一切情事，決定使債權人取得其物或權利之全部而償還一定價格，或僅使債務人折付一定之賠償金額。惟違約情節輕微，而債權人所受損害較少時，法院判命債務人折付一定之賠償金額，始能符合公平與正

---

[21] 最高法院107年度第3次民事庭會議決議。
[22] 臺灣高等法院暨所屬法院100年法律座談會民事類提案第1號。

義之原則[23]。

四、違約金與定金之區別

	定金	違約金
作用	為確保契約履行之從契約。	雖為確保契約履行之從契約，然已發生之違約金非屬從權利。
標的物	金錢、代替物。	金錢、代替物、非代替物。
性質	要物契約。	諾成契約。
損害賠償	可為損害賠償之預定。	不以損害賠償之預定為限，得請求損害賠償。
酌減	無酌減規定。	過高得酌減。

陸、契約之解除

一、解除權之發生

（一）定義

　　所謂契約之解除（rescind contract），係指當事人一方行使解除權，使契約之效力溯及消滅為意思表示。契約之解除經有解除權之一方之意思表示而成立，其為單獨行為，屬形成權之性質。契約經解除，契約即溯及歸於消滅，當事人在契約存續期間所受領之給付，即成為無法律上之原因，債權人可依民法第259條或第179條規定，請求債務人回復原狀或返還其所受之利益[24]。再者，解除權之發生有約定及法定兩種原因，基於契約自由原則，當事人約定解除原因，僅要不違反強制規定、公共秩序或善良風俗者，均為有效成立（民法第71條、第72條）。例如，租賃契約或僱傭契約之當事人，得約定隨時解除定期租賃契約或定期僱傭契約。

---

[23] 最高法院106年度台上字第1496號民事判決。
[24] 最高法院104年度台上字第799號民事判決。

（二）法定解除契約原因

1. 給付遲延

(1) 非定期行為之給付遲延

　　非定期行為給付遲延時，契約當事人之一方遲延給付者，他方當事人得定相當期限催告其履行，如於期限內不履行時，得解除其契約（民法第254條）。是故債務人遲延給付時，必須經債權人定相當期限催告其履行，而債務人於期限內仍不履行時，債權人始得解除契約[25]。例如，契約當事人之一方因他方遲延給付而定期催告其履行時，同時表明於期限內不履行時，契約即解除者，係附有停止條件之解除契約之意思表示，倘他方當事人未依限履行，即條件成就，即發生解除契約之效力。

(2) 定期行為之給付遲延

　　依契約之性質或當事人之意思表示，非於一定時期為給付不能達其契約之目的，而契約當事人之一方不按照時期給付者，此為定期行為給付遲延，即他方當事人得不經催告，解除其契約（民法第255條）。所謂依契約之性質，非於一定時期為給付不能達其契約之目的者，係指就契約本身，自客觀上觀察，即可認識非於一定時期為給付不能達契約目的之情形而言。所謂依當事人之意思表示，非於一定時期為給付不能達其契約之目的者，必須契約當事人間有嚴守履行期間之合意，並對此期間為重要與為契約之目的所在，已有所認識[26]。例如，婚禮所需禮服，債務人應於婚禮期間提供。

2. 給付不能

　　因可歸責於債務人之事由，致給付不能者，債權人得請求賠償損害（民法第226條第1項）。前項情形，給付一部不能者，倘其他部分之履行，而於債權人無利益時，債權人得拒絕該部之給付，請求全部不履行之損害賠償（第2項）。因給付不能之解除契約，債權人於有第226條之情形時，因可歸責於債務人之事由，致給付不能時，毋庸定期催告債務人履行，得解除其契約（民法第256條）。

---

[25] 最高法院102年度台上字第2161號民事判決。
[26] 最高法院110年度台上字第2079號民事判決。

二、解除權之行使

（一）向他方當事人為意思表示（104年司律）

　　解除權之行使，應向他方當事人以意思表示為之（民法第258條第1項）。契約當事人之一方有數人者，解除契約之意思表示，應由其全體或向其全體為之（第2項），此為解除權行使不可分之原則。解除契約之意思表示，不得撤銷（第3項）。對話人為意思表示者，其意思表示，以相對人了解時，發生效力（民法第94條）。非對話而為意思表示者，其意思表示，以通知達到相對人時，發生效力。但撤回之通知，同時或先時到達者，不在此限（民法第95條第1項）[27]。表意人於發出通知後死亡、喪失行為能力或其行為能力受限制者，其意思表示，不因之失其效力（第2項）。例如，買受人於發出解除買賣契約之存證信函後，因生病而過失，其生前所為解除買賣契約之意思表示，依然有效成立。

（二）催告與行使解除權

1. 先催告後解除契約

　　契約當事人之一方遲延給付者，他方當事人得定相當期限催告其履行，如於期限內不履行時，得解除其契約（民法第254條）。他方當事人先定相當期限催告其履行，催告為意思通知，屬準法律行為。當事人一方未於期限內不履行時，他方當事人始得為解除契約之意思表示。準此，他方當事人先為催告，繼而解除契約。

2. 同時為催告與行使解除權

　　契約當事人之一方因他方遲延給付而定期催告其履行時，可同時為附停止條件之解除契約之意思表示，即於他方當事人未依限履行時，停止條件成就，發生契約解除之效力，無須另為解除契約之意思表示。催告中是否已為附條件之解除契約之意思表示，應依當時之事實及全催告意旨、證據資料判斷之，不得拾掇其中一二語，致失其真意[28]。

---

[27] 最高法院108年度台上字第2216號民事判決。
[28] 最高法院92年度台上字第651號民事判決。

三、解除權之消滅

（一）未於期限內行使解除權

解除權之行使，未定有期間者，他方當事人得定相當期限，催告解除權人於期限內確答是否解除，倘逾期未受解除之通知，解除權即消滅。解除權之行使，當事人定有期間者，未於期限內行使解除權，解除權消滅（民法第257條）。準此，解除權之行使，未定有期間者，他方當事人得定相當期限，催告解除權人於期限內，確答是否解除，是他方當事人未曾定相當期限，催告解除權人確答是否解除契約，解除權自無從消滅。

（二）受領物不能返還或種類變更（105年司律）

有解除權人，因可歸責於自己之事由，致其所受領之給付物有毀損、滅失或其他情形不能返還者，解除權消滅；因加工或改造，將所受領之給付物變其種類者，其解除權消滅（民法第262條）。所謂毀損，係指給付物所有價值減少，不僅物之形狀之變更，給付物設定有第三人之權利者，亦包括在內。倘已至不能返還之程度，即以原物返還或償還減少價額（民法第259條第1款、第6款）[29]。

四、契約解除之效力

（一）回復原狀

契約解除時，其效力溯及既往歸於消滅，是當事人雙方回復原狀之義務。所謂回復原狀，係指契約成立前之原狀而言。本屬不當得利之義務，民法第259條為民法第179條之特別規定，其消滅時效，應自解除時起算[30]。除法律另有規定或契約另有訂定外，依下列規定為之：1.由他方所受領之給付物，應返還之（民法第259條第1款）；2.受領之給付為金錢者，應附加自受領時起之利息償還之（第2款）；3.受領之給付為勞務或為物之使用者，應照受領時之價額，以

---

[29] 最高法院104年度台上字第2011號民事判決。
[30] 最高法院102年度台上字第1431號民事判決。

金錢償還之（第3款）；4.受領之給付物生有孳息者，應返還之（第4款）；5.就返還之物，已支出必要或有益之費用，得於他方受返還時所得利益之限度內，請求其返還（第5款）；6.應返還之物有毀損、滅失或因其他事由，致不能返還者，應償還其價額（第6款）。關於原物不能返還，應償還價額之計算，應以價額償還義務成立時客觀之價額爲準[31]。例如，車輛出租人因承租人違約，解除租賃契約，而承租人所承租之車輛滅失，承租人應償還返還車輛時之客觀價額爲準。

（二）損害賠償

1.債務不履行之損害賠償

解除權之行使，不妨礙損害賠償之請求。債權人得行使債務人不履行所受損害及所生利益（民法第260條）。民法第260條規定解除權之行使，不妨礙損害賠償之請求，並非積極認定有新賠償請求權發生，係規定因其他原因已發生之賠償請求權，不因解除權之行使而受妨礙。準此，民法第260條所定損害賠償請求權，係專指因債務不履行之損害賠償或賠償履行利益而言。因契約消滅所生之損害，並不包括在內[32]。

2.違約金之請求

債權人因債務不履行而解除契約時，懲罰性違約金失其效力，債權人僅得依民法第260條請求損害賠償。而損害賠償預定性違約金，不因債權人解除契約而失效，債權人得就民法第250條第2項之損害賠償預定性違約金或依民法第260條規定之損害賠償請求權，擇一行使。民法第260條規定之損害賠償，包含民法第249條第3款之定金與懲罰性違約金[33]。

（三）準用雙務契約規定

當事人因契約解除而生之相互義務，準用民法第264條至第267條規定：1.同時履行抗辯權；2.不安抗辯權；3.危險負擔；4.因可歸責

---

[31] 最高法院103年度台上字第2139號民事判決。

[32] 最高法院101年度台上字第793號、97年度台上字第1550號民事判決。

[33] 最高法院67年度第9次民事庭庭推總會議決議（三）、62年度第3次民庭庭推總會議決議（四）。

於當事人一方之給付不能等規定（民法第261條）。例如，契約解除時，雙方互負回復原狀之義務（民法第259條）。此項互負之義務，依同法第261條準用第264條規定，當事人一方於他方未爲對待給付前，得拒絕自己之給付[34]。

柒、契約之終止

一、契約終止與契約解除之區別

所謂契約之終止（terminate contract），係指當事人一方行使終止權，使契約之效力向將來消滅之意思表示，其爲單獨行爲，屬形成權之性質。契約之終止，有合意終止、約定終止及法定終止之分，無論何種終止，均有使契約關係自終止時起，向將來消滅之效力[35]。其與契約之解除不同，契約之解除，有使契約溯及既往消滅之效力，發生回復原狀之問題。契約終止以繼續性之契約關係爲對象，如租賃、僱傭、委任、承攬等。而解除契約以非繼續性契約爲對象，如贈與、買賣、和解等。

二、終止權之行使方法及效力準用解除權規定

終止權之行使方法及效力準用解除權之規定，即第258條之解除權之行使方法、第260條之損害賠償請求等規定，其於當事人依法律之規定，終止契約者準用之（民法第263條）。職是，同法第259條之契約解除後回復原狀規定，其於契約終止之情形，不在準用之列[36]。例如，定作人於工作未完成前，依民法第511條前段規定固得隨時終止契約，惟此項終止權之行使，依民法第263條準用同法第258條第1項規定，應向他方當事人以意思表示爲之，終止承攬契約，不生回復原狀之問題[37]。

---

[34] 最高法院111年度台上字第117號民事判決。
[35] 最高法院110年度台上字第136號民事判決。
[36] 最高法院102年度台上字第2051號民事判決。
[37] 最高法院109年度台上字第3082號民事判決。

捌、雙務契約之效力

　　契約以雙方當事人間是否互負對價關係，分為單務契約與雙務契約。所謂單務契約或片務契約，係指僅當事人之一方負擔債務，他方並不負擔債務或雙方均負擔債務，而其所負擔債務間並無對價關係之契約。如贈與契約（民法第406條）、保證契約（民法第739條）。所謂雙務契約，係指雙方當事人互負對價關係之債務之契約。雙方互負對價關係之債務，在發生、履行及消滅上均有牽連性。如買賣契約（民法第345條）、租賃契約（民法第421條）。雙務契約之效力有二：民法第264條之同時履行抗辯權及民法第266條之危險負擔。

一、同時履行抗辯權

（一）拒絕給付

1. 原則

　　因契約互負債務者，而於他方當事人未為對待給付前，得拒絕自己之給付（民法第264條第1項本文）。所謂同時履行之抗辯，係指因成立或履行上有牽連關係之雙務契約而生，倘雙方之債務，本於同一雙務契約而發生，且其一方之給付與他方之給付，立於互為對待給付之關係者，即可主張同時履行抗辯[38]。債務人享有同時履行抗辯權者，在行使此抗辯權時，不發生遲延責任之問題，而行使以後即能免責[39]。舉例說明如後：(1)物之出賣人就其交付之買賣標的物，有應負瑕疵擔保責任或不完全給付之債務不履行責任，買受人得請求出賣人補正或賠償損害，並得依民法第264條規定行使同時履行抗辯權[40]；(2)出賣人未交付買賣標的物前，買受人得拒絕交付價金。

2. 例外

(1) 自己有先為給付之義務者

　　自己有先為給付之義務者，不得拒絕給付（民法第264條第1項

---

[38] 最高法院110年度台上字第2428號民事判決。
[39] 最高法院110年度台上字第2619號民事判決。
[40] 最高法院102年度台再字第19號民事判決。

但書）。舉例說明如後：①乘坐火車、高鐵或飛機之乘客，應先購買車票或機票；②分期付價之買賣，如約定買受人有遲延時，出賣人得即請求支付全部價金者，除買受人遲付之價額已達全部價金1/5外，出賣人仍不得請求支付全部價金（民法第389條）。買賣標的物與價金之交付，固以同時為之為原則，然法律另有規定或契約另有訂定或另有習慣者，則屬例外情事。土地買賣契約對於價金之交付以契約定，自應從契約之所定。該契約僅就價金部分約定分期給付，而對土地部分並未約定交付期間，自應從當事人之真意以標明物之性質以為決定。購買土地而約定分期給付價金者，旨在先取得土地之利用，倘必待付清價金，始能請求交付買賣標的物，則無約定分期給付價金之實益。準此，出賣甲不得主張同時履行抗辯拒絕交付土地，否則應付遲延責任[41]。

(2) 他方當事人已為部分之給付

他方當事人已為部分之給付時，依其情形，倘拒絕自己之給付有違背誠實及信用方法者，不得拒絕自己之給付（民法第264條第2項）。依民法第264條第2項規定之反面解釋，他方當事人為部分之給付或不完全給付者，除依情形拒絕自己給付違背誠實及信用方法者外，雙務契約之當事人仍得行使同時履行抗辯權，拒絕自己全部或部分之給付[42]。例如，出賣人已移轉房屋所有權與買受人，面積短少甚微，買受人不得拒絕給付全部價金。被告就原告請求履行因雙務契約所負之債務，在裁判上援用同時抗辯權時，倘原告不能證明自己已為對待給付或已提出對待給付，法院應為原告提出對待給付時，被告即向原告為給付之判決，不得僅命被告為給付，而置原告之對待給付於不顧。

（二）不安抗辯權

當事人之一方，應向他方先為給付者，如他方之財產，於訂約後顯然減少，有難為對待給付之虞時，如他方未為對待給付或提出擔保前，得拒絕自己之給付，此為不安抗辯權（民法第265條）。民法

---

[41] 最高法院69台上字第3448號民事判決。

[42] 最高法院110年度台上字第2428號民事判決。

第265條規定，係雙務契約當事人之一方信任他方爲對待給付，因而約定先向他方爲給付，倘契約成立後他方之財產顯形減少，有不能受對待給付之虞，故賦予先爲給付義務人不安抗辯權，於受他方對待給付或提出擔保前，得拒絕自己債務之履行，以保護其利益。此項抗辯權與第264條之同時履行抗辯權，異其性質，不得併存[43]。例如，房地買賣契約雖約定出賣人應先移轉所有權與買受人，惟訂約後，買受人陷於無支付價金之能力，出賣人得要求買受人給付價金或提出擔保前，拒絕交屋及所有權移轉登記。

（三）抗辯權定義與類型

所謂抗辯權，係指他人請求給付時，得爲拒絕之權利。有一時抗辯權及永久抗辯權者：1.一時抗辯權，如民法第264條第1項規定，他方未爲對待給付前，得行使同時履行抗辯；2.永久抗辯權者，如民法第144條第1項規定，時效完成後，債務人得行使消滅時效抗辯權，永久拒絕履行。抗辯權之類型，如附表所示。

類型	内容	法條依據
一時抗辯權	同時履行抗辯權。	民法第264條
	不安抗辯權。	民法第265條
	先訴抗辯權：保證人於債權人未就主債務人之財產強制執行而無效果前，對於債權人得拒絕清償。	民法第745條
永久抗辯權	消滅時效抗辯權：時效完成後，債務人得拒絕給付。	民法第144條第1項
	侵權行爲取得債權之抗辯權。	民法第198條
	連帶債權之消滅時效。	民法第288條

二、危險負擔（106年司律）

危險負擔可分狹義及廣義兩種類型：（一）所謂狹義危險負擔，係指一方之債務，因不可歸責於雙方當事人之事由，導致給付不

---

[43] 最高法院108年度台上字第55號民事判決。

能，其因給付不能所發生之損失，應由何方當事人負擔；（二）廣義之危險負擔，除因不可歸責於雙方當事人之事由外，包括因可歸責於債權人之事由，導致債務人給付不能，其所生損失之負擔。

（一）不可歸責於雙方當事人

因不可歸責於雙方當事人之事由致給付不能，危險負擔採債務人負擔主義，即因不可歸責於雙方當事人之事由，致一方之給付全部不能者，他方免為對待給付之義務；如僅一部不能者，應按其比例減少對待給付（民法第266條第1項）。前項情形，已為全部或一部之對待給付者，得依關於不當得利之規定，請求返還（第2項）。所謂對待給付，係指雙務契約之當事人所應為立於對價關係之相互給付而言[44]。例如，甲向乙買受房屋1棟，房屋於交付前，因遇地震而毀損，買受人甲毋庸給付價金，損失由乙負擔之。倘甲已交付價金與乙，即已為全部或一部之對待給付者，甲得依關於不當得利之規定，請求乙返還價金（民法第266條第2項）。

（二）可歸責於當事人一方

因可歸責於當事人一方之給付不能，即當事人之一方因可歸責於他方之事由，致不能給付者，得請求對待給付。但其因免給付義務所得之利益或應得之利益，均應由其所得請求之對待給付中扣除之（民法第267條）。其危險係可歸責於債權人事由所致，自應由債權人負擔。舉例說明如後：1.甲向乙買受房屋1棟，房屋因甲之過失燒燬，買人甲應給付全部價金，損失應由甲負擔之，出賣人乙毋庸交付及移轉所有權與甲。而甲應免除給付義務所減免之費用，應扣除之，此為損益相抵之法則；2.甲承攬之混凝土工程有龜裂之瑕疵，乙得請求減少報酬92萬元，自無乙主張甲未修補瑕疵，因免給付義務而得利之情事[45]。

---

[44] 最高法院110年度台上字第1596號民事判決。
[45] 最高法院109年度台上字第2941號民事裁定。

三、債各常見之雙務契約

契約類型	內容	法條依據
買賣契約	所謂買賣者，係指當事人約定一方移轉財產權於他方，他方支付價金之契約。	民法第345條第1項
租賃契約	所謂租賃者，係指當事人約定，一方以物租與他方使用收益，他方支付租金之契約。	民法第421條第1項
消費借貸	稱消費借貸者，謂當事人一方移轉金錢或其他代替物之所有權於他方，而約定他方以種類、品質、數量相同之物返還之契約。	民法第474條第1項
僱傭契約	所謂僱傭者，係指當事人約定，一方於一定或不定之期限內為他方服勞務，他方給付報酬之契約。	民法第482條
承攬契約	所謂承攬者，係指當事人約定，一方為他方完成一定之工作，他方俟工作完成，給付報酬之契約。	民法第490條第1項
運送契約	所謂運送人者，係指以運送物品或旅客為營業而受運費之人。	民法第622條
合夥契約	所謂合夥者，係指二人以上互約出資以經營共同事業之契約。	民法第667條第1項
和解契約	所謂和解者，係指當事人約定，互相讓步，以終止爭執或防止爭執發生之契約。	民法第736條

四、債各常見之單務契約

契約類型	內容	法條依據
贈與契約	所謂贈與者，係指當事人約定，一方以自己之財產無償給與他方，他方允受之契約。	民法第406條
使用借貸	所謂使用借貸者，係指當事人一方以物交付他方，而約定他方於無償使用後返還其物之契約。	民法第464條
保證契約	所謂保證者，係指當事人約定，一方於他方之債務人不履行債務時，由其代負履行責任之契約。	民法第739條
人事保證	所謂人事保證者，係指當事人約定，一方於他方之受僱人將來因職務上之行為而應對他方為損害賠償時，由其代負賠償責任之契約。	民法第756條之1第1項

玖、涉他契約之效力

　　所謂涉他契約，係指契約之雙方當事人約定由第三人爲給付，或由他方向第三人爲給付者。涉他契約有第三人給付契約及向第三人給付契約兩種類型。前者爲第三人負擔契約，約定由第三人給付。後者爲利益第三人契約，向第三人爲給付。第三人雖非契約當事人，然利益第三人之債務人，得以由契約所生之一切抗辯，對抗受益之第三人。

一、第三人負擔契約

　　所謂第三人負擔契約，係指契約當事人之一方，約定由第三人對於他方爲給付者（民法第268條前段）。例如，甲向乙買受汽車，約定由乙使丙交付及移轉所有權與甲。再者，於第三人不爲給付時，應負損害賠償責任（後段）。第三人並非契約當事人，其不因第三人負擔契約之訂定而當然負擔債務，第三人願意給付之原因，乃因第三人與債務人間有契約或其他事實關係存在[46]。例如，第三人丙願意負擔交付汽車及移轉所有權與買受人乙，係因丙與出賣人甲有贈與關係，丙有贈與汽車與甲之義務[47]。

二、利益第三人契約

（一）定義

　　所謂利益第三人契約，係指以契約訂定向第三人爲給付者（民法第269條第1項前段）[48]。要約人得請求債務人向第三人爲給付，第三人對於債務人，亦有直接請求給付之權（第1項後段）。舉例說明如後：1.甲向乙買受電腦，買賣當事人約定乙將電腦交付與丙，由丙取得電腦所有權，丙亦得直接向乙請求交付電腦；2.要保人甲與保險公司乙簽訂人壽保險契約，以甲爲被保險人，丙爲受益人，甲爲丙

---

[46] 最高法院110年度台上字第714號民事判決。
[47] 最高法院102年度台上字第1855號民事判決。
[48] 最高法院102年度台上字第482號民事判決。

之子。所謂受益人，係指被保險人或要保人約定享有賠償請求權之人（保險法第5條）。再者，第三人對於利益第三人契約，未表示享受其利益之意思前，當事人得變更或撤銷其契約（民法第269條第2項）。

（二）第三人受益之意思表示

第三人對於當事人之一方表示不欲享受其契約之利益者，視爲自始未取得其權利（民法第269條第3項）。例如，甲將所有服飾交付乙運送，甲給付運費與乙，雖約定丙爲收貨人而取得該服飾之權利，然丙表示不願接受該服飾，丙自始未取得該服飾之權利。利益第三人契約重在第三人取得直接請求給付之權利，該權利因第三人表示而享有，無論爲明示或默示之意思表示均可，且依民法第269條第3項反面解釋，該受益之意思表示，僅須向該契約當事人之一方爲之即可，其爲有相對人之單獨行爲[49]。

（三）債務人對第三人之抗辯

利益第三人之債務人，得以由契約所生之一切抗辯，對抗受益之第三人（民法第270條）[50]。約定向第三人爲給付之契約，債務人固得以由契約所生之一切抗辯，對抗第三人。倘爲雙務契約，即得於要約人未爲對待給付前，拒絕對該第三人爲給付。惟第三人僅爲債權人，究非契約當事人，債務人不得對第三人請求履行要約人應爲之對待給付。

（四）補償關係與對價關係

第三人利益契約係由債權人即要約人與債務人約定，由債務人向第三人爲給付之契約，要約人得請求債務人向第三人爲給付，第三人對於債務人亦有直接請求給付之權（民法第269條第1項）。第三人利益契約在通常情形，要約人與債務人間恒有基本行爲所生之法律關係，即爲補償關係存在，要約人與債務人在其基本行爲之契約時，訂定債務人應向第三人爲給付之意旨，成爲第三人約款，第三人約款構

---

[49] 最高法院110年度台上字第526號民事判決。
[50] 最高法院100年度台上字第1679號民事判決。

成補償關係之契約內容,補償關係為第三人利益契約之原因,兩者互相牽連。要約人所以使第三人取得利益之原因關係為對價關係,對價關係為要約人與第三人間之關係,其與第三人利益契約為要約人與債務人間訂定者,並不相關連。倘補償關係之契約,經依法解除而溯及消滅,第三人約款隨之失其存在,債務人依第三人約款向第三人給付之法律上原因,嗣後失其存在,而第三人與要約人間之對價關係雖未因此受影響,要約人不得指第三人之受領利益,係無法律上原因。惟第三人基於對價關係之債權係相對權,不得本此對價關係之債權對抗債務人,即無從本於對價關係,對於債務人主張其取得之利益為有法律上原因。準此,債務人於契約解除後,以第三人約款已失其存在為由,向得第三人請求返還不當得利(民法第179條)[51]。

(五)不真正利益第三人契約

所謂縮短給付,係指債權人與債務人為減免給付之過程,約定債務人直接向契約以外之第三人給付,第三人為債務人之債務人。例如,商品製造商甲向商品原料本國進口商乙,購買商品原料一批,進口商乙為此向外國出口商丙購買相同之商品原料一批,為縮短給付,進口商乙與出口商丙約定,丙於清償期屆至時,由丙直接將該商品原料交付與商品製造商甲,乙雖得請求丙向甲為給付,然甲並無請求丙給付之權。

拾、例題研析

一、例題53研析——信用卡使用契約

(一)委任契約與消費借貸之混合契約

信用卡使用契約,為消費者與發卡銀行間之委任契約與消費借貸之混合契約。消費者向發卡銀行提出信用卡之使用申請後,銀行據以決定是否發卡之考量因素,乃審核申請人之財產、收入及職業等信用狀況後,再決定是否准與申請及准與額度為何。據社會生活經驗可知,現今信用卡之核發,除未成年之申請人須由父母連帶保證外,

---

[51] 最高法院95年度台上字第1925號民事判決。

其風險控制之本質，均係以申請人之個人信用狀況為徵信，並無另外要求申請人徵得連帶保證人後，始准與核發，導致變相鼓勵附卡之申請使用，使附卡持有人成為正卡持有人之連帶保證人。依照一般人對於附卡申請目的之認知，申請附卡係供親友之便利使用，鮮有使附卡使用人負連帶保證人之意思，足見令附卡使用人對正卡使用人之消費帳款負連帶清償責任，顯與消費者之意思有違。就附卡申領使用之本質與目的而言，正卡使用人願意就其所同意申領附卡使用人之消費帳款，負連帶清償責任，因正卡人係附卡人之保證人，而非附卡人係正卡人之保證人，始符合訂立申請信用卡契約之真意。附卡持有人之責任，僅須對自己之消費帳款負清償責任，而正卡持有人對附卡之消費金額負連帶清償責任。

（二）定型化契約

信用卡使用契約屬定型化契約，其契約條款倘約定附卡持有人須就正卡人之消費負連帶清償責任，顯然已逾消費者對於申辦附卡使用所得預見之風險，並加重附卡人之責任，除違反消費者申請附卡使用之目的外，亦有違反誠信原則之不公平現象。況附卡持有人並未接受帳單，除無從按月知悉正卡持卡人所生帳款若干外，亦無法預知正卡持卡人將來之消費金額，進而限制正卡人之消費金額。倘正卡持卡人每月僅繳納最低應繳金額時，正卡人會被課以高額之循環利息，再滾入消費帳款中不斷累積，其超過原定之信用額度時，銀行仍會允許正卡人繼續使用，此時顯非附卡持有人所得預見控制。

（三）誠信原則及平等互惠原則

依現行信用卡實務，倘正卡持有人使用信用良好，銀行會不斷提高正卡持卡人之信用額度，其通常並未徵詢附卡持有人之意見，依定型化契約之約定運作結果，有造成附卡持有人對於正卡持卡人之保證額度將不斷提升，因而使附卡持有人負擔非其所得控制之危險，消費者固相信提高信用額度係一種信任、獎勵與尊榮，然其無形中使附卡人負擔更高之保證風險，顯然已違反契約之公平誠信原則，顯失公平。是附卡持卡人須就正卡持卡人所生應付帳款債務負連帶清償責任之定型化契約條款，因違反誠信原則及平等互惠原則，法院應宣告無

效[52]。如題意所示，甲向乙銀行提出信用卡之使用申請，並約定甲之妻丙為附卡之使用人，正卡及附卡使用人就彼此之消費款，互負連帶清償責任，甲未依據信用卡使用契約，屆期清償消費帳款，乙銀行請求甲、丙負連帶清償責任。因附卡持卡人須就正卡持卡人所生應付帳款債務負連帶清償責任之定型化契約條款，因違反誠信原則及平等互惠原則，該條款無效，丙毋庸就其夫甲之消費款負連帶清償責任。

二、例題54研析──違約金之消滅時效

利息、紅利、租金、贍養費、退職金及其他1年或不及1年之定期給付債權，其各期給付請求權，因5年間不行使而消滅（民法第126條）。一般金錢借貸之契約，就違約金之約定，係於債務人給付遲延時，債權人始得請求給付，並非定期給付之債務，其與民法第126條所規定之性質不同。該違約金並非基於一定法律關係而定期反覆發生之債權，自非民法第126條所定定期給付債權，而無該條短期時效之適用。題旨所示之違約金約定「按每萬元每月計收參佰元之違約金」、「按每百元每日壹角計算」，僅係其金額計算方式，非一定期間經過而反覆發生債權。故其違約金債權之請求權時效為15年[53]。

三、例題55研析──法院酌減違約金之判決效力

約定之違約金額過高者，法院得減至相當之數額，固為民法第252條所明定，惟應待法院為酌減違約金之裁判，始生形成效力。故當事人在法院為酌減前，並無返還違約金之義務，應於法院為酌減判決之法律效果形成後，返還請求權始確定發生，而有因給付遲延而另須支付遲延利息之問題。依本題所示，乙沒收之違約金過高，在法院為酌減前，就經核減後之超額部分，並無返還之義務，應待法院為酌

---

[52] 臺灣高雄地方法院92年度訴字第409號民事判決。

[53] 最高法院104年度台上字第79號、104年度台上字第2248號、105年度台上字第1842號民事判決、105年度台上字第1742號民事裁定；臺灣高等法院暨所屬法院100年法律座談會民事類提案第1號、臺灣高等法院暨所屬法院106年法律座談會民事類提案第1號。

減裁判之法律效果形成，即判決確定後，始生支付遲延利息之問題。準此，甲僅得請求自本案判決確定翌日起算之法定遲延利息[54]。

四、例題56研析——法定契約解除權

依民法第254條規定，債務人遲延給付時，必須經債權人定相當期限催告其履行，而債務人於期限內仍不履行時，債權人始得解除契約。債權人為履行給付之催告，倘未定期限，自與民法第254條規定解除契約之要件不符。債權人催告定有期限雖不相當時，然自催告後經過相當期間，債務人仍不履行者，基於誠實信用原則，應認已發生本條所定契約解除權[55]。

五、例題57研析——第三人利益契約

所謂第三人利益契約者，係指當事人一方約定使他方向第三人給付時，第三人即因之而取得直接請求給付權利之契約（民法第269條）。契約當事人一方，雖以言詞指示他方匯款或轉帳與第三人，惟第三人並未因之而取得直接請求他方給付之權者，此稱指示給付關係，而與法定之第三人利益契約有別[56]。依題意所示，甲係依乙之指示而將買賣價金存入丙之帳戶，且甲與乙間亦未明確約定使丙取得直接請求給付之權，是甲將價金存入丙之帳戶，應係本於某甲與某乙間關於履行方法之指示，而屬買賣契約當事人與第三人間之指示給付關係，其性質與第三人利益契約，應屬有間[57]。

六、例題58解析——時效消滅之效力

債權人依民法第254條之解除契約，應以債務人仍有履行契約之給付義務為前提，倘債務人已無履行契約之給付義務，債權人則不得

---

[54] 臺灣高等法院暨所屬法院106年法律座談會民事類提案第3號。

[55] 臺灣高等法院暨所屬法院102年法律座談會民事類提案第6號。

[56] 王澤鑑，民法債編總論第2冊，不當得利，自版，1991年10月，5版，頁71至72。

[57] 臺灣高等法院暨所屬法院90年法律座談會民事類提案第4號。

再行使契約解除權。依本題所示，乙之價金給付請求權已罹於時效而消滅，甲即已無履行契約之給付義務，乙自不得再行使解除權以解除契約，始能保障甲所取得之時效利益[58]。

拾壹、實務見解

一、競業禁止約款

競業禁止約款係事業預定用於同類契約條款而訂定之附合契約，勞基法第9條之1第1項、第3項規定，未符合下列規定者，雇主不得與勞工爲離職後競業禁止之約定：（一）雇主有應受保護之正當營業利益；（二）勞工擔任之職位或職務，能接觸或使用雇主之營業秘密；（三）競業禁止之期間、區域、職業活動之範圍及就業對象，未逾合理範疇；（四）雇主對勞工因不從事競業行爲所受損失有合理補償。違反上開各款規定之一者，其約定無效。其立法意旨乃在平衡保障雇主之營業秘密、正當營業利益，暨勞工離職後就業之權益。

二、定型化條款無效

關於競業禁止約款之生效要件，得以定型化契約所爲競業禁止約定，是否顯失公平而無效之判斷標準。如有免除或減輕雇主之責任、加重勞工之責任、使勞工拋棄權利或限制其行使權利、或其他於勞工有重大不利益之情事，按其情形顯失公平者，依民法第247條之1規定，該約定爲無效[59]。

---

[58] 臺灣高等法院暨所屬法院91年法律座談會民事類提案第4號。
[59] 最高法院109年度台上字第1616號民事判決。

習題

一、說明締約過失責任之成立要件。

　　提示：民法第245條之1。

二、說明契約標的不能給付之定義。

　　提示：民法第246條。

三、說明契約標的不能給付時之訂約過失責任。

　　提示：民法第247條。

四、說明定型化契約之限制。

　　提示：民法第247條之1第1款至第4款。

五、說明定金之性質與效力。

　　提示：民法第248條、第249條。

六、說明違約金之效力。

　　提示：民法第250條至第253條。

七、說明違約金過高之酌減要件。

　　提示：民法第251條、第252條。

八、說明法定解除契約之原因。

　　提示：民法第254條至第256條。

九、說明契約解除權之行使方法。

　　提示：民法第258條。

十、說明契約解除權消滅之原因。

　　提示：民法第257條、第262條。

十一、說明契約解除後之效力。

　　　提示：民法第259條至第261條。

十二、說明契約終止權之行使方法與效力。

　　　提示：民法第263條。

十三、說明雙務契約之同時履行抗辯權之效力。

　　　提示：民法第264條。

十四、說明給付不能之效力。

　　　提示：民法第266條、第267條。

十五、說明不安抗辯權與其效力。

　　　提示：民法第265條。

十六、說明第三人負擔契約之定義與要件。

　　　提示：民法第268條。

十七、說明第三人利益契約之定義與要件。

　　　提示：民法第269條。

十八、說明涉他契約之類型。

　　　提示：民法第268條、第269條。

多數債務人及債權人

第一節

概　論

關鍵詞：給付可分、普通共同訴訟、單數主體之債、多數主體之
　　　　　債、連帶保證債務

例題59

> 甲於2020年間起訴請求乙給付借款新臺幣（下同）100萬元，並自起訴狀繕本送達之翌日起至清償日止，按年息5%計算之利息，該起訴狀繕本於2021年10月11日送達乙。嗣法院判決乙應給付甲100萬元，並自2020年10月12日起至清償日止按年息5%計算之利息確定。乙收到判決後僅清償50萬元。試問甲於2021年10月11日持該確定判決向法院聲請強制執行時，乙以本件甲之執行名義成立後有消滅債權人甲請求之事由發生，對甲提起債務人異議之訴，該債務人異議之訴應適用簡易訴訟程序或通常訴訟程序？

壹、多數主體之債之定義

一、單數主體之債

債依主體人數區分，可分為單數主體之債與多數主體之債。所謂單數主體之債，係指債之權利人、義務人均為單一。例如，乙向甲借款新臺幣100萬元，當事人間成立消費借貸關係，甲、乙各為貸與人、借用人，本件消費借貸關係之權利人與義務人，均為單一主體（民法第474條）。

二、多數主體之債

所謂多數主體之債，係指債之關係，如債權人或債務人一方為二人以上者，或者雙方均為二人以上者。多數主體之債有五種類型：（一）可分債務與可分債權（民法第271條）；（二）連帶債務與連帶債權（民法第272條、第283條）；（三）不可分債務與不可分債權（民法第293條）；（四）不真正連帶債務；（五）連帶保證債務。例如，甲與乙向丙借款新臺幣100萬元，當事人約定甲與乙就本件消費借貸責任，對丙負連帶清償責任。其中連帶債務、不真正連帶債務及連帶保證債務，為民事訴訟常見之民事事件。

三、多數主體之債類型

類型	定義	法條依據
可分之債	數人負同一債務或有同一債權,而其給付可分者。	民法第271條
連帶債務	數人負同一債務,對於債權人各負全部給付之責任者。	民法第272條第1項
連帶債權	數人就有同一債權,而各得向債務人為全部給付之請求者。	民法第283條
不可分之債務	數人負同一債務,而其給付不可分者,準用關於連帶債務之規定。	民法第292條
不可分之債權	數人同一債權,而其給付不可分者,準用關於連帶債權之規定。	民法第293條
不真正連帶債務	多數債務人之各債務發生原因不同,債務人各負有全部之責任,債務人內部並無分擔額。	
連帶保證債務	係指保證人與主債務人就同一債務負連帶債務。	民法第272條、第739條、第746條第1款

貳、可分之債

一、定義

　　所謂可分之債,係指數人負同一債務或有同一債權,而其給付可分者。可分之債,除法律另有規定或契約另有訂定外,應各平均分擔或分受之,平均分擔者為可分債務,平均分受者為可分債權(民法第271條前段)。金錢消費借貸之共同借貸人,係對貸與人負同一債務,且其給付為可分,應按其人數平均分攤,各就其分擔部分負清償責任[1]。例如,甲、乙、丙共同向丁借貸新臺幣(下同)300萬元,甲、乙、丙應各給負丁100萬元。再者,其給付本不可分而變為可分者,亦應各平均分擔或分受之(後段)。在可分債務,債權人對各債務人僅能請求給付其分擔部分,就超過部分,債務人並無清償之

---

[1] 最高法院109年度台上字第1036號民事判決。

義務。例如，甲向乙、丙租用土地，約定由甲給付每月6萬元之租金與乙、丙，嗣甲與乙、丙終止租約，甲尚欠乙、丙1年之租金共72萬元，甲應各給付乙、丙36萬元。

二、效力

類型	內容	法條依據
對外效力	債權債務各自獨立。	民法第271條前段
	債權債務平均分擔或分受，有可分債務與可分債權。	民法第271條前段
	解除契約之意思表示，應由其全體或向其全體為之。	民法第258條第2項
對內效力	除法律另有規定或契約另有訂定外，應各平均分擔或分受之。	民法第271條

參、例題59研析

　　執行名義成立後，如有消滅或妨礙債權人請求之事由發生，債務人得於強制執行程序終結前，向執行法院對債權人提起異議之訴。如以裁判為執行名義時，其為異議原因之事實發生在前訴訟言詞辯論終結後者，亦得主張之（強制執行法第14條第1項）。所謂有消滅債權人請求之事由發生，係指債務人已清償全部或部分債務。

　　債務人異議之訴核定訴訟標的之價額，以起訴時之交易價額為準（民事訴訟法第77條之1第1項、第2項）。關於財產權之訴訟，其標的之金額或價額在新臺幣（下同）50萬元以下者，適用簡易訴訟程序（民事訴訟法第427條第1項）。債務人異議之訴之訴訟標的為該債務人之異議權，法院核定此訴訟標的之金額或價額，應以該債務人本於此項異議權，請求排除強制執行之執行名義為準。於本件中，債權人甲之執行名義其本金部分雖有100萬元，然債務人乙已清償50萬元，即債務人乙提起本件債務人異議之訴所獲之利益，自應認本件訴訟標的價額係屬50萬元，而應適用簡易訴訟程序[2]。

---

[2] 臺灣高等法院暨所屬法院101年法律座談會民事類提案第31號。

肆、實務見解

　　數人負同一債務或有同一債權，而其給付可分者，除法律另有規定或契約另有訂定外，應平均分擔或分受之（民法第271條前段）。可分債務之債權人以債務人為共同被告起訴請求給付，或可分債權之債權人共同請求債務人給付時，係請求按其各自分擔或分受額為給付之普通共同訴訟，債權人對於可分債務之債務人中一人，或可分債權之債權人一人對債務人之起訴或上訴效力，並不及於其他人。而債權人對債務人就可分之訴訟標的為一部請求者，其既判力之客觀範圍，仍以該起訴之聲明為限，且僅就該已起訴部分，有中斷時效之效力[3]。

習　題

一、說明可分之債之定義。
　　提示：民法第271條。
二、說明可分之債之效力。
　　提示：民法第271條。

---

[3]　最高法院109年度台上字第2191號民事判決。

連帶債務

關鍵詞：抵銷、分擔額、求償權、代位權、原債權、連帶債務、
連帶債權、保證債務、連帶責任、不真正連帶債務

例題60

依據借貸契約內容，甲、乙、丙應連帶給付丁新臺幣300萬元。試問下列情形之清償責任為何？（一）丁免除甲之債務，丁各得向乙、丙請求若干金額？（二）丁免除甲、乙、丙之連帶責任，丁各得向甲、乙、丙請求若干金額？（三）丁僅免除丙之連帶責任時，丁各得向甲、乙、丙請求若干金額？

例題61

甲向乙買受貨物，價金新臺幣（下同）100萬元，甲交付乙由丙所簽發面額同為100萬元之支票乙紙，作為支付貨款之方法，甲未於支票背書。試問乙屆期提示支票未獲付款，乙得如何行使權利？

例題62

有識別能力之未成年人甲與乙各騎乘機車至路口時，因兩人之過失撞及路人丙，致丙受傷，丙請求甲、甲之父丁、甲之母戊及乙、乙之父己、甲之母庚，就其所受損害負賠償責任。試問甲、乙、丁、戊、己及庚等人應如何賠償？理由為何？

例題63

受僱人因執行職務，不法侵害他人之權利，依民法第188條第1項前段規定，應與僱用人連帶負損害賠償責任時，倘被害人與受僱人成立訴訟外和解，約定被害人支出之醫藥費新臺幣（下同）30萬元，由受僱人賠償其中10萬元，其餘20萬元被害人保留向僱用人請求，不得再向受僱人提起民事訴訟，嗣被害人於和解後，另行提起民事訴訟，請求僱用人賠償其餘損害金20萬元。試問僱用人抗辯被害人對受僱人拋棄其餘部分之請求權，效力及於僱用人，是否有理由？

壹、連帶之債之定義

　　所謂連帶之債，係指以同一給付爲標的，而債之多數主體間具有連帶關係之債。各債權人得單獨請求全部之給付，各債務人有爲全部給付之義務。所謂連帶關係，係指債之效力及消滅，一人所生事項，原則上對他債權人或債務人亦生效力。連帶之債可分連帶債務及連帶債權，前者爲多數債務人；後者爲多數債權人（民法第272條、第283條）。

貳、連帶債務之定義與效力（100年司法人員四等）

一、連帶債務之定義

　　數人負同一債務，明示對於債權人各負全部給付之責任者，爲連帶債務（民法第272條第1項）。無前項之明示時，連帶債務之成立，以法律有規定者爲限（第2項）。所謂連帶債務（joint-obligation），係指數人負同一債務，依明示之意思或法律之規定，對於債權人各負全部給付之責任者。舉例說明如後：（一）未成年人甲、乙各駕車不慎相撞導致丙受傷。甲之法定代理人爲丁，乙之法定代理人爲戊。法定代理人係就未成年人之侵權行爲負責，故甲丁負連帶責任，乙戊連帶責任（民法第187條）；（二）合夥財產不足清償合夥之債務時，各合夥人對於不足之額，連帶負其責任（民法第681條）；（三）繼承人對於被繼承人之債務，以因繼承所得遺產爲限，負連帶責任（民法第1153條第1項）。

二、連帶債務之效力

（一）對外效力

1. 債權人之權利

(1) 債務人負連帶責任

　　連帶債務之債權人，得對於債務人中之一人或數人或其全體，同

時或先後請求全部或一部之給付。連帶債務未全部履行前,全體債務人仍負連帶責任(民法第273條)。準此,連帶債務各債務人各獨立負有清償全部債務之義務,使債權人易於實行其權利,確保債權之受償,強化債權之擔保,效力勝於民法第739條之保證債務,對於債權人較保證債務有利。

(2) 保證債務與連帶保證債務

所謂先訴抗辯權,係指保證人於債權人未就主債務人之財產強制執行而無效果前,對於債權人得拒絕清償(民法第745條)。保證債務與連帶保證債務不同,前者有先訴抗辯權,後者無先訴抗辯權(民法第746條第1款):①所謂保證者,係指當事人約定,一方於他方之債務人不履行債務時,由其代負履行責任之契約(民法第739條);②所謂連帶保證債務,係指保證人與主債務人負同一債務,對於債權人各負全部給付之責任者而言,連帶保證人於主債務人未全部清償完畢前,應負連帶債務,不同於民法第739條之保證關係[1]。

2. 就債務人一人所生事項之效力

(1) 絕對效力事項(105年司律)

就債務人一人所生事項之效力,分為絕對效力事項與相對效力事項。就連帶債務人一人所生事項之效力,有及於他債務人者,稱為絕對效力事項。絕對效力事項有五:①民法第274條之債務消滅事由;②第275條之確定判決非基於債務人個人事由;③第276條之免除債務與時效完成;④第277條之抵銷效力;⑤第278條之債權人受領遲延。

① 民法第274條之債務消滅事由

因連帶債務人中之一人為清償、代物清償、提存、抵銷或混同而債務消滅者,他債務人亦同免其責任(民法第274條)。例如,保證債務之所謂連帶,係指保證人與主債務人負同一債務,對於債權人各負全部給付之責任者而言,此就民法第272條第1項規定連帶債務之文義參照甚明。因連帶債務人中之一人為清償、代物清償、提存、抵銷或混同而債務消滅者,他債務人亦同免其責任,為民法第274條所明定。準此,倘連帶保證人對債權人所為之給付,致其連帶債務之目的

---

[1] 最高法院103年度台上字第392號民事判決。

已達，主債務人可同免其責，債權人即不得對主債務人再爲請求[2]。

② 確定判決非基於債務人個人事由

連帶債務人中之一人受確定判決，而其判決非基於該債務人之個人關係者，爲他債務人之利益，亦生效力（民法第275條）。例如，債權人以各連帶債務人爲共同被告提起給付之訴，被告一人提出非基於其個人關係之抗辯有理由者爲限，適用民事訴訟法第56條第1項規定，效力及於其他被告[3]。

③ 免除債務

債權人向連帶債務人中之一人免除債務，而無消滅全部債務之意思表示者，該債務人應分擔之部分，他債務人免其責任（民法第276條第1項）。連帶債務人相互間，除法律另有規定或契約另有訂定外，應平均分擔義務（民法第280條）。例如，甲與乙向丙借款新臺幣（下同）100萬元，約定甲與乙負連帶清償責任，嗣後丙免除甲之債務，乙僅負給付丙50萬元之責任。

④ 時效完成

連帶債務人中之一人消滅時效已完成者，該債務人應分擔之部分，他債務人免其責任（民法第276條第2項）。連帶債務人中之一人消滅時效已完成者，依民法第276條第2項規定，雖僅該債務人應分擔之部分，他債務人同免其責任，惟同法第188條第3項規定，僱用人賠償損害時，對於侵權行爲之受僱人有求償權，則僱用人與受僱人間並無應分擔部分可言，倘被害人對爲侵權行爲之受僱人之損害賠償請求權消滅時效已完成，僱用人自得援用該受僱人之時效利益，拒絕全部給付[4]。再者，連帶債務就消滅時效已完成之債務人應分擔部分，他債務人既同免其責任，則於命他債務人爲給付時，即應將已罹於消滅

---

[2]　最高法院109年度台上字第1016號民事判決。

[3]　最高法院110年度台上字第815號民事判決。民事訴訟法第56條第1項規定：訴訟標的對於共同訴訟之各人必須合一確定者，適用下列各款之規定：1.共同訴訟人中一人之行爲有利益於共同訴訟人者，其效力及於全體；不利益者，對於全體不生效力。2.他造對於共同訴訟人中一人之行爲，其效力及於全體。3.共同訴訟人中之一人生有訴訟當然停止或裁定停止之原因者，其當然停止或裁定停止之效力及於全體。

[4]　最高法院110年度台上字第470號民事判決。

時效之債務人應分擔之債務額先行扣除，不問該債務人是否援用時效利益爲抗辯，而異其法律效果，始能避免他債務人於給付後，再向該債務人行使求償權，反使法律關係趨於複雜及剝奪該債務人所受時效利益之弊[5]。

⑤ 抵銷效力

二人互負債務，而其給付種類相同，並均屆清償期者，各得以其債務，與他方之債務，互爲抵銷。但依債之性質不能抵銷或依當事人之特約不得抵銷者，不在此限（民法第334條第1項）。例如，相互提供勞務之債務，或不作爲與單純作爲之債務，縱使種類相同，性質上仍不許相互抵銷。再者，連帶債務人中之一人，對於債權人有債權者，他債務人以該債務人應分擔之部分爲限，得主張抵銷（民法第277條）。

⑥ 債權人受領遲延

所謂債權人受領遲延，係指對於履行上需要債權人協力之債務，債務人依債務本旨而提起給付，使債權人處於可受領之狀態，而債權人拒絕受領或無法受領，自提出給付時起，債權人負遲延責任（民法第234條）。債權人對於連帶債務人中之一人有遲延時，爲他債務人之利益，亦生效力（民法第278條）。

(2) 相對效力事項

就連帶債務人一人所生事項之效力，倘不及於他債務人者，稱爲相對效力事項。所謂相對效力事項，係指連帶債務人中之一人所生之事項，除第274條至第278條或契約另有訂定者外，其利益或不利益，對他債務人不生效力（民法第279條）。舉例說明如後：①在未確定期限之給付，債權人以起訴狀繕本催告各連帶債務人給付時，遲延利息之起算日，應分別依各連帶債務人受收起訴狀繕本翌日起算；②時效中斷與時效不完成，屬相對效力事項（民法第129條、第139條至第143條）。

---

[5] 最高法院109年度台上字第14號民事判決。

（二）對內效力

1. 分擔義務

對內效力係指連帶債務人間之分擔部分及求償部分。連帶債務人相互間之分擔義務，除法律另有規定或契約另有訂定外，應平均分擔義務（民法第280條本文）。例外情形，係因債務人中之一人應單獨負責之事由所致之損害及支付之費用，由該債務人負擔（但書）。所謂損害及費用，係指求償權人因對於債權人履行連帶債務，使其他連帶債務人免責，或因對於債權人主張與連帶債務有關之抗辯事由，所產生之損害及所支出之費用。舉例說明如後：(1)連帶債務人甲、乙對債權人應負新臺幣（下同）200萬元之全部，而甲與乙內部之分擔額則為每人新臺幣100萬元；(2)不真正連帶債務人間，係依不同之債務發生原因而對債權人負擔給付義務，且相互間對於債權人給付完畢後，並無內部分擔求償之權利。

2. 求償權利

連帶債務人間內部有分擔額，倘其中有一人履行債務逾自己分擔部分，自得向其他債務人求償，故連帶債務人中之一人，因清償、代物清償、提存、抵銷或混同，致他債務人同免責任者，得向他債務人請求償還各自分擔之部分，並自免責時起之利息（民法第281條第1項）。連帶債務人中之一人為清償，無論為全部或一部之清償，對債權人言，而於清償範圍內其他債務人雖同免其責，惟同免責任之數額，倘未超過該債務人自己應分擔部分，則就連帶債務人內部關係言，僅係履行其自己之債務，尚不得對他債務人行使求償權[6]。

3. 代位權

求償權人於求償範圍內，承受債權人之權利。但不得有害於債權人之利益（民法第281條第2項）。依據民法第281條規定，求償權人同時有求償權及代位權，並得選擇其一而為行使。求償權係新生權利，而與代位權係行使債權人之原債權者不同[7]。民法為加強求償權之效力，而賦予求償權人於求償範圍內，承受債權人之權利，此項承

---

[6] 最高法院108年度台上字第1542號民事判決。
[7] 最高法院108年度台上字第422號民事判決。

受權與求償權係屬各自獨立,故其消滅時效應各自進行,求償權之消滅時效自其成立時起算,而基於承受權所行使之原債權時效,自原債權得行使時起算。求償權為新債權,自成立時起時效開始進行,依民法第125條規定,其期間為15年。

4. 求償不能時之分擔

　　倘連帶債務人中之一人,不能償還其分擔額者,其不能償還之部分,由求償權人與他債務人按照比例分擔之。但其不能償還,係由求償權人之過失所致者,不得對於他債務人請求其分擔(民法第282條第1項)。是縱使他債務人中之一人應分擔之部分已免責者,其仍應按比例分擔無法償還分擔額之連帶債務人部分,負其責任(第2項)。例如,甲、乙、丙、丁、戊共同向己借款新臺幣(下同)100萬元,約定對己負連帶清償責任,己免除甲之分擔額20萬元,是乙、丙、丁、戊就80萬元部分亦應負連帶清償責任。倘乙對己清償80萬元,使丙、丁、戊免責,乙可向丙、丁、戊請求按分擔額,各求償20萬元,戊死亡無繼承人,亦無遺產,乙顯然無法對戊求償,此部分應由甲、乙、丙、丁各負擔5萬元,是乙可向甲求償5萬元,向丙、丁各求償25萬元。

(三)連帶債務效力之比較

連帶債務	內容		依據法條
對外效力	債權人與債務人間之效力		民法第273條
對內效力	債務人均分義務		民法第280條
	相互間之求償		民法第281條
債務人中一人所生效力	絕對效力事項	債務消滅	民法第274條
		確定判決	民法第275條
		免除債務	民法第276條
		消滅時效	民法第276條
		抵銷	民法第277條
		受領遲延	民法第278條
	相對效力		民法第279條

三、不真正連帶債務之成立與效力[8]

不真正連帶債務之成立	不真正連帶債務之效力
1. 一人侵權行為與他人侵權行為競合 2. 一人債務不履行與他人債務不履行競合 3. 一人侵權行為與他人債務不履行競合 4. 因契約上之損害賠償與他人債務不履行競合 5. 因契約上之損害賠償與他人侵權行為競合	1. 對外效力與連帶債務相同 2. 內部並無分擔額與求償權

參、例題研析

一、例題60研析——連帶債務及可分之債之效力

　　甲、乙、丙應連帶給付丁新臺幣（下同）300萬元，丁免除甲之債務，就甲應分擔之100萬元部分，其他債務人同免除責任（民法第276條第1項）。丁向乙、丙請求連帶清償200萬元。倘丁免除甲、乙、丙之連帶責任，連帶債務成為可分之債，可分之債可平均分擔（民法第271條）。故甲、乙、丙應各給付100萬元與丁。倘丁僅免除丙之連帶責任時，丙僅就其應分擔之部分即100萬元部分負擔，其效力不及其他連帶債務人，而甲、乙對300萬元仍須負連帶清償責任。

二、例題61研析——不真正連帶債務

　　不真正連帶債務之發生，係因相關之法律關係偶然競合所致，多數債務人之各債務具有客觀之同一目的，而債務人各負有全部之責任，債務人中之一人或數人向債權人為給付者，他債務人亦同免其責任。甲向乙買受貨物，價金新臺幣（下同）100萬元，甲交付乙由丙所簽發面額同為100萬元之支票，作為支付貨款之方法，乙除得依據買賣關係向甲請求100萬元外，亦得依據票據關係向丙請求100萬元，甲、丙雖非連帶債務人，然債權人乙得對於債務人甲、丙之一人或數人或其全體，同時或先後請求全部或一部之給付，其中一人履行

---

[8] 詹森林、馮震宇、林誠二、陳榮傳、林秀雄，民法概要，五南圖書出版股份有限公司，2002年10月，4版2刷，頁288。

完畢，全體債務即歸消滅，其與連帶債務相同。不真正連帶債務與連帶債務不同，就內部關係而言，不真正連帶債務並無求償權及分擔部分。

三、例題62研析——法定代理人之連帶賠償責任

數人負同一債務，明示對於債權人各負全部給付之責任者，為連帶債務。無前項之明示時，連帶債務之成立，以法律有規定者為限（民法第272條）。無行為能力人或限制行為能力人，不法侵害他人之權利者，以行為時有識別能力為限，與其法定代理人連帶負損害賠償責任。行為時無識別能力者，由其法定代理人負損害賠償責任（民法第187條第1項）。民法1086條第1項規定父母為其未成年子女之法定代理人，被害人丙請求甲、丁、戊連帶負損害賠償責任，暨乙、己、庚連帶負損害賠償責任，固屬依法有據[9]。然甲與其法定代理人或乙與其法定代理人之連帶債務之發生，係因法律規定所致，渠等間並無連帶債務，僅債務人之各債務具有客觀之同一目的，而各債務人各負有全部之責任。準此，甲與其法定代理人、乙與其法定代理人應負不真正連帶債務，債權人丙得對於債務人甲、乙、丁、戊、己及庚之一人或數人或其全體，同時或先後請求全部或一部之給付，其中一人履行完畢，全體債務即歸消滅，其與連帶債務相同。

四、例題63研析——僱用人無分擔額

連帶債務未全部履行前，全體債務人仍負連帶責任，而債權人向連帶債務人中之一人免除債務，並無消滅全部債務之意思表示者，除該債務人應分擔之部分外，他債務人仍不免其責任（民法第273條第2項、第276條第1項）。然受僱人與僱用人依民法第188條第1項本文應負連帶損害賠償債務，僱用人依據民法第188條之僱用人責任，並無應分擔之部分，而債權人向有負擔部分之受僱人免除部分債務時，他債務人就該免除部分即因而免其責任，否則僱用人於為全部之

---

[9] 最高法院75年度台上字第82號、98年度台上字第811號民事判決。

清償後，依民法第188條第3項規定，得向有負擔部分之受僱人行使求償權，則債權人向該有負擔部分之受僱人免除部分債務，將毫無意義。準此，被害人與受僱人成立訴訟外和解時，對超過新臺幣10萬元部分之損害賠償請求權已拋棄，其效力及於僱用人，否則僱用人於賠償後，再依民法第188條第3項規定向受僱人求償，無異受僱人於和解後，仍負全部賠償責任，自與受僱人因和解所得受之利益不符[10]。

肆、實務見解

一、不真正連帶債務之性質

　　不真正連帶債務之發生，係因相關之法律關係偶然競合，多數債務人之各債務具有客觀之單一目的，而債務人各負有全部之責任，債務人中之一人或數人向債權人為給付者，他債務人於其給付範圍內亦同免其責任。所稱各債務具有客觀之單一目的，係指各債務所欲滿足之法益，在客觀上彼此同一，數請求權均以滿足此同一法益為目的。倘不真正連帶債務人中之一人所為之給付，已滿足債權之全部或一部，即生絕對清償效力，債權人就已受償部分，不得再向其他債務人請求清償[11]。換言之，不真正連帶債務，係數債務人基於不同之債務發生原因，就同一內容之給付，對於同一債權人各負全部給付義務，因一債務人給付，他債務人即同免其責任。其各債務發生之原因不同，雖對同一債權人負同一內容之給付，然自不生民法第280條所定連帶債務人間內部分擔求償之問題，故不真正連帶債務人中一人所受之確定判決，其利益自不及於他債務人，並無民法第275條規定之適用[12]。

二、債權人與連帶債務人之一成立和解

　　債權人向連帶債務人中之一人免除債務，而無消滅全部債務之意

---

[10] 最高法院73年台上字第2966號民事判決。
[11] 最高法院110年度台上字第1833號民事判決。
[12] 最高法院92年度台上字第1540號民事判決。

思表示者，除該債務人應分擔之部分外，他債務人仍不免其責任（民法第276條第1項）。旨在避免當事人間循環求償，簡化其法律關係。連帶債務人相互間，除法律另有規定或契約另有訂定外，應平均分擔義務（民法第280條本文）。所謂和解者，係指當事人約定，互相讓步，以終止爭執或防止爭執發生之契約（民法第736條）。和解有使當事人所拋棄之權利消滅及使當事人取得和解契約所訂明權利之效力（民法第737條）。債權人與連帶債務人中之一人和解時，同意該債務人為部分給付時，倘和解金額低於該債務人之應分擔額，為避免其他債務人為清償後，向和解債務人求償之金額高於和解金額，就其差額部分，應認其他債務人亦同免其責任。反之，倘和解金額多於該和解債務人之應分擔額，因不生求償問題，該項和解自僅具相對效力，而無民法第276條第1項之適用[13]。

習　題

一、說明連帶債務之定義。
　　提示：民法第272條。
二、說明連帶債務之債權人權利。
　　提示：民法第273條。
三、說明就連帶債務人一人所生絕對效力事項。
　　提示：民法第274條至第278條。
四、說明連帶債務人之內部效力。
　　提示：民法第280條至第282條。

---

[13] 最高法院98年度台上字第759號民事判決。

第三節

連帶債權

關鍵詞：連帶債權、受領清償、代物清償、確定判決、公同共有
債權

例題64

> 甲向乙、丙、丁借款新臺幣（下同）300萬元，約定為連帶債權，甲先給付100萬元於丁，丁嗣後向甲請求餘款200萬元。試問甲抗辯稱丁平均分受利益僅100萬元，不得再向其請求其他款項，是否有理由？

壹、連帶債權之定義

一、數人依法律或法律行為而有同一債權

數人依法律或法律行為，有同一債權，而各得向債務人為全部給付之請求者，為連帶債權（民法第283條）。所謂連帶債權（joint-claim），係指多數債權人有同一目的之數個債權，得各自或共同請求全部或一部之給付，而債務人對於其中任何一人為全部給付，即可消滅其債務者。連帶債權其成立以依據法律行為所設定者為主，倘當事人別無訂定，應以法律規定。例如，受任人使第三人代為處理委任事務者，委任人對於該第三人關於委任事務之履行，有直接請求權（民法第539條）。受任人與委任人間可成立連帶債權，得各自或共同請求該第三人處理委任事務者全部或一部。

二、連帶債權與公同共有債權之區別

連帶債權與公同共有債權不同，因公同共有債權為一個權利，其債務僅得向公同共有人全體清償，始生消滅債務之效力者。例如，遺產於分割前，各繼承人對於遺產全部為公同共有（民法第1151條）。是被繼承人之債務人欲清償其債務，應向全體繼承人清償，始生清償效力。

貳、連帶債權之效力

一、對外效力

（一）債務人之給付

連帶債權之效力可分對外效力及對內效力，對外效力亦分債務人之給付及就債權人一人所生事項之效力。前者係指連帶債權之債務人，得向債權人中之一人，爲全部之給付（民法第284條）。例如，甲向乙、丙借款新臺幣（下同）168萬元，約定爲連帶債權，甲給付168萬元於乙或丙任何一人，全體債權人之債權均歸於消滅。

（二）就債權人一人所生事項之效力

1. 絕對效力事項

就連帶債權人一人所生事項之效力，有及於他債權人者，稱爲絕對效力事項，倘不及於他債權人者，稱爲相對效力事項。絕對效力事項有：(1)民法第285條之連帶債權人請求；(2)民法第286條之連帶債權人受領清償；(3)民法第287條之確定判決之效力；(4)民法第288條之免除債務與時效完成；(5)民法第289條之連帶債權人受領遲延。

(1) 給付之請求

連帶債權人中之一人爲給付之請求者，爲他債權人之利益，亦生效力（民法第285條）。例如，所有承租人對出租人之押租金請求權，係基於同一目的之債權，依民法第283條之意旨，自屬連帶債權。依民法第284條、第285條關於連帶債權之債務人，得向債權人中之一人爲全部之給付及債權人中一人爲給付之請求，其效力及於其他債權人之法則可知，連帶債權之債權人毋庸全體向債務人請求，僅由其中一人向債務人請求即可。準此，共同出租人之一單獨起訴請求承租人給付押租金，爲適格之當事人。

(2) 受領清償

因連帶債權人中之一人，已受領清償、代物清償、或經提存、抵、混同而債權消滅者，他債權人之權利，亦同消滅（民法第286條）。準此，所謂連帶債權，係指多數債權人有同一目的之數個債權，得各自或共同請求全部或一部之給付，而債務人對於其中任何一人爲全部給付，即可消滅其債務而言。

(3) 確定判決之效力

連帶債權人中之一人，受有利益之確定判決者，爲他債權人之利益，或者連帶債權人中之一人，受不利益之確定判決者，倘其判決非基於該債權人之個人關係時，對於他債權人，均生效力（民法第287條）。例如，共同訴訟人中一人之行爲有利益於共同訴訟人者，其效力及於全體；不利益者，對於全體不生效力（民事訴訟法第56條第1款）。連帶債權人中之一人非基於個人關係所爲之抗辯，參照民法第287條，其訴訟標的屬於民事訴訟法第56條所稱之合一確定。準此，連帶債權人中之一人提起上訴，上訴行爲有利於其他連帶債權人，依照民事訴訟法第56條第1款規定，其效力及於其他連帶債權人[1]。

(4) 免除債務與時效完成

連帶債權人中之一人，向債務人免除債務者，該債權人應享有之部分消滅，他債權人不得享有該消滅部分（民法第288條第1項）。而於連帶債權人中之一人消滅時效已完成者，該債權人應享有之部分亦消滅（第2項）。例如，債權人甲、乙對債務人丙有借款債權新臺幣（下同）100萬元，當事人約定爲連帶債權，連帶債權人甲，向債務人丙免除債務者，債務人丙僅需歸還借款50萬元與乙。

(5) 連帶債權人受領遲延

所謂債權人受領遲延，係指對於履行上需要債權人協力之債務，債務人依債務本旨而提起給付，使債權人處於可受領之狀態，而債權人拒絕受領或無法受領，自提出給付時起，債權人負遲延責任（民法第234條）。準此，連帶債權人中之一人有遲延者，他債權人應負其責任（民法第289條）。

2. 相對效力事項

所謂相對效力事項，係指就連帶債權人中之一人所生之事項，除民法第285條至第289條之絕對效力事項或契約另有訂定者外，其利益或不利益，對他債權人不生效力（民法第290條）。例如，連帶債權人甲、乙與債務人丙約定，縱使甲或乙對丙免除債務，丙乃須給付全部債務與乙或甲。

---

[1] 最高法院86年度台上字第2707號民事判決。

二、對內效力

連帶債權人相互間，除法律另有規定或契約另有訂定外，應平均分受其利益（民法第291條）。例如，甲向乙、丙、丁借款新臺幣（下同）300萬元，約定為連帶債權，甲給付300萬元於乙，甲對於乙、丙、丁之債權歸於消滅。乙應各給付丙、丁之應分受部分，金額分別為100萬元。

三、連帶債權效力之比較

連帶債權	內容		依據法條
對外效力	債權人與債務人間之效力		民法第283條、第284條
對內效力	債權人均受利益		民法第291條
債權人中一人所生效力	絕對效力事項	給付請求	民法第285條
		受領清償	民法第286條
		確定判決	民法第287條
		免除債務	民法第288條第1項
		消滅時效	民法第288條第2項
		受領遲延	民法第289條
	相對效力		民法第290條

參、連帶債務與連帶債權之比較

類型	生絕對效力事項	生相對效力事項
連帶債務	民法第274條至第278條之債務消滅、確定判決、免除債務與時效完成、抵銷、受領遲延。	民法第279條
連帶債權	民法第285條至第289條之給付請求、債權消滅、確定判決、免除債務與時效完成、受領遲延。	民法第290條

肆、例題64研析

　　所謂連帶債權，係指多數債權人有同一目的之數個債權，得各自或共同請求全部或一部之給付，而債務人對於其中任何一人為全部給付，即可消滅其債務者（民法第284條、第285條）。連帶債權人相互間，原則上雖應平均分受其利益，然其為連帶債權人間之內部效力，債務人不得拒絕向連帶債權人之一給付全部債務（民法第291條）。如題意所示，甲向乙、丙、丁借款新臺幣（下同）300萬元，約定為連帶債權，乙、丙、丁得各自或共同請求全部或一部之給付，甲雖先給付100萬元於丁，然丁亦得再向甲請求餘款200萬元，甲不得拒絕給付餘款。

伍、實務見解

　　所謂連帶債權，係指多數債權人對債務人有同一債權，各得向債務人請求為全部之給付，而債務人對於其中任何一人為清償，即可使債權債務全歸於消滅者而言。其特徵在於該數個債權為同一債權，並具有共同之目的，故其內容自須同一。而其成立，或依法律規定，或依法律行為（民法第283條、第286條）[2]。

習　題

一、說明連帶債權定義。

　　提示：民法第283條。

二、說明連帶債權之絕對效力與相對效力事項。

　　提示：民法第285條至第289條、第290條。

---

[2] 最高法院98年度台上字第757號民事判決。

第四節

不可分之債

關鍵詞：強制執行、不可分債務、不可分債權、執行當事人適格

例題65

甲及乙為土地共有人,將共有土地出賣與丙,並簽訂買賣契約,將土地交由丙占有。因丙不依約給付買賣價金,甲及乙解除買賣契約,以丙為被告,向地方法院訴請丙將共有土地騰空交還與甲與乙,經地方法院判決勝訴確定。甲持確定民事判決向執行法院聲請對丙強制執行。丙抗辯稱甲本於解除買賣契約回復原狀,請求丙將共有土地騰空交還,屬不可分之債,須聲請向全體債權人甲與乙返還,當事人始適格。試問法院應如何處理?理由為何?

例題66

數繼承人繼承被繼承人對第三人債權新臺幣100萬元,而公同共有該債權。試問該公同共有債權人中之一人或數人,得否為全體公同共有債權人之利益,向法院起訴請求債務人對全體公同共有債權人為給付?理由為何?

壹、不可分之債之定義

所謂不可分之債,係指以同一不可分之給付為標的之複數主體之債,有不可分債務及不可分債權之兩種類型(民法第292條、第293條)。所謂不可分者,係指有給付之標的本質使然或當事人之約定。申言之,因給付標的之本質,使給付標的不可分。例如,甲、乙負交付汽車1輛於丙,本質使然為不可分債務。而給付標的本可分,因當事人之約定,使給付標的不可分。例如,甲、乙對丙有新臺幣20萬元之債權,約定為不可分債權。

貳、不可分之債之效力

一、不可分債務之效力

　　所謂不可分債務之效力，係指數人負同一債務，而其給付不可分者，準用關於連帶債務之規定，即民法第272條至第282條規定（民法第292條）。例如，所有人對於無權占有或侵奪其所有物者，得請求返還之。對於妨害其所有權者，得請求除去之。有妨害其所有權之虞者，得請求防止之（民法第767條第1項）。甲所有土地為乙、丙為無權共同占用，甲向乙、丙行使民法第767條第1項前段之物上請求權，乙與丙所負返還義務為不可分債務，依民法第292條規定準用關於連帶債務[1]。

二、不可分債權之效力

　　不可分債權之效力，係指數人有同一債權，而其給付不可分者，各債權人僅得請求向債權人全體為給付，債務人亦僅得向債權人全體為給付（民法第293條第1項）。債權人中之一人與債務人間所生之事項，其利益或不利益，對他債權人不生效力（第2項）。債權人相互間，準用第291條規定（第3項）。職是，連帶債權人相互間，除法律另有規定或契約另有訂定外，應平均分受其利益（民法第291條）。

參、準共有或準公同共有

　　共有規定於所有權以外之財產權，由數人共有或公同共有者準用之（民法第831條）。例如，數人共有債權、共有債務、公同共有債權、公同共有債務。其共有或公同共有狀態與共有或公同共有所有權，並無二致，故準用分別共有或公同共有之規定，此稱為準共有或準公同共有。

---

[1] 最高法院96年度台上字第437號民事裁定。

肆、例題研析

一、例題65研析——不可分債權之債權人行使權利

數人有同一債權,而其給付不可分者,各債權人僅得請求向債權人全體為給付,債務人亦僅得向債權人全體為給付(民法第293條第1項)。是不可分之債權,債權人中一人得以自己名義為全體債權人之利益,對債務人起訴,求為法院判命債務人向債權人全體為給付。依相同法理,債權人於強制執行程序,倘執行名義之確定判決所命給付,係不可分之債權者,該執行名義所載之債權人中之一人,即得以自己名義,向執行法院聲請對不可分之債權之債務人為執行,並命將執行物交付與全體債權人,其執行當事人適格[2]。如題意所示,甲及乙為土地共有人,將共有土地出賣與丙,並將土地交由丙占有。因丙不依約給付買賣價金,甲及乙解除買賣契約,以丙為被告,向地方法院訴請丙將共有土地騰空交還與甲與乙,經地方法院判決勝訴確定。甲持確定民事判決向執行法院聲請對丙強制執行,其當事人適格,執行法院應准與強制執行。

二、例題66研析——公同共有債權之權利行使

各共有人對於第三人,得就共有物之全部為本於所有權之請求。但回復共有物之請求,僅得為共有人全體之利益為之(民法第821條)。本節規定,於所有權以外之財產權,由數人共有或公同共有者準用之(民法第831條)。公同共有物之處分及其他之權利行使,除法律另有規定外,應得公同共有人全體之同意(民法第828條第3項)。公同共有債權人起訴請求債務人履行債務,係公同共有債權之權利行使,非屬回復公同共有債權之請求,並無民法第821條規定之準用;而應依同法第831條準用第828條第3項規定,除法律另有規定外,須得其他公同共有人全體之同意,或由公同共有人全體為原告,其當事人之適格始無欠缺[3]。換言之,繼承人共同出賣公同共有

---

[2] 最高法院110年度台抗字第335號民事裁定。
[3] 最高法院104年度第3次民事庭會議決議(一)。

之遺產，其所取得之價金債權，仍為公同共有，並非連帶債權。而公同共有人之一人或數人受領公同共有債權之清償，除得全體公同共有人之同意外，應共同為之，無單獨受領之權；公同共有之債權為單一權利，其債務人僅得向公同共有人全體清償始生消滅債務之效力[4]。

伍、實務見解

民法對於消滅時效之中斷係採相對效力，即時效中斷，限於當事人、繼承人、受讓人之間始有效力。所謂當事人者，係指關於致時效中斷行為之人。故連帶債務人中之一人發生時效中斷之事由或消滅時效已完成者，除該債務人應分擔之部分外，對他債務人並不生效力（民法第138條、第276條、第279條）。多數債務人以同一不可分給付為標的之不可分債務，其效力依民法第292條規定，準用關於連帶債務之規定。因不可分債務之給付為不可分，各債務人必須負全部給付之債務，債務人無從為一部給付，債權人亦無從請求一部給付。故債務人中之一人發生時效中斷之事由或消滅時效已完成者，僅具相對效力，除該債務人得主張其利益外，對他債務人不生效力[5]。

習　題

一、說明不可分之債之定義。
　　提示：民法第292條、第293條。
二、說明不可分債務之效力。
　　提示：民法第292條。
三、說明不可分債權之效力。
　　提示：民法第293條。
四、說明不可分債之類型。
　　提示：不可分債權與不可分債務。

---

[4] 最高法院69年台上字第1364號民事判決。
[5] 最高法院103年度台上字第495號民事判決。

第五章

債之移轉

第一節

概 論

關鍵詞：債權讓與、債務承擔、債權主體、債務主體、利害關係
人

例題67

甲對乙負有新臺幣888萬元之借款債務，由丙提供坐落臺北市大安區不動產設定普通抵押權，以擔保該借款債權，嗣後丁承擔該債務，或者受讓該債權。試問該普通抵押權是否繼續存在？理由為何？

壹、債之移轉之定義

所謂債之移轉，係指不變更債之給付內容，而變更債權主體或債務主體，類型分為債權讓與及債務承擔。所謂債權讓與，係指債權主體之變更，新債權人替代舊債權人（民法第294條）。所謂債務承擔，係指債務主體變更，分為債權人與第三人間之債務承擔、債務人與第三人間之債務承擔、併存之債務承擔（民法第300條、第301條、第305條、第306條）。再者，債之移轉原因，有因法律規定及法律行為所致。

貳、例題67研析

一、債權讓與就從權利存續之效力

稱普通抵押權者，謂債權人對於債務人或第三人不移轉占有而供其債權擔保之不動產，得就該不動產賣得價金優先受償之權（民法第860條第1項）。讓與債權時，債權之擔保及其他從屬之權利，隨同移轉於受讓人（民法第295條第1項本文）[1]。是主債權讓與時，原則上從屬權利隨同移轉。準此，丙提供不動產設定抵押權，擔保債權之抵押權亦隨之移轉與債權受讓人丁，抵押權存續擔保丁對於甲之新臺幣888萬元債權。

---

[1] 最高法院104年度台上字第2312號、107年度台上字第768號民事判決。

二、債務承擔就從權利存續之效力

　　第三人就債權所為之擔保，除第三人對於債務之承擔已為承認外，因債務之承擔而消滅（民法第304條第2項）。甲對乙負有新臺幣888萬元之借款債務，由丙提供不動產設定抵押權，嗣丁承擔甲對乙之該債務，除丙承認丁之承擔債務外，丙並無為丁為擔保之意思。況債務移轉於第三人，得視為債權人拋棄其擔保之利益，故抵押權之擔保歸於消滅。

參、實務見解

　　依民法第881條之17準用第879條第1項規定，為債務人設定最高限額抵押權之第三人，代為清償債務，或因最高限額抵押權人實行抵押權致失抵押物之所有權時，該第三人於其清償之限度內，承受債權人對於債務人之債權。此項承受之性質為法定之債權移轉，其效力與債權讓與相同。倘該債權另有擔保物權，依同法第259條第1項規定，亦隨同移轉於該第三人[2]。利害關係人代設定最高限額抵押權之債務人，清償債務於其清償之限度內，承受債權人對於債務人之債權。此項承受之性質為法定之債權移轉，其效力與債權讓與相同，因第三人為債務人向最高限額抵押權人清償後，於其清償之限度內，即承受債權人之身分，倘該債權另有擔保物權，亦隨同移轉於該第三人（民法第312條、第295條第1項）。再者，債務人為擔保其債務，將擔保物之權利移轉與債權人，而使債權人在擔保之目的範圍內，取得擔保物之權利者，為讓與擔保。債務人在未清償其債務前，不得請求債權人返還該擔保物之權利[3]。

---

[2] 最高法院104年度台上字第2312號民事判決。
[3] 最高法院107年度台上字第768號民事判決。

習 題

一、說明債之移轉之定義。

　　提示：所謂債之移轉，係指不變更債之給付內容，而變更債權
　　　　　主體或債務主體，類型分為債權讓與及債務承擔。

二、說明債之移轉類型。

　　提示：債權讓與及債務承擔。

第二節

債權讓與

關鍵詞：合意、通知、抵銷、表見讓與、讓與擔保、處分行為、善意第三人、準物權契約

例題68

債權人對債務人聲請強制執行，執行標的為郵局存款，扣押命令經合法送達，債務人並無異議，嗣核發移轉命令後，債務人聲明異議表示該郵局帳戶專為撥入社會救助款之帳戶，該帳戶之款項不得移轉於債權人。試問執行法院是否可撤銷移轉命令？理由為何？

例題69

債務人向債權人借款並訂立借款契約，雙方約定由臺灣臺北地方法院合意管轄，嗣後債權人將其對債務人之借款債權讓與受讓人，受讓人向臺灣臺北地方法院對債務人起訴。試問契約債權人與債務人間所為合意管轄法院之條款，是否及於受讓債權之債權人與債務人間？

例題70

債權人將其對債務人之債權新臺幣100萬元出讓，並為轉讓後，復將該債權出讓與第三人，並轉讓之，致有債權雙重讓與之情事。試問該第二次債權轉讓或讓與行為之效力為何？理由為何？

壹、債權讓與定義

一、自由轉讓

所謂債權讓與契約（transfer of claim），係指移轉債權為標的之契約。債權讓與係以移轉債權為標的之契約，讓與人須有債權，且就該債權有處分之權限，始得為之[1]。倘該特定債權確定不存在，則債

---

[1] 最高法院105年度台上字第165號民事判決。

權轉讓契約爲無效（民法第246條第1項本文）。基於契約自由原則，債權得自由讓與。再者，債權讓與係不要式契約，債權讓與合意時，即生債權轉讓之效力，其爲準物權權契約與處分行爲。惟當事人之一方將其因契約所生之權利義務，概括的讓與第三人承受者，係屬契約承擔，其與單純的債權讓與不同，非經他方之承認，對他方不生效力[2]。

二、不得移轉債權

（一）事由

下列債權不得移轉：1.依債權之性質，不得讓與者。舉例說明如後：(1)基於身分關係之扶養請求權；(2)基於信任基礎之僱傭關係，租賃契約因屬於繼續性債之關係，其成立與存續以當事人間之信賴與人格信用爲前提，就承租人於租賃契約上之債權而言，原則上應屬民法第294條第1項第1款所稱依債權之性質，不得讓與者，除當事人有特約讓與之明文外，應屬性質上不得讓與之債權[3]；2.依當事人之特約，不得讓與者；3.債權禁止扣押者。例如，請領退休金、撫恤金之債權（民法第294條第1項）。

（二）不得對抗善意第三人

依當事人之約定，不得讓與之特約，不得以之對抗善意第三人（民法第294條第2項）。受讓債權之人於受讓時，不知有禁止讓與之事實者，債權讓與仍爲有效，該債權即行移轉於受讓人，而發生債權主體變更之效果。因當事人所爲禁止移轉債權之特約，非必爲第三人所得知悉，故主張第三人爲惡意者，依舉證責任分配原則，自應就其主張之事實負舉證之責[4]。

---

[2] 最高法院104年度台上字2302民事判決。

[3] 法務部2018年8月22日法律字第0703512440號函。

[4] 最高法院108年度台上字第776號民事判決。

貳、債權讓與方式

一、合意與通知

債權之讓與，因讓與人及受讓人合意而生效，債權即同時移轉於受讓人，其為不要式契約及準物權契約。債權讓與契約一旦發生效力，債權人與債務人間立即發生債權移轉之效力，債權即移轉於受讓人。經讓與人或受讓人通知債務人，對於債務人始生效力，不以債務人之承諾為必要，且讓與之通知，得以言詞或文書為之，通知不限何種方式，對話或非對話均可[5]。此項通知之性質，係屬觀念通知，使債務人知有債權移轉之事實，免誤向原債權人清償而已，倘債務人既知債權已移轉於第三人，不容藉詞債權之移轉尚未通知，拒絕對受讓人履行債務（民法第297條第1項本文）[6]。例外情形，法律另有規定者，不在此限（第1項但書）。受讓人將讓與人所立之讓與字據提示於債務人者，其與通知有同一之效力（第2項）。

（一）強制執行之要件

執行名義成立後，債權人將債權讓與第三人，該第三人為強制執行法第4條之2第1項第1款所稱之繼受人，雖得以原執行名義聲請強制執行，惟民法第297條第1項既明定債權之讓與，非經讓與人或受讓人通知債務人，對於債務人不生效力，則債權受讓人於該項讓與對債務人生效前，自不得對債務人為強制執行。債權受讓人依強制執行法第4條之2規定，本於執行名義繼受人身分聲請強制執行者，除應依同法第6條規定提出執行名義之證明文件外，對於其為適格之執行債權人及該債權讓與已對債務人發生效力等合於實施強制執行之要件，亦應提出證明，併供執行法院審查。

（二）將來債權之債權讓與

附停止條件之法律行為，於條件成就時，發生效力（民法第99條第1項）。附始期之法律行為，於期限屆至時，發生效力（民法第

---

[5] 最高法院110年度台上字第2999號民事判決。
[6] 最高法院108年度台上字第1009號民事判決。

102條第1項）。將來債權係附停止條件或始期之債權讓與，雖非法所不許，然此類將來債權，債權讓與契約成立時尚未存在，倘受通知時債權仍未發生，自須於實際債權發生時再爲通知，始能發生移轉效力[7]。

二、表見讓與（108、109年司律）

讓與人已將債權之讓與通知債務人者，縱未爲讓與或讓與無效，債務人仍得以其對抗受讓人之事由，對抗讓與人，此爲表見讓與之效力（民法第298條第1項）。例如，債務人對受讓人清償完畢時，即生債務消滅之效力。讓與人將債權之讓與通知債務人者，非經受讓人之同意，不得撤銷其通知（第2項）。準此，債務人自受債權讓與之通知時起，僅得以受讓人爲債權人，不得再向讓與人爲清償行爲[8]。

參、債權讓與效力（97年司法官）

一、債權擔保及從屬權利隨同移轉

（一）定義

讓與債權時，該債權之擔保及其他從屬之權利，隨同移轉於受讓人（民法第295條第1項本文）。但與讓與人有不可分離之關係者，不在此限（第1項但書）。未支付之利息，推定其隨同原本移轉於受讓人（第2項）。所謂擔保者，係指擔保債權而存在之權利，如抵押權、質權、保證。所謂從屬權利，係指附屬於主債權之權利。如利息債權、違約金債權。例如，甲因代乙清償借款債務，而乙之債務原設有抵押權，依民法第295條規定，抵押權部分移轉至甲，甲得就抵押物之實行抵押權。

---

[7] 最高法院96年度台上字第1051號民事判決。
[8] 最高法院95年度台上字第713號民事判決。

（二）法定債權移轉

利害關係人代設定最高限額抵押權之債務人，清償債務人之債務，其於其清償之限度內，承受債權人對於債務人之債權。此項承受之性質爲法定之債權移轉，其效力與債權讓與相同，因第三人爲債務人向最高限額抵押權人清償後，於其清償之限度內，即承受債權人之身分，倘該債權另有擔保物權，亦隨同移轉於該第三人。債務人爲擔保其債務，將擔保物之權利移轉與債權人，而使債權人在擔保之目的，範圍內取得擔保物之權利者，爲讓與擔保。債務人在未清償其債務前，不得請求債權人返還該擔保物之權利[9]。

二、證明文件之交付

讓與人應將證明債權之文件，交付受讓人，並應告以關於主張該債權所必要之一切情形（民法第296條）。債權讓與非要式行爲，民法第296條規定旨在使受讓人就已受讓之債權，易於實行，並易於保全，故使讓與人對於受讓人負交付證明債權文件及告知債權所必要之主張之義務，此非債權讓與之效力。準此，債權讓與人有協助受讓人行使債權之義務。

三、對於受讓人抗辯之援用與抵銷之主張

債務人於受通知時，所得對抗讓與人之事由，均得以之對抗受讓人。債務人於受通知時，對於讓與人有債權者，倘其債權之清償期，先於所讓與之債權或同時屆至者，債務人得對於受讓人主張抵銷（民法第299條）。所謂得對抗之事由，不以狹義之抗辯權爲限，應廣泛包括凡足以阻止或排斥債權之成立、存續或行使之事由在內。因債權之讓與，債務人不得拒絕，自不得因債權讓與之結果，而使債務人陷於不利之地位[10]。準此，因債權讓與僅變更債之主體，不影響債之同

---

[9] 最高法院107年度台上字第768號民事判決。
[10] 最高法院106年度台上字第1378號民事判決。

一性，故附隨於原債權之抗辯權，不因債權之讓與而喪失[11]。

肆、例題研析

一、例題68研析──禁止扣押之債權

（一）聲明異議期間

強制執行法第12條第1項之強制執行程序終結，究指強制執行程序實施至如何程度而言，應視聲請或聲明異議之內容，分別情形定之。執行程序因核發移轉命令而終結者，倘當事人或利害關係人就執行法院核發移轉命令是否合法有所爭執而聲明異議時，執行法院不得以執行程序業已終結為由，駁回其聲明異議[12]。所謂移轉命令，係指執行法院將扣押之金錢債權，依券面面額或債權金額移轉於債權人以代支付[13]。

（二）核發移轉命令之效力

債務人依法領取之社會福利津貼、社會救助或補助，屬於政府照顧社會弱勢族群之措施，俾於維持其基本生活，所以不得為強制執行（強制執行法第122條第1項）。所謂社會福利津貼，係指低收入老人生活津貼、中低收入老人生活津貼、身心障礙者生活補助、老年農民福利津貼及榮民就養給付等其他依社會福利法規所發放之津貼或給付；又所稱社會救助或補助，係指生活扶助、醫療補助、急難救助及災害救助等（辦理強制執行法事件應行注意事項第65點第1項）。執行法院對禁止扣押之債權，不得發移轉命令時，倘發移轉命令即屬無效，不生債權移轉之效力，執行法院應依職權就此無效之移轉命令與以撤銷[14]。準此，債務人依法領取之社會救助不得為強制執行，倘發移轉命令即屬無效，不生債權移轉之效力，債務人對此移轉命令聲明

---

[11] 最高法院107年度台上字第1049號民事判決。

[12] 最高法院97年度台抗字第5號、101年度台抗字第913號民事裁定。

[13] 林洲富，實用強制執行法精義，五南圖書出版股份有限公司，2022年1月，16版1刷，頁366。

[14] 最高法院101年度台抗字第136號民事裁定。

異議，執行法院不得以執行程序終結爲由，駁回其聲明異議，而應依職權就此無效之移轉命令與以撤銷[15]。

二、例題69研析——原債權之抗辯權效力

民法第297條第1項規定債權之讓與，非經讓與人或受讓人通知債務人，對於債務人不生效力。由該條文規定可知，債權讓與之契約，其於債權人與受讓人間債權讓與之合意，即生效力，雖不需經債務人之同意，然爲保護債務人之利益，在未通知債務人之前，其讓與行爲僅當事人間發生效力，對債務人不生效力。而債權讓與係以移轉特定債權爲標的之契約，其受讓人固僅受讓債權，並非承受契約當事人之地位，惟對於債之同一性不生影響，因此附隨於原債權之抗辯權，包含實體法上之抗辯、訴訟法上之抗辯及仲裁契約之抗辯，亦不因債權之讓與而喪失，故該合意管轄約定自應拘束受讓人與債務人[16]。

三、例題70研析——原債權之抗辯權效力

在債權雙重讓與之場合，先訂立讓與契約之第一受讓人依債權讓與優先性原則，雖取得讓與之債權，然第二受讓人之讓與契約，並非受讓不存在之債權，而係經債權人處分現仍存在之第一受讓人債權，性質上乃無權處分，依民法第118條規定，應屬效力未定，經第一受讓人之承認，始生效力[17]。

伍、實務見解

在財產保險之場合，被保險人因保險人應負保險責任之損失發生，對於第三人有損失賠償請求權者，保險人得於給付保險金額後，代位行使被保險人對於第三人之請求權，此觀保險法第53條第1項本

---

[15] 臺灣高等法院暨所屬法院103年法律座談會民事類提案第17號。
[16] 最高法院87年度台抗字第630號民事裁定。
[17] 最高法院105年度台上字第1834號民事判決。

文規定自明。此項保險人之代位權，係債權之法定移轉，不待被保險人另為債權讓與之表示，此與民法第294條規定之債權讓與，係基於法律行為，係準物權行為，非經讓與人或受讓人通知債務人，對於債務人不生效力者迥異[18]。

習題

一、說明債權讓與之定義。

提示：所謂債權讓與契約，係指移轉債權為標的之契約。

二、說明不得移轉債權之類型。

提示：民法第294條第1項。

三、說明債權讓與方式。

提示：民法第297條。

四、說明表見讓與之要件。

提示：民法第298條。

五、說明債權讓與效力。

提示：民法第295條、第296條、第299條。

---

[18] 最高法院106年度台上字第439號民事判決。

第三節

債務承擔

關鍵詞：同意、承認、抗辯權、創設合併、吸收合併、免責之債
務承擔、併存之債務承擔、法定併存之債務承擔

例題71

> 甲承攬乙新建大樓工程，甲將其中之消防器材、消防水系統及消防弱電系統等工程交由丙承作，上開消防工程於2017年12月間完工後，甲積欠新臺幣（下同）100萬元之工程款，丙依據承攬契約向乙請求工程款，甲、乙及丙為此達成合意，乙直接給付100萬元與丙，嗣後乙未依約給付。試問丙於2022年6月間依據承攬關係請求甲給付該積欠之工程款，是否有理？

壹、債務承擔之定義（103年司律）

所謂債務承擔（assume obligation of debtor），係指由第三人負擔債務人之債務之契約。債務承擔契約之方式有二：債權人與第三人間之承擔契約（民法第300條）及債務人與第三人間之承擔契約（民法第301條）。前者，不須經債務人同意，對債務人生效；後者，非經債權人承認，對於債權人不生效力。

貳、債務承擔之方式

一、債權人與第三人間之承擔契約

債權人與第三人間訂立承擔債務人債務之契約，原債務人脫離債之關係，第三人成為新債務人，稱為免責之債務承擔。免責之債務承擔，為第三人與債權人訂立契約承擔債務人之債務者，其債務於契約成立時，移轉於第三人（民法第300條）。第三人與債權人訂立債務承擔契約，並非要式行為，亦不必得債務人之同意，祇須第三人與債權人互相表示意思一致，其契約即為成立，雖未訂立書據，仍為有效[1]。

---

[1] 最高法院110年度台上字第2110號民事判決。

二、債務人與第三人間之承擔契約

（一）免責之債務承擔

第三人與債務人訂立契約承擔其債務者，非經債權人承認，對於債權人不生效力，該債務承擔契約雖已成立，債權人仍可向原債務人主張其債權（民法第301條）[2]。準此，經債權人同意，原債務人即脫離原債務關係，應由承擔人對於債權人負清償之責，此為免責之債務承擔。

（二）併存之債務承擔

第三人與債務人訂立契約承擔其債務者，債務人或承擔人得定相當期限，催告債權人於該期限內確答是否承認，倘逾期不為確答者，視為拒絕承認（民法第302條第1項）。債權人拒絕承認時，債務人或承擔人得撤銷其承擔之契約（第2項）。債權人拒絕承認時，僅對債權人不生效力而已，非謂訂約之當事人不受其拘束。倘承擔人欲撤銷此項承擔契約，必須踐行民法第302條第1項所定之定期催告債權人承認程序，待債權人拒絕承認後，始得撤銷其承擔契約，倘債權人於受通知後，逕向承擔人請求清償者，應認為已為承認[3]。準此，第三人與債務人訂立契約承擔其債務者，定期催告債權人承認程序，債權人拒絕承認，債務人或承擔人未撤銷其承擔之契約，原債務人並未脫離債之關係，債務人與第三人一併負責之債務承擔，稱為併存之債務承擔。

參、債務承擔之效力

一、債務人抗辯權之援用

（一）債務阻礙事由

債務人因其法律關係所得對抗債權人之事由，原則上承擔人得以之對抗債權人（民法第303條第1項本文）。所稱承擔人得援用債務人之對抗事由，包括債務之成立、存續或履行上之阻礙事由，無論為權

---

[2] 最高法院110年度台上字第958號民事裁定。
[3] 最高法院86年度台上字第710號民事判決。

利不發生、權利消滅或拒絕給付之抗辯事由均屬之，且此項規定，其於併存之債務承擔情形，自應類推適用之[4]。

（二）不得對抗事由

債務人因其法律關係所得對抗債權人之事由，原則上承擔人得以之對抗債權人（民法第303條第1項本文）。例外情形，債務承擔人不得以屬於債務人之債權為抵銷（第1項但書）。因債務承擔為不要因契約，故承擔人因其承擔債務之法律關係所得對抗債務人之事由，不得以之對抗債權人（第2項）。舉例說明如後：1.債務承擔人因買賣契約之關係承受債務人之不動產，並承受債務人之債務，縱使承擔人與債務人間買賣契約無效或不成立，債務承擔人不得以之對抗債權人，以保護債權人；2.甲與丙訂定債務承擔契約，甲承擔債務人乙積欠丙之債務，債務人乙得對抗丙之事由，甲亦得持以對抗丙；3.承擔人甲向債務人乙購買汽車一輛，約定甲承擔乙對丁之債務，以代車價之支付，嗣後汽車買賣契約無效，甲不得以該無效事由，對抗債權人丁。

二、從權利之存續

從屬於債權之權利，不因債務之承擔而妨礙其存在（民法第304條第1項本文）。例外情形，其與債務人有不可分離之關係者，不在此限（第1項但書）。由第三人就債權所為之擔保，除第三人對於債務之承擔已為承認外，因債務之承擔而消滅（第2項）。因第三人之就債權設定擔保或為保證者，係基於其與債務人之信任關係，並無為他人為擔保之意思，故債務移轉於第三人時，倘原擔保人或保證人未承認債務之承擔，其擔保或保證消滅。民法第304條第2項規定，其於免責之債務承擔固有其適用，惟於併存之債務承擔，因承擔人係加入為債務人，其與原債務人同負給付責任，原債務人並未脫離債務關係，該第三人提供擔保之基礎並無變更，自無民法第304條第2項規定之適用[5]。

---

[4] 最高法院95年度台上字第2032號、99年度台上字第1363號民事判決。
[5] 最高法院93年度台上字第364號民事判決。

肆、法定併存之債務承擔

一、財產或營業之概括承受

　　就他人之財產或營業概括承受其資產及負債者，因對於債權人為承受之通知或公告，而生承擔債務之效力（民法第305條第1項）。倘民法第305條第1項之承受含有債權移轉時，自應認為兼有通知之效力。依民法第297條第1項規定，雖應由讓與人或受讓人通知債務人始生效力，惟其通知不過為觀念通知，僅使債務人知有債權移轉之事實即為已足。倘承受人對於債務人主張概括承受之事實並行使債權時，已足使債務人知有債權移轉之事實者，自應認為兼有通知之效力[6]。再者，債務人關於到期之債權，自通知或公告時起，未到期之債權，自到期時起，2年以內，其與承擔人連帶負其責任（第2項）。

二、概括承受其資產及負債

　　民法第305條規定為法定併存之債務承擔，無須債權人同意營業。概括承受其資產及負債，係指就他人之營業之財產與債務，概括承受之意。職是，以營業為目的組成營業財產之集團，移轉於承擔人，營業之概括承受為多數之債權或債務，包括讓與人之經濟上地位之全盤移轉[7]。

三、營業概括承受

　　所謂營業讓與或營業概括承受，係指將出讓人之資產與負債概括移轉與受讓人。按民法第305條第1項之文義，營業概括承受之場合，應概括承受其資產與負債。是營業概括承受其資產及負債，就他人之營業上之財產，包括資產，如存貨、債權、營業生財、商號信譽、商標使用，暨營業之債務，概括承受之意。換言之，以營業為目的組成營業財產之集團，移轉於承擔人，營業之概括承受為多數之債

---

[6]　最高法院92年度台上字第2033號民事判決。
[7]　最高法院98年度台上字第1286號民事判決。

權或債務，包括讓與人之經濟地位之全盤移轉[8]。在他人商標註冊申請日前，善意使用相同或近似之商標於同一或類似之商品或服務者，不受他人商標權之效力所拘束（商標法第36條第1項第3款本文）。但以原使用之商品或服務為限；商標權人並得要求其附加適當之區別標示（第3款但書）。準此，善意先使用商標之事實，前手與繼受之後手，連續而未中斷者，即由後手承受善意先使用商標之事實。商標圖樣之使用具有商業價值，應認屬資產之部分，是否符合商標之善意使用，係屬事實認定問題。而商標圖樣善意先使用之事實，具有得對抗商標權人之法律利益，具有財產之價值，應認為商標圖樣善意先使用之事實，屬於得為後手繼受之法律上利益[9]。故後手得以善意先使用之事實，對抗商標權之行使[10]。

四、營業合併

營業與他營業合併，而互相承受其資產及負債者，因對於債權人為承受之通知或公告，而生承擔債務之效力。其合併之新營業，對於各營業之債務，負其責任（民法第306條）。其合併之方式有二：（一）創設合併，係形成一新營業體；（二）吸收合併，係某營業主體吸收另一營業主體，被吸收者之主體消滅。例如，由甲股份有限公司吸收乙有限公司。

伍、例題71研析

一、債務承擔之效力

第三人與債權人訂立契約承擔債務人之債務者，其債務於契約成立時，移轉於第三人（民法第300條）。所謂債務承擔契約，係指以債務之承擔為標的之契約，而於契約成立時，新債務人即承擔人負

---

[8] 最高法院98年度台上字第1286號民事判決。

[9] 最高法院97年度台上字第2731號民事判決。

[10] 司法院104年度智慧財產法律座談會民事訴訟類相關議題提案及研討結果2號。

擔原有之債務，債務因而現實的移轉，其爲準物權契約，原債務人脫離債之關係，屬免責之債務承擔。甲承攬乙新建大樓工程，甲將其中之消防器材、消防水系統及消防弱電系統等工程交由丙承作，上開消防工程完工後，甲積欠新臺幣（下同）40萬元之工程款，乙及丙達成合意，乙直接給付40萬元與丙，既然債務承擔係由甲（債務人）、丙（債權人）及乙（第三人）達成合意，由乙直接給付工程款與丙，是該債務承擔契約應屬甲脫離債之關係之免責債務承擔。嗣後丙未依約履行，此爲可歸責乙之債務不履行之事由，丙不得依據原有之承攬關係，向甲請求給付工程款。

二、承攬人之報酬請求權

承攬人之報酬請求權，因2年間不行使而消滅（民法第127條第7款）。本件消防工程業於2017年12月間完工交付（民法第490條第1項），丙於2022年6月間始向甲請求工程款。是縱使無上開債務承擔之契約，消滅時效，自請求權可行使時起算（民法第128條）。本件消防工程款自工作完成時起算，其請求權已罹於2年之短期時效，甲得拒絕給付（民法第144條第1項）[11]。

陸、實務見解

公司之變更組織，僅是改變其組織形態，並非另行設立新公司，其法人人格之存續，不受影響[12]，原屬變更組織前公司之權利或義務，當然應由變更組織後之公司繼續享有或負擔。此與民法之債務承擔，係由第三人承受債務人之債務或加入債之關係而爲債務人之情形，並不相同。準此，公司法第107條第2項所謂變更組織後之公司，應承擔變更組織前公司之債務，其與民法債務承擔之情形並不相同，民法第304條第2項關於債務承擔後擔保權利消滅之規定，其於公司變更組織不適用[13]。

---

[11] 臺灣臺中地方法院93年度建簡上字第4號民事判決。
[12] 大法官會議釋字第167號解釋。
[13] 最高法院92年度台上字第1348號民事判決。

習　題

一、免責之債務承擔之要件。

　　提示：民法第300條至第301條。

二、說明債務承擔之債務人抗辯權之援用與限制。

　　提示：民法第303條。

三、說明債務承擔之從權利之存續與例外

　　提示：民法第304條。

四、說明併存之債務承擔類型。

　　提示：民法第303條、第305條、第306條。

五、說明債務承擔之定義與效力。

　　提示：民法第300條至第304條。

第六章

債之消滅

第一節

概　論

關鍵詞：抵押權、他項權利、負債字據、債權之擔保、從屬之權
　　　　利

例題72

> 債務人乙前以甲所有座落臺北市信義區之不動產供擔保,為債權人丙設定之最高限額抵押權登記,乙向丙借款新臺幣888萬元,嗣後乙清償全部借款。試問本件借款之關係消滅後,債務人乙得否請求抵押權人丙塗銷抵押權設定登記?依據為何?

例題73

> 被繼承人甲為乙所有土地抵押權之抵押權人,死亡時其所擔保債權之請求權,雖已罹於民法第125條之15年時效,惟未逾民法第880條之除斥期間,而A、B為其一親等直系血親卑親屬,故甲之遺產由A、B共同繼承。嗣抵押權之除斥期間經過後,繼承人B死亡,並由其一親等直系血親卑親屬B1、B2共同繼承。試問土地所有權人乙,以A、B1、B2為被告,請求其等辦理繼承登記後塗銷抵押權,是否有理由?

壹、債之消滅之定義

所謂債之消滅(extinction of obligation),係指債權債務已客觀的不存在。債之移轉為債之主體變更,僅債權人或債務人更易,債之本身依然存在,是債之消滅與債之移轉不同。債之消滅原因,依據民法債編通則所規定者,有清償、提存、抵銷、免除及混同等原因(民法第309條、第326條、第334條、第343條、第344條)。

貳、債之消滅之共同效力

一、擔保與從權利之隨同消滅(93年司法人員四等)

債之關係消滅者,其債權之擔保及其他從屬之權利(accessory right),亦同時消滅(民法第307條)。債權之擔保,如擔保物權。

從屬之權利，如利息、違約金。準此，倘債務人依債之本旨向債權人清償完畢或主權利因時效消滅者，其債之關係及從屬之權利，均隨同消滅[1]。

二、負債字據之返還及塗銷

債之全部消滅者，債務人得請求返還或塗銷負債之字據，其僅一部消滅或負債字據上載有債權人他項權利者，債務人得請求將消滅事由，記入字據。負債字據，倘債權人主張有不能返還或有不能記入之事情者，債務人得請求給與債務消滅之公認證書（民法第308條）。是債之全部消滅者，債務人得請求返還或塗銷負債字據，負債字據之返還或塗銷，僅為證明債之消滅之證據方法，並非債之消滅之要件，故債已清償者，不得因負債字據未經返還或塗銷，即謂其債尚未消滅。債務人請求返還或塗銷負債字據，其與清償債務間，並非具有對待給付之關係，自無同時履行抗辯之適用[2]。

參、債之消滅之事由

事由	內容	法條依據
清償	向債權人或其他有受領權人為清償。	民法第309條
	向第三人清償。	民法第310條
	第三人清償。	民法第311條
	代物清償。	民法第309條
	間接給付或新債清償。	民法第320條
	債之更改。	成立新債務以消滅舊債務之契約
提存	債權人受領遲延，或不能確知孰為債權人而難為給付者。	民法第326條
抵銷	二人互負債務，而其給付種類相同，並均屆清償期者，各得以其債務，與他方之債務，互為抵銷。	民法第334條

---

[1] 最高法院99年度台上字第1617號民事判決。
[2] 最高法院88年度台上字第2413號民事裁定。

事由	內容	法條依據
免除	債權人向債務人表示免除其債務之意思者。	民法第343條
混同	債權與其債務同歸一人時，債之關係消滅。	民法第344條

肆、例題研析

一、例題72研析──債之消滅之效力

　　抵押權之性質，係從屬於所擔保之債權而存在。債之關係消滅者，其債權之擔保及其他從屬之權利，亦同時消滅（民法第307條）。準此，債務人乙自得本於債之關係消滅後，請求抵押權人丙塗銷供債權擔保之抵押權設定登記。

二、例題73研析──實行其抵押權期間

　　請求權，因15年間不行使而消滅。但法律所定期間較短者，依其規定（民法第125條）。以抵押權擔保之債權，其請求權已因時效而消滅，倘抵押權人於消滅時效完成後，5年間不實行其抵押權者，其抵押權消滅（民法第880條）。甲死亡由A、B繼承抵押權，抵押權之權利尚未消滅。A自已取得其所繼承之公同共有部分。至於B死亡，由B1、B2繼承時，抵押權就B繼承公同共有部分之權利雖已消滅，惟該抵押權登記形式上仍存在，此項登記不失為財產上之利益，土地登記簿上既有原抵押權人之名義，倘不辦理繼承登記，改為繼承人名義，土地登記簿上此部分抵押權人之名義即不連續，為維持登記之連續性，B1、B2仍應辦理公同共有之繼承登記。準此，應准A所繼承之抵押權公同共有部分，其與B1、B2所繼承業已消滅之抵押權公同共有部分，均辦理繼承登記為公同共有後，始得塗銷。準此，乙之請求應為有理由[3]。

---

[3] 臺灣高等法院暨所屬法院109年法律座談會民事類提案第5號。

伍、實務見解

　　時效完成後，債務人得拒絕給付（民法第144條第1項）。保證債務係擔保債權之一種方法，為從債務而非主債務，具有從屬性，必須主債務存在，始能成立，倘主債務消滅，從屬之保證債務亦隨之消滅，且主債務人所有之抗辯，保證人均得主張之，故債權人對主債務人之請求權，因消滅時效完成而發生之法律上效果，其效力當然及於具從屬性之保證債務，保證人得據以對債權人主張消滅時效完成，得拒絕給付[4]。請求權已經時效消滅，債務人以契約承認該債務，仍為履行之給付者，不得以不知時效為理由，請求返還（第2項）。債務人於時效完成後所為之承認，固無中斷時效可言，然明知時效完成之事實而仍為承認行為，自屬拋棄時效利益之默示意思表示，且時效完成之利益，業經拋棄者，即恢復時效完成前狀態，債務人不得再以時效業經完成拒絕給付。準此，以契約承認債務，具有時效利益拋棄之性質，係因時效而受利益之債務人，其於時效完成後，向因時效而受不利益之人，表示其不欲享受時效利益之意思之行為。準此，而債務人承認債權人之權利者，時效重新起算。

習　題

一、說明債之消滅與債之移轉之區別。
　　提示：所謂債之消滅，係指債權債務已客觀的不存在。債之移轉為債之主體變更，僅債權人或債務人更易，債之本身依然存在。
二、說明債權人返還及塗銷負債字據之義務。
　　提示：民法第308條。

---

[4] 最高行政法院106年度判字第423號行政判決。

清　償

關鍵詞：清償人、所在地、利害關係、一部清償、代物清償、新債清償、債之更改、間接清償、分期給付、緩期清償、赴償債務、往取債務、期限利益、指定抵充、法定抵充、受領證書、債權證書、準法律行為、債權準占有人、債權人住所地、將來給付之訴、債之標的變更

例題74

> 乙向甲借款新臺幣500萬元，約定於2022年10月11日清償，屆清償期時，乙未經甲同意，提出與市價相當之黃金條塊清償。試問是否具有清償之效力？理由為何？

例題75

> 假扣押債權人取得假扣押債權全部勝訴之確定判決，聲請執行該假扣押債權之分配款，依確定判決除假扣押債權額外，尚有利息。試問分配款有不足以清償時，核發債權憑證時，該假扣押之分配款，須否先抵充利息？

壹、清償之定義

所謂清償（performance），係指依債務之本旨，實現債務內容之給付行為。清償主體有清償人及受領清償人，依債務之本旨清償，即債之關係消滅；反之，不依據債務之本旨清償，則不生清償之效力（民法第309條）。第三人得為清償人，第三人亦得為受領清償人（民法第310條、第311條）。所謂準法律行為，係指法律效力由法律規定而發生，非基於表意人之表示行為，如意思通知、觀念通知及感情表示。因清償行為之法律效力，由法律規定而發生，非基於清償人之表示行為，故清償為準法律行為。

貳、清償之主體

一、清償人

（一）債務人或第三人

債務人為清償人，而第三人（third party）亦得為清償人（民法第311條第1項本文）。例外情形，不准第三人清償之事由如後：1.當

事人另有訂定或依債之性質不得由第三人清償者，不在此限（第1項但書）；2.第三人之清償，債務人有異議時，債權人固得拒絕其清償。但第三人就債之履行有利害關係者（interest of conflict），債權人不得拒絕（第2項）。所謂利害關係之第三人，係指就債之清償，有財產上之利害關係者。例如，連帶債務人、不可分債務人、保證人、物上保證人[1]；3.依債之性質不得由第三人清償者，如特定學者之專題演講；4.法律不許第三人清償者，如受任人應自己處理委任事務（民法第537條本文）、受寄人應自己保管寄託物（民法第592條本文）。

（二）法定債權移轉

就債之履行有利害關係之第三人為清償者，而於其清償之限度內承受債權人之權利，但不得有害於債權人之利益（民法第312條）[2]。民法第312條規定就債之履行有利害關係之第三人為清償，得於其清償之限度內承受債權人之權利者，係指第三人就債之履行有法律上之利害關係而言，倘僅有事實上之利害關係，並無該條之適用[3]。此承受之權利係基於法律規定之債權移轉，屬法定債權移轉，是第297條之債權讓與通知及第299條之對於債權人抗辯之援用，均準用之（民法第313條）。準此，有利害關係之第三人清償後，取得求償權及承受債權人之權利。

二、受領清償人

（一）向有受領清償人清償

1. 債之關係消滅

依債務本旨，向債權人或其他有受領權人為清償，經其受領者，債之關係消滅（民法第309條第1項）。例如，為質權標的物之債權，其債務人受質權設定之通知者，倘向出質人或質權人一方為清償

---

[1] 最高法院83年度台上字第2230號民事判決。
[2] 最高法院107年度台上字第768號民事判決。
[3] 最高法院109年度台上字第513號民事判決。

時,應得他方之同意(民法第907條本文)。準此,債權之質權人,經債權人同意,得為有效之受領。

2. 債權人簽名收據或受領證書

持有債權人簽名之收據或受領證書者,視為有受領權人(民法第309條第2項本文)。例如,甲持有借款新臺幣(下同)10萬元之債權人簽名收據,並向債務人請求給付借款,債務人將借款10萬元交與甲,債務人之借款債務因而消滅。例外情事,係債務人已知或因過失而不知其無權受領者,則不生清償之效力(第2項但書)。

(二)向第三人清償

向第三人為清償,經其受領者,其效力如後:1.經債權人承認或受領人於受領後取得其債權者,有清償之效力(民法第310條第1款);2.受領人係債權之準占有人者,以債務人不知其非債權人者為限,有清償之效力(第2款);3.於債權人因而受利益之限度內,有清償之效力(第3款)。準此,債務人為債之履行而提出給付,倘由無受領權之第三人受領,除有民法第310條所定例外之情形外,不發生清償之效力[4]。

(三)債權準占有人

1. 有清償效力

所謂債權準占有人,係指非債權人而以自己之意思,事實上行使債權,依據一般交易觀念,足使他人認其為債權人[5]。例如,第三人持真正存摺並在取款條上盜蓋存款戶真正印章向金融機關提取存款,金融機關不知其係冒領而如數給付時,為善意向債權準占有人清償,依民法第310條第2款規定,對存款戶有清償之效力[6]。財產權不因物之占有而成立者,行使其財產權之人為準占有人,債權乃不因物之占有而成立之財產權之一種,故行使債權人之權利者,即為債權準占有人,倘此項準占有人非真正之債權人,而為債務人所不知者,債務人對於其人所為之清償,仍有清償之效力,民法第310條第2款及第966

---

[4] 最高法院101年度台上字第1159號民事判決。
[5] 最高法院108年度台上字第1904號民事判決。
[6] 最高法院109年度台上字第3274號民事判決。

條第1項定有明文[7]。

2. 無清償效力

　　第三人持眞正存摺而蓋用僞造之印章於取款條上提取存款，則不能認係債權之準占有人。縱金融機關以定型化契約與存款戶訂有特約，約明存款戶事前承認，倘金融機關已盡善良管理人之注意義務，以肉眼辨認，不能發見蓋於取款條上之印章係屬僞造而照數付款時，對存款戶即發生清償之效力，此定型化契約之特約，應解爲免除或減輕預定契約條款之當事人之責任者，約定無效（民法第247條之1第1款），不能認爲合於同條第1款規定，認爲金融機關向第三人清償，係經債權人即存款戶之承認而生清償之效力[8]。

參、清償之客體

　　所謂清償之客體，係指債務之內容。債務人應按債務之本旨履行債務內容，使債權人之債權獲得滿足，債務人不依債之本旨履行者，債權人得拒絕受領，並無受領遲延之情事。準此，債務人應依債務之本旨實現債務之內容，未經債權人同意，並無爲一部清償、代物清償、新債清償債之更改之權利。

一、一部清償

（一）原則與例外

　　債務人應依債務之本旨實現債務之內容，並無爲一部清償之權利（民法第318條第1項本文）。例外情形，法院得依職權斟酌債務人之境況，許其於無甚害於債權人利益之相當期限內，分期給付（installment），或緩期清償（第1項但書）。例如，甲人請求乙應返還無權占有之土地，並無何違反誠實信用或不當行使權利原則。且乙就占有土地已超限使用，法院無須依民法第380條第1項及民事訴訟法第396條第1項規定，酌定履行期間。

---

[7]　最高法院42年台上字第288號民事判決。
[8]　最高法院73年度第11次民事庭會議決議。

（二）履行期間或分期給付

　　法院判決所命之給付，其性質非長期間不能履行，或斟酌被告之境況，兼顧原告之利益，法院得於判決內定相當履行期間或命分期給付。經原告同意者，亦同（民事訴訟法第396條第1項）。法院依前項規定，定分次履行之期間者，如被告遲誤一次履行，其後之期間視為亦已到期（第2項）。履行期間，自判決確定或宣告假執行之判決送達於被告時起算（第3項）。法院依第1項規定定履行期間或命分期給付者，應於裁判前應令當事人有辯論之機會（第4項）。準此，法院斟酌債務人境況之結果，許其分期給付或緩期清償時，當事人不得以所定期間不當，為提起上訴之理由。法院許為分期給付者，債務人一期遲延給付時，債權人得請求全部清償（民法第318條第2項）。給付不可分者，法院僅得許其緩期清償，無法分期給付（第3項）。

二、代物清償

　　債權人受領他種給付以代原定之給付者，其債之關係消滅（民法第319條）。代物清償為債權契約與要物契約，其成立非僅當事人之給付合意，必須現實為他種給付，他種給付為不動產物權之設定或轉移時，非經登記不得成立代物清償。倘僅約定將來應為某他種給付以代原定給付時，屬債之標的之變更，而非代物清償[9]。

三、新債清償（103年司律）

　　所謂新債清償、新債抵舊或間接給付，係指因清償債務而對於債權人負擔新債務者，除當事人另有意思表示外，倘新債務不履行時，其舊債務仍不消滅（民法第320條）。是債務人履行舊債務，新債清償契約即失其原因，新債務當隨同消滅，而無給付不能可言[10]。例如，甲簽發之同額支票交與乙作為清償借款債務之用，甲未將乙持有之借據收回或塗銷，顯係以負擔票據債務作為清償之方法，票據債

---

[9] 最高法院65年台上字第1300號民事判決。

[10] 最高法院109年度台上字第2874號民事判決。

務未履行而不消滅，原有之消費借貸債務，亦未消滅。新債清償時，債權人必須先請求履行新債務，倘新債務未履行，得請求履行舊債務[11]。

四、債之更改

所謂債之更改，係指成立新債務以消滅舊債務之契約。當事人約定債務人負擔他種給付之債務，以代原定之債務，即變更債之客體，以新債務代替原有債務。例如，銀行於借款到期時，借款人另開立新借據以換回舊借據，其收回舊借據之行為，即可知當事人有消滅原債務之意思，而成立新債務。此與新債清償不同，因後者之新債務不履行時，其舊債務仍不消滅。

肆、清償地

清償地（place of performance）係指債務人應為清償之地點，除法律另有規定或契約另有訂定，或另有習慣，或得依債之性質或其他情形決定者外，有物所在地與債權人住所為清償地（民法第314條）。例如，住所在臺中市之甲向購物網站購買電腦一部，約定電腦交付地在臺北市中山區復興北路1號，該處所為該買賣契約出買人之清償地。

一、給付特定物之所在地

以給付特定物（specific thing）為標的者，當事人於訂約時，其物所在地為之（民法第314條第1款）。例如，按清償提存，關於提存原因之證明文件，毋庸附具，提存法施行細則第20條第5款已有明定，提存所依提存書記載形式上審查，倘可認定給付特定物之所在地，即應依民法第314條第1款、提存法第4條第1項定提存事件之管轄法院。反之，即應以債權人之住所地定提存事件之管轄法院[12]。

---

[11] 最高法院104年度台上字第912號民事判決。
[12] 司法院96年提存業務研究會法律問題第1則。

二、債權人住所地

(一) 赴償債務

其他之債,以債權人之住所地為清償地(民法第314條第2款)。是民法以赴償債務為原則,以債權人住所地(creditor's domicile)為清償地。舉例說明如後:1.買賣契約當事人就價金之清償地及清償方法均未經約定,自應以債權人之住所地為清償地[13]。2.當事人租約無租金清償地之約定,有關租金之繳納,自應依民法第314條第2款規定,為赴償之債[14]。

(二) 往取債務

清償地依據債權人或債務人之住所,可分赴償債務與往取債務。申言之:1.所謂赴償債務,係指以債權人之住所地為清償地;2.所謂往取債務,係指以債務人之住所為清償地之債務而言。準此,往取債務者,必須債權人於清償期屆滿後,至債務人之住所收取時,債務人拒絕清償,始負給付遲延之責任。

三、清償地之效力

債務人於清償地清償債務,始為合法清償,清償地有如後之效力:(一)決定給付內容之標準:以外國通用貨幣定給付額者,債務人得按給付時、給付地之市價,以中華民國通用貨幣給付之(民法第202條本文)。借用人不能以種類、品質、數量相同之物返還者,應以其物在返還時、返還地所應有之價值償還之(民法第479條第1項)。返還時或返還地未約定者,以其物在訂約時或訂約地之價值償還之(第2項);(二)決定提存地:提存應於清償地之法院提存所為之(民法第327條);(三)決定審判籍之標準:因契約涉訟者,如經當事人定有債務履行地,得由該履行地之法院管轄(民事訴訟法第12條)。本於票據有所請求而涉訟者,得由票據付款地之法院管轄

---

[13] 最高法院98年度台抗字第468號、98年度台抗字第754號、100年度台抗字第916號民事裁定。

[14] 最高法院110年度台上字第2784號民事判決。

（民事訴訟法第13條）；（四）公認證書之作成地：民法第308條之公認證書，由債權人作成，聲請債務履行地之公證人、警察機關、商業團體或自治機關蓋印簽名（民法債編施行法第19條）；（五）決定法律行為之準據法：法律行為之方式，依該行為所應適用之法律。但依行為地法所定之方式者，亦為有效；行為地不同時，依任一行為地法所定之方式者，皆為有效（涉外民事適用法第16條）。

四、標的物利益承受及危險負擔（86年司法官）

買賣標的物之利益及危險，自交付時起，均由買受人承受負擔（民法第373條本文）。例外情形，契約另有訂定者，不在此限（但書）。例如，買賣標的物之危險，買賣契約當事人約定交付前，由買受人負擔者。再者，買受人請求將標的物送交清償地以外之處所者，自出賣人交付其標的物於為運送之人或承攬運送人時起，標的物之危險，由買受人負擔（民法第374條）。

伍、清償期

一、定義

（一）債務人應為清償時期

所謂清償期，係指債務人應為清償之時期。除法律另有規定或契約另有訂定，或得依債之性質或其他情形決定者外，債權人得隨時請求清償，債務人亦得隨時為清償（民法第315條）。舉例說明如後：1.承租人於租賃關係終止後，應返還租賃物（民法第455條前段）；2.未約定保管期間者，自為保管時起經過6個月（民法第619條第2項本文）；3.按民法第478條後段規定，消費借貸未定返還期限者，貸與人得定1個月以上之相當期限，催告返還。所謂返還，係指終止契約之意思表示而言。即貸與人一經向借用人催告或起訴，其消費借貸關係即行終止，因法律為使借用人便於準備起見，特設1個月以上相當期限之恩惠期間，借用人須俟該期限屆滿，始負遲延責任，貸與人方有請求之權利。倘貸與人未定1個月以上之期限向借用人催告，其請求權尚不能行使，消滅時效自無從進行。故須貸與人定1個月以上

之相當期限，催告返還。準此，消滅時效該催告所定期間屆滿後，其始開始進行[15]。

（二）債權未定清償期

消滅時效，自請求權可行使時起算（民法第128條前段）。是債權未定清償期者，債權人得隨時請求清償，該請求權自債權成立時即可行使，其消滅時效，應自債權成立時起算。所謂請求權可行使時，係指行使請求權在法律上無障礙而言，請求權人因疾病或其他事實上障礙，不能行使請求權者，時效之進行不因此而受影響；權利人主觀上不知已可行使權利，為事實上之障礙，非屬法律障礙[16]。例如，受任人因處理委任事務所收取之金錢（民法第541條第1項），除法律另有規定或契約另有訂定、或得依其他情形決定者外，委任人得隨時請求交付，其交付請求權之消滅時效，原則上應自受任人收取該金錢時起算[17]。

二、期限利益

定有清償期者（deadline），債權人固不得於期前請求清償，倘無反對之意思表示時，債務人得於期前為清償（民法第316條）。因期限利益，原則係為債務人而設，債務人自得拋棄其利益，而為期前清償。例如，約定利率逾年息12%者，經1年後，債務人得隨時清償原本。但須於1個月前預告債權人（民法第204條第1項）。前項清償之權利，不得以契約除去或限制之（第2項），係為減免債務人受高利之苦，所設提前還本權之規定，並非就同法第316條所定債務人之期前清償權，增設1年期間之限制。故於約定利率逾年息12%，而當事人無反對意思表示之情形，債務人依民法第316條規定，仍得於期前為清償，倘其提出之給付不足清償全部債額者，其於1年內清償時，應依同法第323條所定順序抵充，清償人所提出之給付，應先抵充費用，次充利息，次充原本。1年後清償時，則可依同法第204條規

---

[15] 最高法院99年度第7次民事庭會議決議。
[16] 最高法院110年度台上字第296號民事判決。
[17] 最高法院104年度台上字第255號民事判決。

定行使提前還本權[18]。

三、履行期未到與履行條件未成就

（一）履行條件

所謂條件（condition），係指當事人以將來客觀不確定事實之成就與否，決定其法律行為效力之發生或消滅之一種法律行為之附款[19]。以決定法律行為是否發生效力或效力消滅者區分，可分停止條件及解除條件：1.附停止條件之法律行為，其於條件成就時，發生效力，或稱積極要件（民法第99條第1項）；2.附解除條件之法律行為，於條件成就時，失其效力，或稱消極要件（第2項）。例如，甲與乙約定，倘乙律師考試及格，甲將贈與新臺幣（下同）10萬元，律師考試及格為停止條件，決定贈與效力之發生；反之，甲與乙約定，甲贈與10萬元，將來律師考試不及格，將返還之，律師考試及格為消滅條件，決定贈與效力之消滅。

（二）將來給付之訴要件

履行期未到與履行之條件未成就不同，而於履行期未到前，如債務人有到期不履行之虞者，債權人得提起請求將來給付之訴（民事訴訟法第246條）。準此，在履行之條件未成就前，尚未生效，不許債權人提起將來給付之訴。例如，所謂贈與者，係指當事人約定，一方以自己之財產無償給與他方，他方允受之契約。甲與乙約定，倘乙取得法學碩士畢業證書，甲將贈與新臺幣（下同）10萬元，取得法學碩士畢業證書為停止條件，條件成就時，甲依贈與契約關係，應給付10萬元與乙（民法第406條）。

---

[18] 最高法院110年度台上字第2105號民事判決。
[19] 最高法院103年度台上字第516號民事判決。

陸、清償費用

一、債務人負擔

清償債務係債務人之清償義務行為，依利之所在與損之依歸原則，因清償債務所生費用（costs of performance），除法律另有規定或契約另有訂定外，應由債務人負擔（民法第317條本文）。例外情形，因債權人變更住所或其他行為，致增加清償費用者，其增加之費用，由債權人負擔（但書）。所謂清償費用，係指清償債務所必要之開支。例如，包裝費、運送費、匯費、登記費、稅捐、通知費。清償費用應由債權人負擔時，債務人雖可於清償後請求返還或自給付額中扣除，然不可主張同時履行抗辯權。

二、買賣契約之費用

民法債各為債總之特別規定，是依據民法第378條規定，買賣費用之負擔，除法律另有規定或契約另有訂定或另有習慣外，依下列之規定：（一）買賣契約之費用，由當事人雙方平均負擔。例如，不動產所有權移轉之代書費用；（二）移轉權利之費用、運送標的物至清償地之費用及交付之費用，由出賣人負擔；（三）受領標的物之費用、登記之費用及送交清償地以外處所之費用，由買受人負擔。

柒、清償抵充

一、指定抵充

所謂清償抵充（discharge），係指債務人對於同一債權人負有同種類給付之數宗債務時，因清償人所提出之給付，不足清償全部債額時，而決定以該給付抵充一部債額之清償。關於清償抵充之方法，原則上由清償人於清償時，指定其應抵充之債務（民法第321條）。指定抵充為有相對人之單獨行為，清償人於清償時，應以意思表示向債權人或有受領權之人為之，始為適法[20]。

---

[20] 最高法院110年度台上字第2313號民事判決。

二、法定抵充

清償人不為指定者，應依下列之規定，定其應抵充之債務，此為法定之抵充，茲說明如後（民法第322條）：（一）債務已屆清償期者，儘先抵充；（二）債務均已屆清償期或均未屆清償期者，以債務之擔保最少者，儘先抵充；擔保相等者，以債務人因清償而獲益最多者，儘先抵充，倘先抵充利率較高。獲益相等者，以先到期之債務，儘先抵充；（三）獲益及清償期均相等者，各按比例，抵充其一部[21]。

三、抵充之順序

清償人所提出之給付，不論為指定抵充或法定抵充，其抵充順位，依序先抵充費用，次充利息，最後充原本（民法第323條前段）。民法第323條並非強行規定，債務人對於同一債權人負有數宗原本及利息債務，倘其給付不足清償全部債務，得經債權人同意先抵充原本，再充利息[22]。

捌、清償效力

一、債之關係消滅

債務人依債務本旨（tenor of obligation），向債權人或其他有受領權人為清償，經其受領者，債之關係消滅（民法第309條第1項）。其債權之擔保及其他從屬之權利，亦同時消滅（民法第307條）。債務人得請求返還或塗銷負債之字據（民法第308條第1項）。負債字據，如債權人主張有不能返還或有不能記入之事情者，債務人得請求給與債務消滅之公認證書（第2項）。

---

21 最高法院97年度台上字第2506號民事判決。
22 最高法院110年度台上字第1963號民事判決。

二、受領證書給與請求權

清償人對於受領清償人，不論爲全部或一部清償，均得請求給與受領證書（民法第324條）。民法第324條立法之目的，在使清償人於清償時，由受領清償人出具受領證書，俾將來能證明清償人已依其債務本旨清償，以保護清償人之利益[23]。準此，倘受領人拒絕給與受領證書，清償人有同時履行抗辯權，得不爲自己之給付，受領人應負遲延受領責任[24]。

三、給與受領證書或返還債權證書之效力

關於利息或其他定期給付，倘債權人給與受領一期給付之證書，未爲他期之保留者，推定其以前各期之給付已爲清償（民法第325條第1項）。民法第325條第1項之定期給付，係指與利息同等性質之債權而言。至於普通之買賣價金，雖約定分期給付，仍屬於普通債權，無該條項之適用[25]。例如，出租人交付2022年10月份之租金收據，其上未爲他期之保留，自應推定2022年9月份前之租金，業已清償。倘債權人給與受領原本之證書者，推定其利息亦已受領（第2項）。債權證書已返還者，推定其債之關係消滅（第3項）。所謂債權證書已返還，係指必須該返還者係屬眞正之債權證書，且係債權人自行返還債務人，始足當之[26]。準此，債權證書之返還，通常須在清償債務之後，故已返還債權證書者，推定其債之關係已消滅（民法第325條第3項）。依此反面解釋，倘債權證書尚未返還，自難認定債之關係已消滅[27]。

---

[23] 最高法院87年度台再字第34號民事判決。
[24] 最高法院86年度台上字第2951號民事判決。
[25] 最高法院72年度台上字第4919號民事判決。
[26] 最高法院91年度台上字第1700號民事判決。
[27] 最高法院94年度台上字第337號民事判決。

玖、例題研析

一、例題74研析——代物清償之要件

（一）債務本旨之給付

債務人應依債務之本旨清償，債之關係始歸消滅；反之，不依據債務之本旨清償，即不生清償之效力。消費借貸之契約，係當事人一方移轉金錢或其他代替物之所有權於他方，而約定他方以種類、品質、數量相同之物返還之契約（民法第474條第1項）。是乙向甲借款新臺幣500萬元，屆清償期時，乙依據消費借貸之法律關係，應給付同額之金額與甲，否則甲得拒絕受領不符債務本旨之給付。

（二）債之標的變更

甲得受領之黃金，而與乙成立代物清償契約，債權人甲受領黃金給付以代原定之金錢給付時，當事人債之關係消滅（民法第319條）。代物清償為要物契約，必須現實為他種給付。倘甲、乙僅約定將來以黃金給付代替原定金錢給付時，屬債之標的之變更，而非代物清償，亦非新債清償，甲僅能依約請求乙給付黃金，不得請求原先之金錢給付。

二、例題75研析——法定抵充之順序

假扣押債權人聲請法院准為假扣押裁定時，其聲明均僅陳稱其願供擔保，請准就債務人之財產在若干元之範圍實施假扣押，並於事實欄說明迄某日，累計尚欠若干元，均未言明僅就本金債權假扣押。假扣押債權人嗣後就假扣押債權取得確定判決，如有加計利息，假扣押執行所受分配之金額，不足以清償全部債權時，應有清償抵充規定之適用。準此，債權人以本息勝訴之確定判決為執行名義，執行假扣押之分配款時，依民法第323條規定，自應先抵充利息，次充原本[28]。

---

[28] 臺灣高等法院暨所屬法院96年法律座談會民事類提案第13號。

拾、實務見解

　　民法第312條規定，就債之履行有利害關係之第三人為清償者，其於清償之限度內承受債權人之權利，但不得有害於債權人之利益。所謂利害關係，係指法律上之利害關係而言。第三人代償對債權人有利，對債務人並無大害，是利害關係應採從寬解釋，不以連帶債務人、一般保證人、或其他因該主債務不履行而將受債權人追償之第三人為限。倘第三人與債務人約定代為清償債務，如履行承擔。而債務人同意將擔保物移轉登記與第三人，該第三人與債務人有契約上之權利、義務關係，就該債務之清償，即有法律上利害關係，得依民法第312條規定承受債權人之權利[29]。

習　題

一、說明清償之效力與受領權人。
　　提示：民法第309條。
二、說明向第三人清償之效力。
　　提示：民法第310條。
三、說明第三人清償之權利。
　　提示：民法第311條至第313條。
四、說明債務之清償地。
　　提示：民法第314條。
五、說明債務之清償期。
　　提示：民法第315條。
六、說明期前清償之要件。
　　提示：民法第316條。
七、說明清償費用之負擔。
　　提示：民法第317條。

---

[29] 最高法院107年度台上字第48號民事判決。

八、說明一部或緩期清償之要件。

　　提示：民法第318條。

九、比較代物清償與新債清償之區別。

　　提示：民法第319條至第320條。

十、比較當事人指定抵充與法定抵充之區別。

　　提示：民法第321條至第322條。

十一、說明抵充之順序。

　　　提示：民法第323條。

十二、說明受領證書給與請求權之要件。

　　　提示：民法第324條。

十三、給與受領證書或返還債權證書之效力。

　　　提示：民法第325條。

十四、說明清償之方法類型。

　　　提示：民法第318條至第320條。

第三節

提　存

關鍵詞：拍賣、變賣、提存物、提存所、受取權、提存費、清償
提存、擔保提存、有價證券、非訟程序

例題76

　　甲所有之土地經市政府公告徵收，因甲不知去向，市政府乃將該徵收款提存於法院，逾10年後，法院將該提存款為歸屬國庫之處分時，甲乃以未經提存所合法送達提存通知書為由，向法院提起異議。試問有無理由？應由何人舉證證明合法通知？

壹、提存之定義

一、清償提存

　　提存之類型，分有清償提存及擔保提存（提存法第4條、第5條）。所謂清償提存（lodge），係指清償以消滅債務為目的，將給付物為債權人寄託於法院提存所之行為。依債務本旨之提存，發生清償之效力。申言之，清償人以債權人受領遲延為原因而提存者，必須依債務本旨提出其給付，經債權人表示拒絕受領或有不能受領之情形，始得為之。倘未為給付之提出，或不依債務本旨提出，均不能構成提存之要件，倘清償人逕為提存，尚不生清償之效力[1]。

二、擔保提存

（一）方法

　　所謂擔保提存，係指以供擔保為目的所為之提存。供擔保之方法有五：1.提存現金；2.法院認為相當之有價證券；3.當事人約定之提存物；4.保險人或經營保證業務之銀行出具保證書；5.法院得許由該管區域內有資產之人具保證書代之（民事訴訟法第102條）。供擔保人須依裁定將法院所酌定之擔保物，提交於法院所在地之代理國庫銀行，取得提存物之收取收據，始完成提存擔保物之手續。再者，財團法人法律扶助基金會分會認為法律扶助事件顯有勝訴之望，並有聲請實施保全或停止強制執行程序之必要，受扶助人應向法院繳納之假扣

---

[1] 最高法院75年度台上字第1905號民事判決。

押、假處分、定暫時狀態處分、暫時處分或停止強制執行擔保金，得由分會出具之保證書代之（法律扶助法第67條第1項）。

（二）相當之有價證券

1. 有價證券之定義

所謂有價證券者，係指在市面流通而得交易買賣之證券而言，可轉讓定期存單具有其財產上之價值，無論是否到期，均得作為供擔保之提存物之標的[2]。至於不可轉讓之定期存款單不得流通，亦不得為買賣之標的，其非有價證券，不得作為提存之擔保物。至於法院認為相當之有價證券，其有價證券之實際價值是否與現金相當，應由裁判法院斟酌之[3]。

2. 法院命供擔保

法院就關於准許假扣押、假處分或宣告假執行或免為假執行等裁判，倘准以有價證券供擔保或准許變換擔保為有價證券者，應於主文具體載明有價證券之名稱、種類、面額及數量，並審查該證券之實際價值，使應供擔保物之人提存確實之擔保物，以免影響受擔保利益人之權益[4]。而擔保人提存等值之有價證券，應按裁判時該有價證券市價計算。

（三）提存之擔保物係金錢

提存金應給付利息，以實收之利息照付（提存法第12條第1項）。已解繳國庫之提存金，經依法定程序應返還者，國庫亦應依前項利息所由計算之利率支付利息，其期間以5年為限（第2項）。提存事件性質係屬非訟事件，提存所僅得由提存書之記載就形式之程式為審查，提存所並無權為審查或認定[5]。而法院所在地有代理國庫之銀行時，法院收受提存之金錢，應交由該銀行之國庫部門保管，受擔保利益人或供擔保人依據提存法第12條規定，自可向提存所請求給付實收之利息。

---

[2] 可轉讓之定期存單得依法流通、轉讓或充作其他擔保之用。
[3] 最高法院43年台抗字第90號民事裁定。
[4] 司法院（81）院臺廳1字第05181號函。
[5] 臺灣高等法院88年度抗字第4231號民事裁定。

（四）提存書應記載事項

　　提存書應記載下列事項：1.提存人爲自然人者，其姓名、住所或居所及國民身分證號碼；無國民身分證號碼者，應記載其他足資辨別身分之證件號碼或特徵。提存人爲法人、其他團體或機關者，其名稱及公務所、事務所或營業所並統一編號；無統一編號者，宜記載其他足資辨別之事項；2.有代理人者，其姓名、住所或居所；3.提存物爲金錢者，其金額；爲有價證券者，其種類、標記、號數、張數、面額；爲其他動產者，其物品之名稱、種類、品質及數量；4.提存之原因事實；5.清償提存者，應記載提存物受取權人之姓名、名稱及住、居所或公務所、事務所、營業所，或不能確知受取權人之事由。其受取提存物如應爲對待給付，或附有一定要件者，並應記載其對待給付之標的或所附之要件；6.擔保提存者，應記載命供擔保法院之名稱及案號；7.提存所之名稱；8.聲請提存之日期（提存法第9條第1項）。

貳、提存之原因

一、消滅債務

　　清償提存之原因有二：（一）債權人受領遲延；（二）不能確知孰爲債權人而難爲給付者。清償人得將其給付物，爲債權人提存之（民法第326條）。清償提存係債務人以消滅債務爲目的，將其給付物爲債權人提存之。清償提存之目的係在消滅債務，其性質與向債權人或其他有受領權人爲清償無異，清償人於提存時，自應依債務本旨爲之，倘其以他種給付代原定之給付，應得債權人之承諾，或符合法定要件，否則不發生債務消滅之效力。

二、提存之要件

　　清償人未爲給付之提出、不依債務本旨提出或向無受領權人所爲之清償，均不能構成提存之要件，逕爲提存者，不生清償之效力（提存法第22條）。例如，甲持棒打傷乙，甲係負擔侵權行爲損害賠償之債，當事人於和解成立前，無從認定損害賠償之債權額，甲不得以自己認定之損害金額提存清償之。

三、非訟程序

提存書應記載提存人之住居所、提存金額、提存原因、提存物受取人，倘提存物應爲對待給付時，並應記載其對待給付之標的或其所附要件（提存法第9條）。提存係債務人將其應爲之給付，提存於國家設置提存所，以代清償或達到法律上某一目的之行爲，其性質屬於非訟程序，而非判斷私法上權利義務訴訟程序，故提存所就具體提存事件僅得依提存法及其施行細則之規定爲形式上審查，至當事人有關實體事項之爭執，應由當事人另行以訴訟方式謀求解決，提存所並無審查權限[6]。

參、提存當事人及標的物

一、提存之法院

提存當事人不以債務人爲限，而於第三人得爲有效清償者，亦得爲提存人。提存應於清償地之法院提存所爲之（民法第327條）。例如，依一定之事實，足認以久住之意思，住於一定之區域者，即爲設定其住所於該地（民法第20條）。是我國民法關於住所之設定，兼採主觀主義及客觀主義之精神，必須主觀上有久住一定區域之意思，客觀上有住於一定區域之事實，該一定之區域始爲住所，故住所並不以登記爲要件。而戶籍法爲戶籍登記之行政管理規定，戶籍地址係依戶籍法所爲登記之事項，戶籍地址並非爲認定住所之唯一標準[7]。債權人實際居住在臺北市大安區，未居住在上開提存書所記載新北市地址，此僅爲債權人之戶籍地址。由債務人提出之存證信函中，均將債權人地址記載在臺北市大安區，且債務人於起訴狀中所列債權人地址亦位在臺北市大安區可知，債務人向新北地方法院辦理提存，與提存法第4條第1項、民法第327條、第314條第2款所定，應於債權人住所地之法院提存之規定不符。

---

[6]　臺灣高等法院98年度抗字第279號民事裁定、102年度上字第154號民事判決。
[7]　最高法院93年度台抗字第393號民事裁定。

二、提存價金

提存之標的物有金錢、有價證券或其他動產（提存法第6條第1項）。提存物不適於提存，或有毀損滅失之虞，或提存需費過鉅者，提存所得不准許其提存（第2項）。是給付物不適於提存，或有毀損滅失之虞，或提存需費過鉅者，清償人得聲請清償地之法院拍賣，而提存其價金（民法第331條）。倘給付物有市價者，該管法院得許可清償人照市價出賣，而提存其價金（民法第332條）。準此，提存物得經由拍賣或變賣方式，提存價金。

三、提存費

清償提存費，其提存金額或價額在新臺幣（下同）1萬元以下者，徵收100元；逾1萬元至10萬元者，徵收500元；逾10萬元者，徵收1,000元（提存法第28條第1項本文）。例外情形，執行法院依強制執行法、管理人依破產法或消費者債務清理條例規定辦理提存者，免徵提存費（第1項但書）。前項提存費及依民法第333條規定拍賣、出賣之費用，提存人得於提存金額中扣除之（第2項本文）。但應於提存書記載其數額，並附具計算書（第2項但書）。擔保提存費，每件徵收新臺幣500元。準此，提存拍賣及出賣之費用，由債權人負擔（民法第333條）。

肆、提存之效力

一、危險負擔之移轉

債務人依債之本旨提存後，給付物毀損、滅失之危險，由債權人負擔，債務人亦無須支付利息，或賠償其孳息未收取之損害（民法第328條）。因清償提存，已發生清償之效力，從此該提存分配款之危險負擔及利益或不利益，均由債權人享有或負擔，自與債務人無涉，故提存後債務人無須支付利息。

二、債權人得受取提存物

債權人得隨時受取提存物，倘債務人之清償，係對債權人之給付而為之者，在債權人未為對待給付或提出相當擔保前，得阻止其受取提存物（民法第329條）。準此，清償提存之場合，除有雙務契約債權人未為對待給付或提出相當擔保之情形外，不得限制債權人隨時受取提存物，否則未依債務之本旨為之，應不生清償之效力。

三、受取權之消滅

債權人關於提存物（lodgment）之權利，應於提存後10年內行使之，逾期其提存物歸屬國庫（民法第330條）。民法第330條所定10年期間，自提存通知書送達發生效力之翌日起算（提存法第11條第2項）。關於受取權消滅之10年期間規定，依其性質應係指提存物歸屬國庫之法定期間[8]。準此，民法第330條所定10年期間非債權人關於提存物返還請求權之消滅時效期間，亦非債權人關於不行使形成權之除斥期間。

伍、例題76研析

清償提存之提存物，提存後已滿10年者，依民法第330條及提存法第11條第2項、第17條、提存法施行細則第10條規定，其提存物屬於國庫，故提存所應即解繳國庫，提存物受取權人及提存人均不得請求領取或取回。而提存後之通知，並非提存之生效要件。為清償債務而為之提存，提存後即生消滅債務之效力，不因有無合法送達提存通知書而有所不同。依據提存法第11條第2項規定，民法第330條所定10年期間，自提存通知書送達發生效力之翌日起算。準此，是甲得以未合法收受提存通知書為由，向法院提起異議。法院提存所應舉證證明以曾合法送達提存通知書，否則不生民法第330條之效力。

---

[8]　最高法院109年度台抗字第299號民事裁定。

陸、實務見解

　　債務人非依債務本旨實行提出給付者，不生提出之效力。但債權人預示拒絕受領之意思，或給付兼需債權人之行為者，債務人得以準備給付之事情，通知債權人，以代提出（民法第235條）。債務人依民法第235條但書規定，固得以準備給付之事情，通知債權人以代提出，惟其準備給付之事情仍需依債務本旨實行，始生提出之效力。準此，債權人受領遲延時，清償人始得依提存方法以免除其債務（民法第326條）[9]。

習　題

一、說明提存之要件。
　　提示：民法第326條。
二、說明提存之處所。
　　提示：民法第327條。
三、說明提存之效力。
　　提示：民法第328條至第329條。
四、說明提存物拍賣或變賣之要件。
　　提示：民法第331條至第332條。
五、提存之方法。
　　提示：民法第327條、第331條至第333條。

---

[9] 最高法院105年度台上字第1908號民事判決。

第四節

抵　銷

關鍵詞：形成權、既判力、訴訟標的、意思表示、單獨行為、動方債權、受方債權、利他契約

例題77

甲銀行與消費借貸之借款人乙約定，倘乙於甲銀行之存款遭扣押時，甲銀行得主張以消費借貸之債權抵銷乙在甲銀行之存款債權。試問乙之債權人丙向法院聲請扣押乙於甲銀行之存款，甲銀行則主張上開抵銷約定，是否有理由？

壹、抵銷之定義

所謂抵銷（offset），係指二人互負債務而給付之種類相同，並已屆清償期，使相互間所負對等額之債務，同歸消滅之一方之意思表示，具有清償債務之效力。例如，甲積欠乙貨款新臺幣（下同）100萬元，乙積欠甲借款100萬元，當事人互負金錢債務，且均已屆清償期，甲或乙得使相互間所負對等額之債務，行使同歸消滅之一方之意思表示，以清償貨款或借款債務。

貳、行使抵銷權之方法

行使抵銷權之方法，應以意思表示，向他方為之（民法第335條第1項前段）。其為單獨行為，並不以經他方同意為生效要件，亦不論在訴訟上或訴訟外，均得為之，其性質屬形成權，抵銷權一經行使，雙方相互間債之關係，溯及最初得為抵銷時，按照抵銷數額而消滅，嗣後即不生計算利息之問題（第1項後段）[1]。抵銷固使雙方債務溯及最初得為抵銷時消滅，惟雙方互負得為抵銷之債務，並非當然發生抵銷之效力，必一方對於他方為抵銷之意思表示，而後雙方之債務乃歸消滅（民法第335條第1項）[2]。為使抵銷之效力具有確定性，是抵銷之意思表示，附有條件或期限者，應為無效（第2項）。

---

[1] 最高法院100年度台上字第2011號民事判決。
[2] 最高法院107年度台上字第2300號民事判決。

參、抵銷之要件

　　二人互負債務，而其給付種類相同，並均屆清償期者，各得以其債務，與他方之債務，互為抵銷。但依債之性質不能抵銷或依當事人之特約不得抵銷者，不在此限（民法第334條第1項）。得供主張抵銷之債權，須為債權人對於自己之債權，倘對於他人之債權，除有特別規定外，不得與債權人主張抵銷。例如，民法第277條、第299條第2項[3]。

一、二人互負債務

　　二人互有對立之債權，主張抵銷一方之債權稱為動方債權，他方被抵銷之債權稱為受方債權。例如，甲經營電子商品業務，因資金周轉之故，向乙借款新臺幣（下同）100萬元，嗣後乙向甲購買100萬元之電子商品，因借款與貨款均屆清償期，甲主張以貨款抵銷乙方之借款，甲之貨款債權稱為動方債權，乙之被抵銷借款債權稱為受方債權。

二、雙方給付種類相同

　　不同種類之給付，其經濟價值及目的不同，難以相互抵銷。例如，得供債務人抵銷之債權，須為其所有之對於債權人之債權，債務人與他人公同共有之債權，既非其單獨所有，其權利之行使不能單獨為之，自不得以之抵銷自己之債務[4]。而清償地不同之債務，亦得為抵銷（民法第336條本文）。但為抵銷之人應賠償他方因抵銷而生之損害（但書）。

三、雙方債務均屆清償期

　　因抵銷有互相清償之效力，以雙方均得請求履行為前提。主張抵

---

[3] 最高法院100年度台上字第1982號民事判決。
[4] 最高法院104年度台上字第2124號民事判決。

銷之動方債權人,雖受方債權人對其債權尚未到期,然動方債權人願意拋棄期限利益,亦得行使抵銷權(民法第316條)。債之請求權雖經時效而消滅,倘在時效未完成前,其債權已適於抵銷者,亦得為抵銷(民法第337條)。例如,甲對乙有土地租金債權,經5年未行使請求權,未逾5年前,乙對甲取得借款債權,並屆清償期,甲於時效完成後,亦得以租金債權與該借款債權,主張抵銷之

四、債務之性質適合抵銷者

當事人間互有債務,其性質適合抵銷者,始可主張抵銷。例如,甲乙間互有新臺幣100萬元之借款債權,兩者為金錢債權,其性質適合抵銷者。倘依據債務之性質不能抵銷者,許其抵銷時,自不符合債務之本旨。例如,相互提供勞務之債務,或不作為與單純作為之債務,縱使種類相同,性質上仍不許相互抵銷。

肆、抵銷之禁止

一、意定禁止

當事人固得以特約禁止抵銷(民法第334條第1項但書)。然為免第三人遭受不測之損害及保護交易之安全禁止抵銷特約,不得對抗善意第三人(第2項)。例如,乙向甲借款新臺幣(下同)100萬元借款,甲、乙特約禁止,甲不得以該借款對乙主張抵銷其他債權。嗣後甲將該100萬元借款債權讓與與丙,適丙對乙負有借款債務100萬元,且兩者債權均已屆清償期。倘丙不知甲、乙間之禁止特約時,自得向乙主張抵銷。

二、法定禁止(96年司法人員三等)

(一)禁止扣押之債

禁止扣押之債,其債務人不得主張抵銷(民法第338條)。舉例說明如後:1.公務人員或其遺族請領退撫給與之權利,不得作為讓與、抵銷、扣押或供擔保之標的(公務人員退休資遣撫卹法第69條

第1項本文）；2.被保險人或其受益人領取各項保險給付之權利，不得作爲讓與、抵銷、扣押或供擔保之標的（公教人員保險法第37條本文）；3.勞工請領退休金之權利，不得讓與、抵銷、扣押或供擔保（勞動基準法第58條第2項）；4.債務人依法領取之社會福利津貼、社會救助或補助，不得爲強制執行（強制執行法第122條第1項）。債務人依法領取之社會保險給付或其對於第三人之債權，係維持債務人及其共同生活之親屬生活所必需者，不得爲強制執行（第2項）。

（二）因侵權行爲之債

因故意侵權行爲而負擔之債，其債務人不得主張抵銷（民法第339條）。其立法理由係因故意侵權行爲而負擔之債，與他項債務之性質不同，應不許其抵銷，始足以保護債權人之利益。例如，甲積欠乙借款，乙基於傷害之故意，不法傷害甲之身體，致負有侵權行爲損害賠償債務，乙自不得主張抵銷。

（三）受扣押之債權

受債權扣押命令之第三債務人，而於扣押後，始對其債權人取得債權者，不得以其所取得之債權與受扣押之債權爲抵銷（民法第340條）。例如，甲對乙有債權，乙對丙亦有債權，甲因乙不依約履行債務，甲聲請法院將乙對第三債務人丙之債權與以扣押，禁止丙不得對乙給付（強制執行法第115條）。嗣後丙雖對乙取得債權，然丙不得主張其與乙之債權互相抵銷。因乙對丙之債權，已扣押在先，倘得以抵銷，將使扣押命令之效力，形同無效。

（四）向第三人爲給付

約定應向第三人爲給付之債務人，不得以其債務，而與他方當事人對於自己之債務爲抵銷（民法第341條）。基於利他契約之性質，第三人已取得直接請求給付之權，是當事人間不得主張抵銷行爲，妨害第三人之權利。例如，發票人簽發支票委託銀行於見票時，無條件支付與受款人或執票人，其性質爲民法第269條第1項向第三人爲給付之契約，且此向第三人給付之契約，不因票據權利人掛失止付而改變其性質；而約定應向第三人爲給付之債務人，不得以其債務與他方當事人對自己之債務爲抵銷。是支票付款人爲利他契約之債務人，發票

人爲利他契約之債權人，執票人爲利他契約之受益人，縱發票人對付款人有債務存在，付款人不得以其對發票人之債權，就發票人之掛失止付保留款主張抵銷。

伍、抵銷之效力

一、溯及抵銷數額消滅

抵銷之效力，在於使雙方相互間債之關係，溯及最初得爲抵銷時，按照抵銷數額而消滅（民法第335條第1項）。自得抵銷之際，不生計算利息之問題。當事人間有數宗或一宗債務，雖適合抵銷，惟債權額非同一，或者雙方之債權，除原本外，尚有利息及費用，而債權不足抵銷其全部者，均有抵充之問題。故清償之抵充之規定，即民法第321條至第323條規定於抵銷準用之（民法第342條）。

二、既判力

主張抵銷之請求，雖非訴訟標的，惟經法院於判決理由中判斷其主張抵銷之請求成立或不成立，而成爲終局裁判者，以主張抵銷之額爲限，依民事訴訟法第400條第2項規定，仍有既判力，以求訴訟經濟，避免當事人間訟爭再燃，俾達到徹底解決紛爭之目的。準此，訴訟中倘當事人爲抵銷請求之主張時，法院應將該項主張與訴訟標的同列爲兩造最上位之爭點，使當事人有充分攻擊防禦之機會，以集中於此爲適當完全之辯論，且法院並應於判決理由中就當事人主張抵銷之請求成立與否，明確加以審認及說明，以確定判決既判力客觀之範圍，而平衡保護當事人間程序利益與實體利益[5]。

---

[5] 最高法院100年度台上字第1982號民事判決。

陸、例題77研析

一、抵銷為消滅債務之單獨行為

抵銷為消滅債務之單獨行為，僅須與民法第334條所定之要件相符，一經向他方為此意思表示即生消滅債務之效果，原不待對方之表示同意[6]。抵銷制度之本旨，在求具有相互同種債權人間之簡易清償及圓滿公平之處理，同時就行使抵銷權之債權人一方言，在債務人資力不足之場合，仍能為自己之債權受到確實及充分清償利益，此時主動債權人對於被動債權有類似於擔保地位之機能，是抵銷之目的為簡易及公平，其機能為擔保，抵銷制度此種目的與機能，在經濟社會有益於交易之助長。準此，能依本制度受保護之當事人地位，應受法律之保護，縱使被動債權有受扣押之情形，仍不得輕易加以否定。

二、消費借貸債權抵銷消費寄託債權

民法第340條明定受債權假扣押命令之第三債務人，而於扣押後始對債權人取得債權者，不得以其所取得之債權與受扣押之債權為抵銷，此為關於第三債務人對受扣押債權行使抵銷之限制。其反面解釋，係執行法院之扣押命令，並不影響第三債務人以扣押時或扣押以前對其債權人取得之債權即主動債權，而與受扣押之債權即被動債權為抵銷，縱使執行法院之禁止命令送達時，主動債權未屆清償期，且後於被動債權者亦同。易言之，第三債務人非在被動債權之受扣押後，始對債權人即被動債權人取得債權，可不問主動債權及被動債權清償之先後，僅要已達到抵銷之條件時，縱使被動債權遭受扣押，仍得以主動債權對受扣押後之被動債權主張抵銷。準此，甲銀行與消費借貸之借款人乙約定，倘乙於甲銀行之存款遭扣押時，甲銀行得主張以消費借貸之債權，抵銷存款即消費寄託債權，縱使乙之債權人丙向法院聲請扣押乙於甲銀行之存款，甲銀行對於乙所負擔之存款債務，有為期前清償之權利，而得於期前主張抵銷。

---

[6] 最高法院50年台上字第291號民事判決。

三、溯及最初得為抵銷時

被告對於原告起訴主張之請求，提出抵銷之抗辯，僅須其對於原告確有已備抵銷要件之債權即可。而抵銷乃主張抵銷者單方之意思表示即發生效力，使雙方適於抵銷之二債務，溯及最初得為抵銷時，按照抵銷數額同歸消滅之單獨行為，且僅以意思表示為已足，原不待對方之表示同意（民法第334條、第335條）[7]。

柒、實務見解

受債權扣押命令之第三債務人，而於扣押後，始對其債權人取得債權者，不得以其所取得之債權與受扣押之債權為抵銷（民法第340條）。而於扣押前，已對其債權人取得債權者，其所得行使之抵銷權，即不因受扣押而受影響，倘合於抵銷適狀，自得主張以該債權與受扣押之債權互為抵銷。被告對於原告起訴主張之請求，提出抵銷之抗辯，僅須其對於原告確有已備抵銷要件之債權即可。而抵銷乃主張抵銷者單方之意思表示即發生效力，使雙方適於抵銷之二債務，溯及最初得為抵銷時，按照抵銷數額同歸消滅之單獨行為，且僅以意思表示為已足，原不待對方之表示同意（民法第334條、第335條）[8]。

習 題

一、說明抵銷之要件與限制。

提示：民法第334條、第337條至第341條。

二、說明抵銷之方法與效力。

提示：民法第335條與第342條、第335條至第336條。

三、說明不得抵銷之債權。

提示：民法第338條至第341條。

---

[7] 最高法院100年度台上字第2011號民事判決。

[8] 最高法院109年度台上字第2982號民事判決。

第五節

免　除

目　次

關鍵詞：處分權、處分行為、意思表示

例題78

> 甲向乙借款新臺幣888萬元，並提供其所有坐落臺北市之不動產設定抵押權擔保該借款債權，乙向甲表示免除抵押權之擔保，並塗銷抵押權登記。試問乙是否有免除甲清償借款責任之意思表示？理由為何？

壹、免除之定義

所謂免除（release），係指債權人以一方之意思表示，拋棄其債權之單獨行為（民法第343條）。債權人向債務人表示免除其債務之意思而成立，無須債務人同意。因免除為處分行為，是為免除之人，對於該債權自須有處分權，否則為無權處分，經有權利人之承認始生效力（民法第118條第1項）。

貳、免除之效力

債權人向債務人表示免除其債務之意思者，債之關係消滅，免除為單獨行為（民法第343條）[1]。就債務人而言，因債權人拋棄債權，係免為給付之義務。免除債務，須債權人向債務人表示免除其債務之意思表示，債之關係始歸消滅。倘向第三人為免除之意思表示者，債之關係並不消滅[2]。再者，倘僅一部免除，則債之關係，一部消滅。債之全部消滅時，其從屬權利，亦隨之消滅。例如，利息或違約金債權消滅，而為債權擔保之抵押權，亦於債務免除範圍，發生消滅效果。

參、例題78研析

免除抵押權之擔保，僅免除物權之擔保，並非為免除其所擔保

---

[1] 最高法院98年度台上字第2245號民事判決。

[2] 最高法院98年度台上字第2245號民事判決。

之債權。準此，甲向乙借款，並提供其所有坐落臺北市之不動產設定抵押權擔保借款債權，乙僅免除物權之擔保，並塗銷抵押權登記，而無免除甲清償借款責任，是甲依據消費借貸關係，應負清償借款之義務。

肆、實務見解

債務免除係債權人向債務人表示免除其債務之單獨行為，其於債權人免除之意思表示到達債務人或使債務人了解之時，即生免除效力，其為處分行為，無待於債務人之承諾或另與債務人為免除之協議，然必以債權人確有向債務人為免除債務之意思表示，以為依歸[3]。

習　題

一、說明免除之要件。

提示：民法第343條。

二、說明免除之效力。

提示：民法第343條。

---

[3] 最高法院100年度台上字第352號民事判決。

第六節

混　同

關鍵詞：繼承、混同、事實

例題79

甲向乙借款新臺幣（下同）100萬元，乙以該借款債權為丙設定質權，向丙借款。試問嗣後乙死亡，甲為乙之唯一繼承人。試問甲以債權與債務同歸於己之事實，否認丙對該100萬元之借款債權有質權存在，有無理由？

例題80

甲夫早年喪偶，其有子女乙、丙、丁三人，乙向甲借款新台幣（下同）100萬元，甲死亡後遺有財產500萬元，繼承人實行遺產分割時，乙主張其向被繼承人生前所借100萬元，因繼承遺產而混同消滅，自可不用歸還。試問丙、丁請求乙歸還該借款，有無理由？

壹、混同之定義

所謂混同（merger），係指債權與其債務同歸一人之事實（民法第344條）。混同為事實而非行為，無須為意思表示。例如，債權人繼承債務人，或債務人繼承債權人。因繼承及其他事由，其債權及債務同歸一人者，雖其債之關係消滅，然不得因此而害及他人之權利，倘其債權為他人權利之標的者，為保護他人權利起見，即不使債之關係消滅[1]。

貳、混同之效力

債權與其債務同歸一人時，原則上債之關係，因混同而消滅。但其債權為他人權利之標的或法律另有規定者，不在此限（民法第344條）。例如，繼承人對於被繼承人之權利義務，不因繼承而消滅（民

---

[1] 最高法院104年度台上字第1064號民事判決。

法第1154條）。故繼承人與被繼承人相間之權利義務，並無混同之適用。再者，匯票發票人或承兌受讓未到期之匯票，得於匯票到期日前，再為背書轉讓他人，不因混同而消滅（票據法第34條）。

參、例題研析

一、例題79研析──混同效力之例外

　　債權與其債務同歸一人時，原則上債之關係，因混同而消滅。但其債權為他人權利之標的，債之關係不消滅（民法第344條）。稱權利質權者，謂以可讓與之債權或其他權利為標的物之質權（民法第900條）。如題意所示，甲向乙借款新臺幣（下同）100萬元，乙以該借款債權為丙設定質權，嗣後乙死亡，甲雖概括繼承乙之遺產，惟該借款債權為丙設定權利質權，債之關係不因混同而消滅，是丙對該20萬元之借款債權之權利質權，合法有效存在。

二、例題80研析──繼承人對被繼承人債務不生混同

　　繼承人之一對於被繼承人負有債務者，為顧及其他繼承人之利益，不因繼承而生混同之結果，故於遺產分割時，應按其債務數額，由該繼承人之應繼分內扣還（民法第1172條）。如題意所示，甲夫早年喪偶，其有子女乙、丙、丁三人，乙向甲借款新台幣（下同）100萬元，甲死亡後遺有財產500萬元，加上乙應給付之借款債權100萬元，計有遺產600萬元，乙、丙、丁之法定應繼分各為200萬元，乙扣還借款債務後，應得遺產100萬元，丙與丁分得遺產200萬元。

肆、實務見解

　　繼承，因被繼承人死亡而開始。繼承人對於被繼承人之債務，負連帶責任。債權與其債務同歸一人時，債之關係消滅。因連帶債務人中之一人為清償、代物清償、提存、抵銷或混同而債務消滅者，他債務人亦同免其責任（民法第1147條、第1153條第1項、第344條前段、第274條）。被繼承人死亡時，遺有對被上訴人之借款債務，被

上訴人為其繼承人之一。被上訴人就被繼承人遺留之借款債務即為連帶債務人，該被繼承人之餘欠借款，當然由被上訴人負連帶責任，並與其對被繼承人之債權因混同而消滅，其他繼承人亦同免該借款債務之責任，所餘者係被上訴人得向其他繼承人求償其各自分擔部分之本息[2]。

習　題

一、說明混同之定義。

　　提示：民法第344條。

二、說明混同之效力。

　　提示：民法第344條。

---

[2] 最高法院96年度台上字第641號民事判決。

附錄　民法

第二編　債

第一章　通則

第一節　債之發生

第一款　契約

第 153 條

當事人互相表示意思一致者，無論其爲明示或默示，契約即爲成立。

當事人對於必要之點，意思一致，而對於非必要之點，未經表示意思者，推定其契約爲成立，關於該非必要之點，當事人意思不一致時，法院應依其事件之性質定之。

第 154 條

契約之要約人，因要約而受拘束。但要約當時預先聲明不受拘束，或依其情形或事件之性質，可認當事人無受其拘束之意思者，不在此限。

貨物標定賣價陳列者，視爲要約。但價目表之寄送，不視爲要約。

第 155 條

要約經拒絕者，失其拘束力。

第 156 條

對話爲要約者，非立時承諾，即失其拘束力。

第 157 條

非對話爲要約者，依通常情形可期待承諾之達到時期內，相對人不爲承諾時，其要約失其拘束力。

第 158 條

要約定有承諾期限者，非於其期限內爲承諾，失其拘束力。

第 159 條

承諾之通知，按其傳達方法，通常在相當時期內可達到而遲到，其情形為要約人可得而知者，應向相對人即發遲到之通知。

要約人怠於為前項通知者，其承諾視為未遲到。

第 160 條

遲到之承諾，除前條情形外，視為新要約。

將要約擴張、限制或為其他變更而承諾者，視為拒絕原要約而為新要約。

第 161 條

依習慣或依其事件之性質，承諾無須通知者，在相當時期內，有可認為承諾之事實時，其契約為成立。

前項規定，於要約人要約當時預先聲明承諾無須通知者準用之。

第 162 條

撤回要約之通知，其到達在要約到達之後，而按其傳達方法，通常在相當時期內應先時或同時到達，其情形為相對人可得而知者，相對人應向要約人即發遲到之通知。

相對人怠於為前項通知者，其要約撤回之通知，視為未遲到。

第 163 條

前條之規定，於承諾之撤回準用之。

第 164 條

以廣告聲明對完成一定行為之人給與報酬者，為懸賞廣告。廣告人對於完成該行為之人，負給付報酬之義務。

數人先後分別完成前項行為時，由最先完成該行為之人，取得報酬請求權；數人共同或同時分別完成行為時，由行為人共同取得報酬請求權。

前項情形，廣告人善意給付報酬於最先通知之人時，其給付報酬之義務，即為消滅。

前三項規定，於不知有廣告而完成廣告所定行為之人，準用之。

第 164-1 條

因完成前條之行為而可取得一定之權利者，其權利屬於行為人。但廣告另有聲明者，不在此限。

第 165 條

預定報酬之廣告，如於行爲完成前撤回時，除廣告人證明行爲人不能完成其行爲外，對於行爲人因該廣告善意所受之損害，應負賠償之責。但以不超過預定報酬額爲限。

廣告定有完成行爲之期間者，推定廣告人拋棄其撤回權。

第 165-1 條

以廣告聲明對完成一定行爲，於一定期間內爲通知，而經評定爲優等之人給與報酬者，爲優等懸賞廣告。廣告人於評定完成時，負給付報酬之義務。

第 165-2 條

前條優等之評定，由廣告中指定之人爲之。廣告中未指定者，由廣告人決定方法評定之。

依前項規定所爲之評定，對於廣告人及應徵人有拘束力。

第 165-3 條

被評定爲優等之人有數人同等時，除廣告另有聲明外，共同取得報酬請求權。

第 165-4 條

第一百六十四條之一之規定，於優等懸賞廣告準用之。

第 166 條

契約當事人約定其契約須用一定方式者，在該方式未完成前，推定其契約不成立。

第 166-1 條

契約以負擔不動產物權之移轉、設定或變更之義務爲標的者，應由公證人作成公證書。

未依前項規定公證之契約，如當事人已合意爲不動產物權之移轉、設定或變更而完成登記者，仍爲有效。

第二款　代理權之授與

第 167 條

代理權係以法律行爲授與者，其授與應向代理人或向代理人對之爲代理行

為之第三人，以意思表示為之。

第 168 條

代理人有數人者，其代理行為應共同為之。但法律另有規定或本人另有意思表示者，不在此限。

第 169 條

由自己之行為表示以代理權授與他人，或知他人表示為其代理人而不為反對之表示者，對於第三人應負授權人之責任。但第三人明知其無代理權或可得而知者，不在此限。

第 170 條

無代理權人以代理人之名義所為之法律行為，非經本人承認，對於本人不生效力。

前項情形，法律行為之相對人，得定相當期限，催告本人確答是否承認，如本人逾期未為確答者，視為拒絕承認。

第 171 條

無代理權人所為之法律行為，其相對人於本人未承認前，得撤回之。但為法律行為時，明知其無代理權者，不在此限。

第三款　無因管理

第 172 條

未受委任，並無義務，而為他人管理事務者，其管理應依本人明示或可得推知之意思，以有利於本人之方法為之。

第 173 條

管理人開始管理時，以能通知為限，應即通知本人。如無急迫之情事，應俟本人之指示。

第五百四十條至第五百四十二條關於委任之規定，於無因管理準用之。

第 174 條

管理人違反本人明示或可得推知之意思，而為事務之管理者，對於因其管理所生之損害，雖無過失，亦應負賠償之責。

前項之規定，如其管理係為本人盡公益上之義務，或為其履行法定扶養義務，或本人之意思違反公共秩序善良風俗者，不適用之。

第 175 條

管理人為免除本人之生命、身體或財產上之急迫危險，而為事務之管理者，對於因其管理所生之損害，除有惡意或重大過失者外，不負賠償之責。

第 176 條

管理事務，利於本人，並不違反本人明示或可得推知之意思者，管理人為本人支出必要或有益之費用，或負擔債務，或受損害時，得請求本人償還其費用及自支出時起之利息，或清償其所負擔之債務，或賠償其損害。

第一百七十四條第二項規定之情形，管理人管理事務，雖違反本人之意思，仍有前項之請求權。

第 177 條

管理事務不合於前條之規定時，本人仍得享有因管理所得之利益，而本人所負前條第一項對於管理人之義務，以其所得之利益為限。

前項規定，於管理人明知為他人之事務，而為自己之利益管理之者，準用之。

第 178 條

管理事務經本人承認者，除當事人有特別意思表示外，溯及管理事務開始時，適用關於委任之規定。

第四款　不當得利

第 179 條

無法律上之原因而受利益，致他人受損害者，應返還其利益。雖有法律上之原因，而其後已不存在者，亦同。

第 180 條

給付，有左列情形之一者，不得請求返還：

一、給付係履行道德上之義務者。

二、債務人於未到期之債務因清償而為給付者。

三、因清償債務而為給付，於給付時明知無給付之義務者。

四、因不法之原因而為給付者。但不法之原因僅於受領人一方存在時，不在此限。

第 181 條

不當得利之受領人，除返還其所受之利益外，如本於該利益更有所取得者，並應返還。但依其利益之性質或其他情形不能返還者，應償還其價額。

第 182 條

不當得利之受領人，不知無法律上之原因，而其所受之利益已不存在者，免負返還或償還價額之責任。

受領人於受領時，知無法律上之原因或其後知之者，應將受領時所得之利益，或知無法律上之原因時所現存之利益，附加利息，一併償還；如有損害，並應賠償。

第 183 條

不當得利之受領人，以其所受者，無償讓與第三人，而受領人因此免返還義務者，第三人於其所免返還義務之限度內，負返還責任。

第五款　侵權行為

第 184 條

因故意或過失，不法侵害他人之權利者，負損害賠償責任。故意以背於善良風俗之方法，加損害於他人者亦同。

違反保護他人之法律，致生損害於他人者，負賠償責任。但能證明其行為無過失者，不在此限。

第 185 條

數人共同不法侵害他人之權利者，連帶負損害賠償責任。不能知其中孰為加害人者亦同。

造意人及幫助人，視為共同行為人。

第 186 條

公務員因故意違背對於第三人應執行之職務，致第三人受損害者，負賠償責任。其因過失者，以被害人不能依他項方法受賠償時為限，負其責任。

前項情形，如被害人得依法律上之救濟方法，除去其損害，而因故意或過失不為之者，公務員不負賠償責任。

第 187 條

無行爲能力人或限制行爲能力人，不法侵害他人之權利者，以行爲時有識別能力爲限，與其法定代理人連帶負損害賠償責任。行爲時無識別能力者，由其法定代理人負損害賠償責任。

前項情形，法定代理人如其監督並未疏懈，或縱加以相當之監督，而仍不免發生損害者，不負賠償責任。

如不能依前二項規定受損害賠償時，法院因被害人之聲請，得斟酌行爲人及其法定代理人與被害人之經濟狀況，令行爲人或其法定代理人爲全部或一部之損害賠償。

前項規定，於其他之人，在無意識或精神錯亂中所爲之行爲致第三人受損害時，準用之。

第 188 條

受僱人因執行職務，不法侵害他人之權利者，由僱用人與行爲人連帶負損害賠償責任。但選任受僱人及監督其職務之執行，已盡相當之注意或縱加以相當之注意而仍不免發生損害者，僱用人不負賠償責任。

如被害人依前項但書之規定，不能受損害賠償時，法院因其聲請，得斟酌僱用人與被害人之經濟狀況，令僱用人爲全部或一部之損害賠償。

僱用人賠償損害時，對於爲侵權行爲之受僱人，有求償權。

第 189 條

承攬人因執行承攬事項，不法侵害他人之權利者，定作人不負損害賠償責任。但定作人於定作或指示有過失者，不在此限。

第 190 條

動物加損害於他人者，由其占有人負損害賠償責任。但依動物之種類及性質已爲相當注意之管束，或縱爲相當注意之管束而仍不免發生損害者，不在此限。

動物係由第三人或他動物之挑動，致加損害於他人者，其占有人對於該第三人或該他動物之占有人，有求償權。

第 191 條

土地上之建築物或其他工作物所致他人權利之損害，由工作物之所有人負

賠償責任。但其對於設置或保管並無欠缺，或損害非因設置或保管有欠缺，或於防止損害之發生，已盡相當之注意者，不在此限。

前項損害之發生，如別有應負責任之人時，賠償損害之所有人，對於該應負責者，有求償權。

第 191-1 條

商品製造人因其商品之通常使用或消費所致他人之損害，負賠償責任。但其對於商品之生產、製造或加工、設計並無欠缺或其損害非因該項欠缺所致或於防止損害之發生，已盡相當之注意者，不在此限。

前項所稱商品製造人，謂商品之生產、製造、加工業者。其在商品上附加標章或其他文字、符號，足以表彰係其自己所生產、製造、加工者，視為商品製造人。

商品之生產、製造或加工、設計，與其說明書或廣告內容不符者，視為有欠缺。

商品輸入業者，應與商品製造人負同一之責任。

第 191-2 條

汽車、機車或其他非依軌道行駛之動力車輛，在使用中加損害於他人者，駕駛人應賠償因此所生之損害。但於防止損害之發生，已盡相當之注意者，不在此限。

第 191-3 條

經營一定事業或從事其他工作或活動之人，其工作或活動之性質或其使用之工具或方法有生損害於他人之危險者，對他人之損害應負賠償責任。但損害非由於其工作或活動或其使用之工具或方法所致，或於防止損害之發生已盡相當之注意者，不在此限。

第 192 條

不法侵害他人致死者，對於支出醫療及增加生活上需要之費用或殯葬費之人，亦應負損害賠償責任。

被害人對於第三人負有法定扶養義務者，加害人對於該第三人亦應負損害賠償責任。

第一百九十三條第二項之規定，於前項損害賠償適用之。

第 193 條

不法侵害他人之身體或健康者，對於被害人因此喪失或減少勞動能力或增加生活上之需要時，應負損害賠償責任。

前項損害賠償，法院得因當事人之聲請，定爲支付定期金。但須命加害人提出擔保。

第 194 條

不法侵害他人致死者，被害人之父、母、子、女及配偶，雖非財產上之損害，亦得請求賠償相當之金額。

第 195 條

不法侵害他人之身體、健康、名譽、自由、信用、隱私、貞操，或不法侵害其他人格法益而情節重大者，被害人雖非財產上之損害，亦得請求賠償相當之金額。其名譽被侵害者，並得請求回復名譽之適當處分。

前項請求權，不得讓與或繼承。但以金額賠償之請求權已依契約承諾，或已起訴者，不在此限。

前二項規定，於不法侵害他人基於父、母、子、女或配偶關係之身分法益而情節重大者，準用之。

第 196 條

不法毀損他人之物者，被害人得請求賠償其物因毀損所減少之價額。

第 197 條

因侵權行爲所生之損害賠償請求權，自請求權人知有損害及賠償義務人時起，二年間不行使而消滅，自有侵權行爲時起，逾十年者亦同。

損害賠償之義務人，因侵權行爲受利益，致被害人受損害者，於前項時效完成後，仍應依關於不當得利之規定，返還其所受之利益於被害人。

第 198 條

因侵權行爲對於被害人取得債權者，被害人對該債權之廢止請求權，雖因時效而消滅，仍得拒絕履行。

第二節　債之標的

第 199 條

債權人基於債之關係,得向債務人請求給付。

給付,不以有財產價格者為限。

不作為亦得為給付。

第 200 條

給付物僅以種類指示者,依法律行為之性質或當事人之意思不能定其品質時,債務人應給以中等品質之物。

前項情形,債務人交付其物之必要行為完結後,或經債權人之同意指定其應交付之物時,其物即為特定給付物。

第 201 條

以特種通用貨幣之給付為債之標的者,如其貨幣至給付期失通用效力時,應給以他種通用貨幣。

第 202 條

以外國通用貨幣定給付額者,債務人得按給付時、給付地之市價,以中華民國通用貨幣給付之。但訂明應以外國通用貨幣為給付者,不在此限。

第 203 條

應付利息之債務,其利率未經約定,亦無法律可據者,週年利率為百分之五。

第 204 條

約定利率逾週年百分之十二者,經一年後,債務人得隨時清償原本。但須於一個月前預告債權人。

前項清償之權利,不得以契約除去或限制之。

第 205 條

約定利率,超過週年百分之十六者,超過部分之約定,無效。

第 206 條

債權人除前條限定之利息外,不得以折扣或其他方法,巧取利益。

第 207 條

利息不得滾入原本再生利息。但當事人以書面約定,利息遲付逾一年後,

經催告而不償還時，債權人得將遲付之利息滾入原本者，依其約定。

前項規定，如商業上另有習慣者，不適用之。

第 208 條

於數宗給付中得選定其一者，其選擇權屬於債務人。但法律另有規定或契約另有訂定者，不在此限。

第 209 條

債權人或債務人有選擇權者，應向他方當事人以意思表示為之。

由第三人為選擇者，應向債權人及債務人以意思表示為之。

第 210 條

選擇權定有行使期間者，如於該期間內不行使時，其選擇權移屬於他方當事人。

選擇權未定有行使期間者，債權至清償期時，無選擇權之當事人，得定相當期限催告他方當事人行使其選擇權，如他方當事人不於所定期限內行使選擇權者，其選擇權移屬於為催告之當事人。

由第三人為選擇者，如第三人不能或不欲選擇時，選擇權屬於債務人。

第 211 條

數宗給付中，有自始不能或嗣後不能給付者，債之關係僅存在於餘存之給付。但其不能之事由，應由無選擇權之當事人負責者，不在此限。

第 212 條

選擇之效力，溯及於債之發生時。

第 213 條

負損害賠償責任者，除法律另有規定或契約另有訂定外，應回復他方損害發生前之原狀。

因回復原狀而應給付金錢者，自損害發生時起，加給利息。

第一項情形，債權人得請求支付回復原狀所必要之費用，以代回復原狀。

第 214 條

應回復原狀者，如經債權人定相當期限催告後，逾期不為回復時，債權人得請求以金錢賠償其損害。

第 215 條

不能回復原狀或回復顯有重大困難者，應以金錢賠償其損害。

第 216 條

損害賠償，除法律另有規定或契約另有訂定外，應以填補債權人所受損害及所失利益為限。

依通常情形，或依已定之計劃、設備或其他特別情事，可得預期之利益，視為所失利益。

第 216-1 條

基於同一原因事實受有損害並受有利益者，其請求之賠償金額，應扣除所受之利益。

第 217 條

損害之發生或擴大，被害人與有過失者，法院得減輕賠償金額，或免除之。

重大之損害原因，為債務人所不及知，而被害人不預促其注意或怠於避免或減少損害者，為與有過失。

前二項之規定，於被害人之代理人或使用人與有過失者，準用之。

第 218 條

損害非因故意或重大過失所致者，如其賠償致賠償義務人之生計有重大影響時，法院得減輕其賠償金額。

第 218-1 條

關於物或權利之喪失或損害，負賠償責任之人，得向損害賠償請求權人，請求讓與基於其物之所有權或基於其權利對於第三人之請求權。

第二百六十四條之規定，於前項情形準用之。

第三節　債之效力

第一款　給付

第 219 條

（刪除）

第 220 條

債務人就其故意或過失之行為，應負責任。

過失之責任，依事件之特性而有輕重，如其事件非與債務人以利益者，應從輕酌定。

第 221 條

債務人爲無行爲能力人或限制行爲能力人者，其責任依第一百八十七條之規定定之。

第 222 條

故意或重大過失之責任，不得預先免除。

第 223 條

應與處理自己事務爲同一注意者，如有重大過失，仍應負責。

第 224 條

債務人之代理人或使用人，關於債之履行有故意或過失時，債務人應與自己之故意或過失負同一責任。但當事人另有訂定者，不在此限。

第 225 條

因不可歸責於債務人之事由，致給付不能者，債務人免給付義務。

債務人因前項給付不能之事由，對第三人有損害賠償請求權者，債權人得向債務人請求讓與其損害賠償請求權，或交付其所受領之賠償物。

第 226 條

因可歸責於債務人之事由，致給付不能者，債權人得請求賠償損害。

前項情形，給付一部不能者，若其他部分之履行，於債權人無利益時，債權人得拒絕該部之給付，請求全部不履行之損害賠償。

第 227 條

因可歸責於債務人之事由，致爲不完全給付者，債權人得依關於給付遲延或給付不能之規定行使其權利。

因不完全給付而生前項以外之損害者，債權人並得請求賠償。

第 227-1 條

債務人因債務不履行，致債權人之人格權受侵害者，準用第一百九十二條至第一百九十五條及第一百九十七條之規定，負損害賠償責任。

第 227-2 條

契約成立後，情事變更，非當時所得預料，而依其原有效果顯失公平者，當事人得聲請法院增、減其給付或變更其他原有之效果。

前項規定，於非因契約所發生之債，準用之。

第 228 條（刪除）

第二款　遲延

第 229 條

給付有確定期限者，債務人自期限屆滿時起，負遲延責任。

給付無確定期限者，債務人於債權人得請求給付時，經其催告而未爲給付，自受催告時起，負遲延責任。其經債權人起訴而送達訴狀，或依督促程序送達支付命令，或爲其他相類之行爲者，與催告有同一之效力。

前項催告定有期限者，債務人自期限屆滿時起負遲延責任。

第 230 條

因不可歸責於債務人之事由，致未爲給付者，債務人不負遲延責任。

第 231 條

債務人遲延者，債權人得請求其賠償因遲延而生之損害。

前項債務人，在遲延中，對於因不可抗力而生之損害，亦應負責。但債務人證明縱不遲延給付，而仍不免發生損害者，不在此限。

第 232 條

遲延後之給付，於債權人無利益者，債權人得拒絕其給付，並得請求賠償因不履行而生之損害。

第 233 條

遲延之債務，以支付金錢爲標的者，債權人得請求依法定利率計算之遲延利息。但約定利率較高者，仍從其約定利率。

對於利息，無須支付遲延利息。

前二項情形，債權人證明有其他損害者，並得請求賠償。

第 234 條

債權人對於已提出之給付，拒絕受領或不能受領者，自提出時起，負遲延責任。

第 235 條

債務人非依債務本旨實行提出給付者，不生提出之效力。但債權人預示拒絕受領之意思，或給付兼需債權人之行爲者，債務人得以準備給付之事情，通知債權人，以代提出。

第 236 條

給付無確定期限，或債務人於清償期前得爲給付者，債權人就一時不能受領之情事，不負遲延責任。但其提出給付，由於債權人之催告，或債務人已於相當期間前預告債權人者，不在此限。

第 237 條

在債權人遲延中，債務人僅就故意或重大過失，負其責任。

第 238 條

在債權人遲延中，債務人無須支付利息。

第 239 條

債務人應返還由標的物所生之孳息或償還其價金者，在債權人遲延中，以已收取之孳息爲限，負返還責任。

第 240 條

債權人遲延者，債務人得請求其賠償提出及保管給付物之必要費用。

第 241 條

有交付不動產義務之債務人，於債權人遲延後，得拋棄其占有。

前項拋棄，應預先通知債權人。但不能通知者，不在此限。

第三款 保全

第 242 條

債務人怠於行使其權利時，債權人因保全債權，得以自己之名義，行使其權利。但專屬於債務人本身者，不在此限。

第 243 條

前條債權人之權利，非於債務人負遲延責任時，不得行使。但專爲保存債務人權利之行爲，不在此限。

第 244 條

債務人所爲之無償行爲，有害及債權者，債權人得聲請法院撤銷之。

債務人所爲之有償行爲，於行爲時明知有損害於債權人之權利者，以受益人於受益時亦知其情事者爲限，債權人得聲請法院撤銷之。

債務人之行爲非以財產爲標的，或僅有害於以給付特定物爲標的之債權者，不適用前二項之規定。

債權人依第一項或第二項之規定聲請法院撤銷時，得並聲請命受益人或轉得人回復原狀。但轉得人於轉得時不知有撤銷原因者，不在此限。

第 245 條

前條撤銷權，自債權人知有撤銷原因時起，一年間不行使，或自行為時起，經過十年而消滅。

第四款　契約

第 245-1 條

契約未成立時，當事人為準備或商議訂立契約而有左列情形之一者，對於非因過失而信契約能成立致受損害之他方當事人，負賠償責任：

一、就訂約有重要關係之事項，對他方之詢問，惡意隱匿或為不實之說明者。

二、知悉或持有他方之秘密，經他方明示應與保密，而因故意或重大過失洩漏之者。

三、其他顯然違反誠實及信用方法者。

前項損害賠償請求權，因二年間不行使而消滅。

第 246 條

以不能之給付為契約標的者，其契約為無效。但其不能情形可以除去，而當事人訂約時並預期於不能之情形除去後為給付者，其契約仍為有效。

附停止條件或始期之契約，於條件成就或期限屆至前，不能之情形已除去者，其契約為有效。

第 247 條

契約因以不能之給付為標的而無效者，當事人於訂約時知其不能或可得而知者，對於非因過失而信契約為有效致受損害之他方當事人，負賠償責任。

給付一部不能，而契約就其他部分仍為有效者，或依選擇而定之數宗給付中有一宗給付不能者，準用前項之規定。

前二項損害賠償請求權，因二年間不行使而消滅。

第 247-1 條

依照當事人一方預定用於同類契約之條款而訂定之契約，為左列各款之約

定，按其情形顯失公平者，該部分約定無效：

一、免除或減輕預定契約條款之當事人之責任者。

二、加重他方當事人之責任者。

三、使他方當事人拋棄權利或限制其行使權利者。

四、其他於他方當事人有重大不利益者。

第 248 條

訂約當事人之一方，由他方受有定金時，推定其契約成立。

第 249 條

定金，除當事人另有訂定外，適用左列之規定：

一、契約履行時，定金應返還或作爲給付之一部。

二、契約因可歸責於付定金當事人之事由，致不能履行時，定金不得請求返還。

三、契約因可歸責於受定金當事人之事由，致不能履行時，該當事人應加倍返還其所受之定金。

四、契約因不可歸責於雙方當事人之事由，致不能履行時，定金應返還之。

第 250 條

當事人得約定債務人於債務不履行時，應支付違約金。

違約金，除當事人另有訂定外，視爲因不履行而生損害之賠償總額。其約定如債務人不於適當時期或不依適當方法履行債務時，即須支付違約金者，債權人除得請求履行債務外，違約金視爲因不於適當時期或不依適當方法履行債務所生損害之賠償總額。

第 251 條

債務已爲一部履行者，法院得比照債權人因一部履行所受之利益，減少違約金。

第 252 條

約定之違約金額過高者，法院得減至相當之數額。

第 253 條

前三條之規定，於約定違約時應爲金錢以外之給付者準用之。

第 254 條

契約當事人之一方遲延給付者，他方當事人得定相當期限催告其履行，如於期限內不履行時，得解除其契約。

第 255 條

依契約之性質或當事人之意思表示，非於一定時期為給付不能達其契約之目的，而契約當事人之一方不按照時期給付者，他方當事人得不為前條之催告，解除其契約。

第 256 條

債權人於有第二百二十六條之情形時，得解除其契約。

第 257 條

解除權之行使，未定有期間者，他方當事人得定相當期限，催告解除權人於期限內確答是否解除；如逾期未受解除之通知，解除權即消滅。

第 258 條

解除權之行使，應向他方當事人以意思表示為之。

契約當事人之一方有數人者，前項意思表示，應由其全體或向其全體為之。

解除契約之意思表示，不得撤銷。

第 259 條

契約解除時，當事人雙方回復原狀之義務，除法律另有規定或契約另有訂定外，依左列之規定：

一、由他方所受領之給付物，應返還之。

二、受領之給付為金錢者，應附加自受領時起之利息償還之。

三、受領之給付為勞務或為物之使用者，應照受領時之價額，以金錢償還之。

四、受領之給付物生有孳息者，應返還之。

五、就返還之物，已支出必要或有益之費用，得於他方受返還時所得利益之限度內，請求其返還。

六、應返還之物有毀損、滅失或因其他事由，致不能返還者，應償還其價額。

第 260 條

解除權之行使，不妨礙損害賠償之請求。

第 261 條

當事人因契約解除而生之相互義務，準用第二百六十四條至第二百六十七條之規定。

第 262 條

有解除權人，因可歸責於自己之事由，致其所受領之給付物有毀損、滅失或其他情形不能返還者，解除權消滅；因加工或改造，將所受領之給付物變其種類者亦同。

第 263 條

第二百五十八條及第二百六十條之規定，於當事人依法律之規定終止契約者準用之。

第 264 條

因契約互負債務者，於他方當事人未為對待給付前，得拒絕自己之給付。但自己有先為給付之義務者，不在此限。

他方當事人已為部分之給付時，依其情形，如拒絕自己之給付有違背誠實及信用方法者，不得拒絕自己之給付。

第 265 條

當事人之一方，應向他方先為給付者，如他方之財產，於訂約後顯形減少，有難為對待給付之虞時，如他方未為對待給付或提出擔保前，得拒絕自己之給付。

第 266 條

因不可歸責於雙方當事人之事由，致一方之給付全部不能者，他方免為對待給付之義務；如僅一部不能者，應按其比例減少對待給付。

前項情形，已為全部或一部之對待給付者，得依關於不當得利之規定，請求返還。

第 267 條

當事人之一方因可歸責於他方之事由，致不能給付者，得請求對待給付。但其因免給付義務所得之利益或應得之利益，均應由其所得請求之對待給付中扣除之。

第 268 條

　契約當事人之一方，約定由第三人對於他方爲給付者，於第三人不爲給付時，應負損害賠償責任。

第 269 條

　以契約訂定向第三人爲給付者，要約人得請求債務人向第三人爲給付，其第三人對於債務人，亦有直接請求給付之權。

　第三人對於前項契約，未表示享受其利益之意思前，當事人得變更其契約或撤銷之。

　第三人對於當事人之一方表示不欲享受其契約之利益者，視爲自始未取得其權利。

第 270 條

　前條債務人，得以由契約所生之一切抗辯，對抗受益之第三人。

第四節　多數債務人及債權人

第 271 條

　數人負同一債務或有同一債權，而其給付可分者，除法律另有規定或契約另有訂定外，應各平均分擔或分受之；其給付本不可分而變爲可分者亦同。

第 272 條

　數人負同一債務，明示對於債權人各負全部給付之責任者，爲連帶債務。

　無前項之明示時，連帶債務之成立，以法律有規定者爲限。

第 273 條

　連帶債務之債權人，得對於債務人中之一人或數人或其全體，同時或先後請求全部或一部之給付。

　連帶債務未全部履行前，全體債務人仍負連帶責任。

第 274 條

　因連帶債務人中之一人爲清償、代物清償、提存、抵銷或混同而債務消滅者，他債務人亦同免其責任。

第 275 條

連帶債務人中之一人受確定判決，而其判決非基於該債務人之個人關係者，為他債務人之利益，亦生效力。

第 276 條

債權人向連帶債務人中之一人免除債務，而無消滅全部債務之意思表示者，除該債務人應分擔之部分外，他債務人仍不免其責任。

前項規定，於連帶債務人中之一人消滅時效已完成者準用之。

第 277 條

連帶債務人中之一人，對於債權人有債權者，他債務人以該債務人應分擔之部分為限，得主張抵銷。

第 278 條

債權人對於連帶債務人中之一人有遲延時，為他債務人之利益，亦生效力。

第 279 條

就連帶債務人中之一人所生之事項，除前五條規定或契約另有訂定者外，其利益或不利益，對他債務人不生效力。

第 280 條

連帶債務人相互間，除法律另有規定或契約另有訂定外，應平均分擔義務。但因債務人中之一人應單獨負責之事由所致之損害及支付之費用，由該債務人負擔。

第 281 條

連帶債務人中之一人，因清償、代物清償、提存、抵銷或混同，致他債務人同免責任者，得向他債務人請求償還各自分擔之部分，並自免責時起之利息。

前項情形，求償權人於求償範圍內，承受債權人之權利。但不得有害於債權人之利益。

第 282 條

連帶債務人中之一人，不能償還其分擔額者，其不能償還之部分，由求償權人與他債務人按照比例分擔之。但其不能償還，係由求償權人之過失所

致者，不得對於他債務人請求其分擔。

前項情形，他債務人中之一人應分擔之部分已免責者，仍應依前項比例分擔之規定，負其責任。

第 283 條

數人依法律或法律行為，有同一債權，而各得向債務人為全部給付之請求者，為連帶債權。

第 284 條

連帶債權之債務人，得向債權人中之一人，為全部之給付。

第 285 條

連帶債權人中之一人為給付之請求者，為他債權人之利益，亦生效力。

第 286 條

因連帶債權人中之一人，已受領清償、代物清償、或經提存、抵銷、混同而債權消滅者，他債權人之權利，亦同消滅。

第 287 條

連帶債權人中之一人，受有利益之確定判決者，為他債權人之利益，亦生效力。

連帶債權人中之一人，受不利益之確定判決者，如其判決非基於該債權人之個人關係時，對於他債權人，亦生效力。

第 288 條

連帶債權人中之一人，向債務人免除債務者，除該債權人應享有之部分外，他債權人之權利，仍不消滅。

前項規定，於連帶債權人中之一人消滅時效已完成者準用之。

第 289 條

連帶債權人中之一人有遲延者，他債權人亦負其責任。

第 290 條

就連帶債權人中之一人所生之事項，除前五條規定或契約另有訂定者外，其利益或不利益，對他債權人不生效力。

第 291 條

連帶債權人相互間，除法律另有規定或契約另有訂定外，應平均分受其利益。

第 292 條

數人負同一債務,而其給付不可分者,準用關於連帶債務之規定。

第 293 條

數人有同一債權,而其給付不可分者,各債權人僅得請求向債權人全體為給付,債務人亦僅得向債權人全體為給付。

除前項規定外,債權人中之一人與債務人間所生之事項,其利益或不利益,對他債權人不生效力。

債權人相互間,準用第二百九十一條之規定。

第五節 債之移轉

第 294 條

債權人得將債權讓與於第三人。但左列債權,不在此限:

一、依債權之性質,不得讓與者。

二、依當事人之特約,不得讓與者。

三、債權禁止扣押者。

前項第二款不得讓與之特約,不得以之對抗善意第三人。

第 295 條

讓與債權時,該債權之擔保及其他從屬之權利,隨同移轉於受讓人。但與讓與人有不可分離之關係者,不在此限。

未支付之利息,推定其隨同原本移轉於受讓人。

第 296 條

讓與人應將證明債權之文件,交付受讓人,並應告以關於主張該債權所必要之一切情形。

第 297 條

債權之讓與,非經讓與人或受讓人通知債務人,對於債務人不生效力。但法律另有規定者,不在此限。

受讓人將讓與人所立之讓與字據提示於債務人者,與通知有同一之效力。

第 298 條

讓與人已將債權之讓與通知債務人者,縱未為讓與或讓與無效,債務人仍得以其對抗受讓人之事由,對抗讓與人。

前項通知，非經受讓人之同意，不得撤銷。

第 299 條

債務人於受通知時，所得對抗讓與人之事由，皆得以之對抗受讓人。

債務人於受通知時，對於讓與人有債權者，如其債權之清償期，先於所讓與之債權或同時屆至者，債務人得對於受讓人主張抵銷。

第 300 條

第三人與債權人訂立契約承擔債務人之債務者，其債務於契約成立時，移轉於該第三人。

第 301 條

第三人與債務人訂立契約承擔其債務者，非經債權人承認，對於債權人不生效力。

第 302 條

前條債務人或承擔人，得定相當期限，催告債權人於該期限內確答是否承認，如逾期不為確答者，視為拒絕承認。

債權人拒絕承認時，債務人或承擔人得撤銷其承擔之契約。

第 303 條

債務人因其法律關係所得對抗債權人之事由，承擔人亦得以之對抗債權人。但不得以屬於債務人之債權為抵銷。

承擔人因其承擔債務之法律關係所得對抗債權人之事由，不得以之對抗債權人。

第 304 條

從屬於債權之權利，不因債務之承擔而妨礙其存在。但與債務人有不可分離之關係者，不在此限。

由第三人就債權所為之擔保，除該第三人對於債務之承擔已為承認外，因債務之承擔而消滅。

第 305 條

就他人之財產或營業，概括承受其資產及負債者，因對於債權人為承受之通知或公告，而生承擔債務之效力。

前項情形，債務人關於到期之債權，自通知或公告時起，未到期之債權，自到期時起，二年以內，與承擔人連帶負其責任。

第 306 條

營業與他營業合併，而互相承受其資產及負債者，與前條之概括承受同，其合併之新營業，對於各營業之債務，負其責任。

第六節　債之消滅

第一款　通則

第 307 條

債之關係消滅者，其債權之擔保及其他從屬之權利亦同時消滅。

第 308 條

債之全部消滅者，債務人得請求返還或塗銷負債之字據，其僅一部消滅或負債字據上載有債權人他項權利者，債務人得請求將消滅事由，記入字據。

負債字據，如債權人主張有不能返還或有不能記入之事情者，債務人得請求給與債務消滅之公認證書。

第二款　清償

第 309 條

依債務本旨，向債權人或其他有受領權人爲清償，經其受領者，債之關係消滅。

持有債權人簽名之收據者，視爲有受領權人。但債務人已知或因過失而不知其無權受領者，不在此限。

第 310 條

向第三人爲清償，經其受領者，其效力依左列各款之規定：

一、經債權人承認或受領人於受領後取得其債權者，有清償之效力。

二、受領人係債權之準占有人者，以債務人不知其非債權人者爲限，有清償之效力。

三、除前二款情形外，於債權人因而受利益之限度內，有清償之效力。

第 311 條

債之清償，得由第三人爲之。但當事人另有訂定或依債之性質不得由第三人清償者，不在此限。

第三人之清償，債務人有異議時，債權人得拒絕其清償。但第三人就債之
履行有利害關係者，債權人不得拒絕。

第 312 條

就債之履行有利害關係之第三人為清償者，於其清償之限度內承受債權人
之權利，但不得有害於債權人之利益。

第 313 條

第二百九十七條及第二百九十九條之規定，於前條之承受權利準用之。

第 314 條

清償地，除法律另有規定或契約另有訂定，或另有習慣，或得依債之性質
或其他情形決定者外，應依左列各款之規定：

一、以給付特定物為標的者，於訂約時，其物所在地為之。

二、其他之債，於債權人之住所地為之。

第 315 條

清償期，除法律另有規定或契約另有訂定，或得依債之性質或其他情形決
定者外，債權人得隨時請求清償，債務人亦得隨時為清償。

第 316 條

定有清償期者，債權人不得於期前請求清償，如無反對之意思表示時，債
務人得於期前為清償。

第 317 條

清償債務之費用，除法律另有規定或契約另有訂定外，由債務人負擔。但
因債權人變更住所或其他行為，致增加清償費用者，其增加之費用，由債
權人負擔。

第 318 條

債務人無為一部清償之權利。但法院得斟酌債務人之境況，許其於無甚害
於債權人利益之相當期限內，分期給付，或緩期清償。

法院許為分期給付者，債務人一期遲延給付時，債權人得請求全部清償。

給付不可分者，法院得比照第一項但書之規定，許其緩期清償。

第 319 條

債權人受領他種給付以代原定之給付者，其債之關係消滅。

第 320 條

因清償債務而對於債權人負擔新債務者，除當事人另有意思表示外，若新債務不履行時，其舊債務仍不消滅。

第 321 條

對於一人負擔數宗債務而其給付之種類相同者，如清償人所提出之給付，不足清償全部債額時，由清償人於清償時，指定其應抵充之債務。

第 322 條

清償人不為前條之指定者，依左列之規定，定其應抵充之債務：

一、債務已屆清償期者，儘先抵充。

二、債務均已屆清償期或均未屆清償期者，以債務之擔保最少者，儘先抵充；擔保相等者，以債務人因清償而獲益最多者，儘先抵充；獲益相等者，以先到期之債務，儘先抵充。

三、獲益及清償期均相等者，各按比例，抵充其一部。

第 323 條

清償人所提出之給付，應先抵充費用，次充利息，次充原本；其依前二條之規定抵充債務者亦同。

第 324 條

清償人對於受領清償人，得請求給與受領證書。

第 325 條

關於利息或其他定期給付，如債權人給與受領一期給付之證書，未為他期之保留者，推定其以前各期之給付已為清償。

如債權人給與受領原本之證書者，推定其利息亦已受領。

債權證書已返還者，推定其債之關係消滅。

第三款　提存

第 326 條

債權人受領遲延，或不能確知孰為債權人而難為給付者，清償人得將其給付物，為債權人提存之。

第 327 條

提存應於清償地之法院提存所為之。

第 328 條

提存後，給付物毀損、滅失之危險，由債權人負擔，債務人亦無須支付利息，或賠償其孳息未收取之損害。

第 329 條

債權人得隨時受取提存物，如債務人之清償，係對債權人之給付而爲之者，在債權人未爲對待給付或提出相當擔保前，得阻止其受取提存物。

第 330 條

債權人關於提存物之權利，應於提存後十年內行使之，逾期其提存物歸屬國庫。

第 331 條

給付物不適於提存，或有毀損滅失之虞，或提存需費過鉅者，清償人得聲請清償地之法院拍賣，而提存其價金。

第 332 條

前條給付物有市價者，該管法院得許可清償人照市價出賣，而提存其價金。

第 333 條

提存拍賣及出賣之費用，由債權人負擔。

第四款　抵銷

第 334 條

二人互負債務，而其給付種類相同，並均屆清償期者，各得以其債務，與他方之債務，互爲抵銷。但依債之性質不能抵銷或依當事人之特約不得抵銷者，不在此限。

前項特約，不得對抗善意第三人。

第 335 條

抵銷，應以意思表示，向他方爲之。其相互間債之關係，溯及最初得爲抵銷時，按照抵銷數額而消滅。

前項意思表示，附有條件或期限者，無效。

第 336 條

清償地不同之債務，亦得爲抵銷。但爲抵銷之人，應賠償他方因抵銷而生

之損害。

第 337 條

債之請求權雖經時效而消滅，如在時效未完成前，其債務已適於抵銷者，亦得為抵銷。

第 338 條

禁止扣押之債，其債務人不得主張抵銷。

第 339 條

因故意侵權行為而負擔之債，其債務人不得主張抵銷。

第 340 條

受債權扣押命令之第三債務人，於扣押後，始對其債權人取得債權者，不得以其所取得之債權與受扣押之債權為抵銷。

第 341 條

約定應向第三人為給付之債務人，不得以其債務，與他方當事人對於自己之債務為抵銷。

第 342 條

第三百二十一條至第三百二十三條之規定，於抵銷準用之。

第五款　免除

第 343 條

債權人向債務人表示免除其債務之意思者，債之關係消滅。

第六款　混同

第 344 條

債權與其債務同歸一人時，債之關係消滅。但其債權為他人權利之標的或法律另有規定者，不在此限。

参考文献
BIBLIOGRAPHY

王澤鑑，民法物權第1冊，通則‧所有權，自版，1992年4月。

王澤鑑，民法債編總論第2冊，不當得利，自版，1991年10月，5版。

林洲富，民法物權案例式，五南圖書出版股份有限公司，2018年4月，5版1刷。

林洲富，民法案例式，五南圖書出版股份有限公司，2020年9月，8版1刷。

林洲富，民事訴訟法理論與實例，元照出版有限公司，2022年1月，5版1刷。

林洲富，實用強制執行法精義，五南圖書出版股份有限公司，2022年1月，16版1刷。

孫森焱，民法債編總論，上冊，自版，2004年1月。

詹森林、馮震宇、林誠二、陳榮傳、林秀雄，民法概要，五南圖書出版股份有限公司，2002年10月，4版2刷。

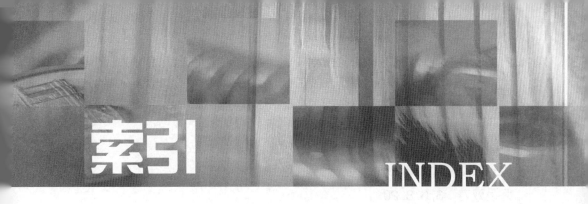

索引
INDEX

國家圖書館出版品預行編目資料

民法債編總論——案例式 / 林洲富著. -- 初
版. -- 臺北市 : 五南圖書出版股份有限公
司, 2022.09
　面；　公分
ISBN 978-626-343-232-1(平裝)

1.CST: 債法

584.3　　　　　　　　　111012936

1SB4

民法債編總論——案例式

作　　者 ― 林洲富(134.2)

發 行 人 ― 楊榮川

總 經 理 ― 楊士清

總 編 輯 ― 楊秀麗

副總編輯 ― 劉靜芬

責任編輯 ― 林佳瑩、李孝怡

封面設計 ― 姚孝慈

出 版 者 ― 五南圖書出版股份有限公司

地　　址：106台北市大安區和平東路二段339號4樓

電　　話：(02)2705-5066　　傳　　真：(02)2706-6100

網　　址：https://www.wunan.com.tw

電子郵件：wunan@wunan.com.tw

劃撥帳號：01068953

戶　　名：五南圖書出版股份有限公司

法律顧問　林勝安律師事務所　林勝安律師

出版日期　2022年9月初版一刷

定　　價　新臺幣580元

經典永恆・名著常在

五十週年的獻禮——經典名著文庫

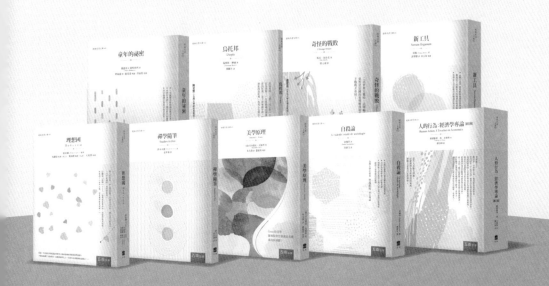

五南，五十年了，半個世紀，人生旅程的一大半，走過來了。

思索著，邁向百年的未來歷程，能為知識界、文化學術界作些什麼？

在速食文化的生態下，有什麼值得讓人雋永品味的？

歷代經典・當今名著，經過時間的洗禮，千錘百鍊，流傳至今，光芒耀人；

不僅使我們能領悟前人的智慧，同時也增深加廣我們思考的深度與視野。

我們決心投入巨資，有計畫的系統梳選，成立「經典名著文庫」，

希望收入古今中外思想性的、充滿睿智與獨見的經典、名著。

這是一項理想性的、永續性的巨大出版工程。

不在意讀者的眾寡，只考慮它的學術價值，力求完整展現先哲思想的軌跡；

為知識界開啟一片智慧之窗，營造一座百花綻放的世界文明公園，

任君遨遊、取菁吸蜜、嘉惠學子！